本书系湖南女子学院科研横向项目"近代湖南政法人物研究"（20241017002）、国家社科基金一般项目"近代湖湘法治文化转型与发展研究"（20BFX024）之部分成果。

湮没的辉煌

——近代湖南法政人物的多维观照

陈　兵◎著

吉林大学出版社

·长春·

图书在版编目（CIP）数据

湮没的辉煌：近代湖南法政人物的多维观照 / 陈兵

著. -- 长春：吉林大学出版社，2025. 1. -- ISBN 978-

7-5768-4215-9

Ⅰ . K825.19

中国国家版本馆CIP数据核字第2024DF7247号

书　　名：湮没的辉煌——近代湖南法政人物的多维观照
YANMO DE HUIHUANG——JINDAI HUNAN FAZHENG RENWU DE DUOWEI GUANZHAO

作　　者：陈 兵
策划编辑：张宏亮
责任编辑：张宏亮
责任校对：田茂生
装帧设计：雅硕图文
出版发行：吉林大学出版社
社　　址：长春市人民大街4059号
邮政编码：130021
发行电话：0431-89580036/58
网　　址：http://www.jlup.com.cn
电子邮箱：jldxcbs@sina.com
印　　刷：廊坊市海涛印刷有限公司
开　　本：787mm×1092mm　1/16
印　　张：15
字　　数：240千字
版　　次：2025年1月　第1版
印　　次：2025年1月　第1次
书　　号：ISBN 978-7-5768-4215-9
定　　价：78.00元

作者简介

陈兵，男，汉族，湖南新化人，中共党员，湖南师范大学法学院博士研究生，湖南师范大学法治文化研究中心研究人员，兼任湖南省法学会法治文化研究会理事、湖南省法律史专业委员会委员、湖南省革命根据地法制史研究会理事。主要研究领域为宪法学与行政法学、湖湘法治文化。曾在《法律史评论》《法学教育研究》等刊物上发表学术论文十余篇，在《书屋》《文史博览》等杂志上发表法律文化随笔近三十篇，参编著作和教材两部，主持科研项目三项，参与国家级、省部级项目八项。部分研究成果曾获得"湖南省优秀硕士学位论文"、最高人民检察院全国征文"二等奖"、全国外国法制史研究会优秀论文"二等奖"、湖南省法学会法治文化研究会优秀论文"一等奖"、江西省法学会中央苏区法制研究会优秀论文"二等奖"等奖项。

目　　录

绪　　论

一、论题研究之缘起

近代是中国历史上的大变革时代。陈旭麓先生曾指出："近代中国是个变的时代，变是它的最大特征。"①自鸦片战争伊始，国门洞开，来自西方的新器物、新制度、新思想相继涌进国门。在古老的中华大地上，陆续出现了器物、制度与文化等数次巨变。首先，国人不再视西洋的坚船利炮为奇技淫巧，转而争相模仿，于是开启器物之变；其次，国人开始从君主专制倾向君主立宪，进而赞同民主共和，从而引发制度之变；最后，国人意欲改变古老的儒家文化传统，主张全盘吸收西方文化，因此促成文化之变。在历次巨变中，中华文明遭遇到了强大挑战。对此，晚清重臣李鸿章较早将此描述为"数千年未有之大变局"②。维新派领袖康有为承其所论，认为："夫泰西诸国之相逼，中国数千年来未有之变局也。"③湘籍经学大师皮锡瑞亦指称："今五大洲通而为一，乃古来未有之奇变。"④国学大师陈寅恪亦认为当时中国遭逢"数千年未有之钜劫奇变"⑤。

---

① 陈旭麓：《近代中国人物论》，北京：九州出版社，2019年版，第463页。

② ［清］李鸿章：《筹议海防折》，载顾廷龙、戴逸主编：《李鸿章全集》（第六册），合肥：安徽教育出版社，2008年版，第159页。

③ 康有为：《上清帝第四书》，载汤志钧编：《康有为政论集》（上册），北京：中华书局，1981年版，第149页；中国史学会主编：《中国近代史资料丛刊：戊戌变法》（第二册），上海：上海人民出版社、上海书店出版社，2000年版，第175页。

④ ［清］皮锡瑞：《皮鹿门学长南学会第十一次讲义》，载《湘报》，光绪二十四年四月初九日（1898年5月28日），第72号；［清］皮锡瑞：《皮锡瑞集》（第一册），吴仰湘校点，长沙：岳麓书社，2012年版，第392页。

⑤ 陈寅恪：《王观堂先生挽词并序》，载《陈寅恪集：诗集（附唐篔诗存）》，北京：生活·读书·新知三联书店，2015年版，第13页。

在新旧嬗递的巨变时代，伴随着传统制度之崩解，纲常伦纪之陷丧，传统法制亦发生重大变革。正如史学家柳诒徵先生所言："清季迄今，变迁之大，无过于法制。综其大本，则由德治而趋法治，由官治而趋民治，漩澓激荡，日在蜕变之中。而世界潮流，亦以此十数年中变动为最剧。吾民竭蹶以趋，既弃吾之旧法以从欧美之旧法，又欲弃欧美之旧法而从彼之新法，思想之剧变，正日进而未有艾。"①然而，不幸的是，旧辙虽已破，新轨却未立，传统中华法系虽然日趋崩解，但新式法律体系却迟迟未及创建。

借用梁启超先生的话说，就是此时的中国仍然处于"两头不到岸"的"过渡时代"。据梁氏所称："今日之中国，过渡时代之中国也。……今日中国之现状，实如驾一扁舟，初离海岸线，而放于中流，即俗语所谓两头不到岸之时也。语其大者，则人民既愤独夫民贼愚民专制之政，而未能组织新政体以代之，是政治上之过渡时代也。……语其小者，则例案已烧矣而无新法典，科举议变矣而无新教育，元凶处刑矣而无新人才，北京残破矣而无新都城。"②杨度亦称："今日外人之诃我中国也，不曰老大帝国，则曰幼稚时代。我国之人，闻而恶之。呜呼！此无足怪也，过渡时代之现象则然也。"③在这种过渡时代，社会的"新陈代谢"并不是一劳永逸、一帆风顺、一蹴而就的，而是面临着新与旧的激烈碰撞和相互交融，趋新与守旧、激进与顽固、传统与近代呈现出此消和彼长之态势，这在近代湖南表现尤为明显。可以说，近代中国社会、法制和政治的"两头不到岸"便是当时法政人物所处之时代背景。

伟大时代孕育伟大人物，而伟大人物亦成就伟大时代。时势固然造就英雄，但英雄亦同样推动着时势之发展。诚然，我们不能否认，"评价历史人物不能离开历史人物所处的时代社会，一切杰出的历史人物都是时代社会的产儿"④。与此同时，我们亦不能因此轻易地忽视或抹杀个人的重要作用。因为时势与英雄、时代与个人紧密相连，交相辉映，共同铸就历史的华章。正如马

① 柳诒徵：《柳诒徵文集》（第七卷），北京：商务印书馆，2018年版，第925页。

② 任公：《过渡时代论》，载《清议报》，光绪二十八年五月十一日（1902年6月16日），第83册；梁启超：《梁启超全集》（第一册），北京：北京出版社，1999年版，第465页。

③ 杨度：《〈游学译编〉叙》，载游学译编社编：《游学译编》（第一册），长沙：湖南师范大学出版社，2008年版，第5页。

④ 陈旭麓：《近代中国人物论》，北京：九州出版社，2019年版，第429页。

克思主义经典作家所言："人创造环境，同样，环境也创造人。"①梁启超先生亦指出："历史所以演成，有二种不同的解释：一种是人物由环境产生，一种是人类的自由意志创造环境。……人物固然不能脱离环境的关系，而历史也未必不是人类自由意志所创造。"②当代学者同样指出："近代社会变迁中，现代性因素的生长和传统的抗拒与回归交织在一起，构成了一幅纷繁复杂的历史画卷。而在社会变迁中最重要的影响因素无疑是人的因素、是各类社会群体的集体演出。也就是说，社会变迁是环境的产物，但社会中的人是社会变迁的原因，也决定了社会变迁的结果。"③可见，英雄与时势、人物与环境、个人与社会存在着密切的互动关系。故而，人们常谓"时势造英雄"，亦言"英雄造时势"。

在近代社会急剧变迁的时代背景下，大批法政人物纷纷登上历史舞台，其中不乏具有先进理念和新式思想的卓越人物，他们的法政思想与实践必然会引发法政制度之变革。正如程燎原教授在论述清末法政人时所言："新式法政人大规模地进入政治、法律和社会运动等广泛的领域，也是一种巨大的政治变革和法律改革。当权力从旧式官僚手中逐渐转移到新式法政人之手，实际上是权力的重新分配，也是权力格局的重新构造。而且，法政人作为一个群体的崛起，隐然发生的，必是政治制度与法律的一些根本性的变化。"④事实上，将此言推而广之，适用于整个近代法政人物也毫不为过。

在新旧交替的过渡时代，近代法政人物不可能一味地因循守旧，固守着先辈旧业与传统旧制，而是应当破旧立新，积极开拓法制和政治的新局面。从大历史观来看，近代法政人物的历史，虽仅过去一百年左右，但却相继跨越了洋务运动、维新变法、清末新政、预备立宪、辛亥革命、民主共和、帝制复辟、五四运动、省宪自治、国民革命、抗日战争等各个波澜壮阔的时期。因此，在各个内忧外患的历史时期，总能发现法政人物之身影，他们努力发挥着自身作用，或维系，或改变，或影响着时局。

① ［德］卡·马克思、［德］弗·恩格斯：《德意志意识形态》，载中共中央马克思恩格斯列宁斯大林著作编译局编译：《马克思恩格斯选集》（第一卷），北京：人民出版社，2012年版，第172-173页。

② 梁启超：《中国历史研究法》，上海：上海古籍出版社，2019年版，第320页。

③ 阳信生：《湖南近代绅士阶层研究》，长沙：岳麓书社，2010年版，第438页。

④ 程燎原：《清末法政人的世界》，北京：法律出版社，2003年版，引论，第3页。

对国家而言，军阀割据、政治分裂无疑是不幸的。但是，这也可能造成管控的放松，而自由宽松的环境，则为时代巨人与新潮思想之产生提供了舞台，春秋战国和清末民国莫不如是。中国历史上，乱世所出之人才，不仅在数量上多于盛世，而且在影响上强于盛世。①此可谓是"乱世出人才"的典型例证。说来令人唏嘘不已，每当国族危难当头、人世生活遭临涂炭之际，必为民族意识汹涌澎湃、民族精神昂扬奋发之时，也常常是学人智者捶胸顿足、殚精竭虑、大智大慧的时刻。虽烽火连天而不免于颠沛流离，却常常坚韧不拔，弦歌不辍，因而每每倒是民族学术与思想的辉煌时刻。②此真可谓是"国家不幸诗家幸"③。

可以说，近代法政人物虽然经历了那个时代跌宕起伏的社会巨变、政局更替与法统续断，但他们仍努力践行着自己的法政理想，传播着先进的法政理念，推动着法政事业的稳步前进。正如吴斌教授所言："近代法律人，或以他们的知性和智慧为后世法学留下了厚重的理论积累、卓然的学术大观；或以他们生命和鲜血，践行法治的正义渴望和理性诉求，谱写了一曲曲悲壮之歌。"④正是在激荡的历史进程中，近代法政人物随风云变幻的时局而上下沉浮，演绎出一幕幕精彩绝伦的法政故事或佳话。显然，这些法政人物十分值得我们深入研究。

钱穆先生指出："历史是人事的记录，必是先有了人才有历史的。……如其不懂得人，不懂得历史人物，亦即无法研究历史。"⑤他又指出："要讲一代的制度，必先精熟一代的人事。若离开人事单来看制度，则制度只是一条条的条文，似乎干燥乏味，无可讲。"⑥他还指出："历史讲人事，人事该以

---

① 钱穆：《中国历史研究法》，北京：生活·读书·新知三联书店，2001年版，第95-97页。

② 许章润：《法学家的智慧：关于法律的知识品格与人文类型》，北京：清华大学出版社，2004年版，第62页；许章润：《多向度的现代汉语文明法律智慧——台湾的法学研究对于祖国大陆同行的影响》，载《比较法研究》，2003年第6期。

③ ［清］赵翼：《题元遗山集》，载季镇淮等选注：《历代诗歌选》（下册），北京：中国青年出版社，2013年版，第345页。

④ 吴斌：《百年法治回眸：法律人群体的兴起与近代中国法制现代化的演进》，北京：光明日报出版社，2021年版，第251页。

⑤ 钱穆：《中国历史研究法》，北京：生活·读书·新知三联书店，2001年版，第93-94页。

⑥ 钱穆：《中国历代政治得失》（新校本），北京：九州出版社，2012年版，第1页。

人为主，事为副。非有人生，何来人事？……如果没有了人，制度、思想、理论都是空的，靠不住的。"①桑兵教授亦指出："历史活动的中心是人，人物研究始终是史家关注的要项。见事不见人的史学，肯定不会是高明的史学。如果历史是人的有意识活动与社会有规律运动相反相成，那么人无疑是最为复杂的成分。"②同样，法律史或法政史研究亦离不开人。当前，针对法律史研究中"人的隐去"和"人的消失"等问题，有学者便大声疾呼："让'人'回归法律史研究。"③事实上，若是没有人，则何言历史？又何言法律、制度、思想和理论？

其实，在我国悠久的历史长河之中，国人一直有注重人物记述的优良传统。传统史书首重纪传一体，旨在"以人系事"和"因事见人"。④在我们所熟知的二十四史中，记载人物事迹的列传便一直占据史籍的绝大部分篇幅。仅以太史公司马迁所著之《史记》而论，其篇幅共有一百三十卷，其中涉及人物的列传、世家与本纪便高达一百一十二卷。⑤可见，人物所占分量之重。此后，历朝历代的历史典籍对人物之记述亦不吝笔墨，甚至有的还大书特书，基本上坚守了注重人物记述之传统。流风之所及，经久而不息，当代史学家程应镠先生亦强调："历史人物的研究，应当受到重视。研究历史和研究历史人物是分不开的。"⑥法史学者陈夏红先生同样指出："漫漫历史长河中，倘若要离开法律人的行迹，而去谈论法史，那无异于赶走所有的演员而在戏台上演空城计。"⑦这些注重历史人物、法律人物研究之观点，可谓是颇中肯綮。

更何况，无论是法制，还是法治，均是由"法"与"人"两部分构成的，两者既需要有法，亦离不开人。就人的部分而言，既包括参与法政实践的立法者、执法者、司法官、律师等主体，还包括投身法政教育和法政研究的人员。可以说，一切历史均是人物的历史，故研究法政人物是理解法政历史的关键。

① 钱穆：《国史新论》，北京：生活·读书·新知三联书店，2001年版，第298-299页。

② 桑兵：《治学的门径与取法：晚清民国研究的史料与史学》，北京：社会科学文献出版社，2014年版，第220页。

③ 李在全：《让"人"回归法律史研究》，载《史学月刊》，2023年第1期。

④ 戴海斌：《晚清人物丛考》（初编），北京：生活·读书·新知三联书店，2018年版，自序，第1页。

⑤ ［西汉］司马迁：《史记》（全九册），韩兆琦译注，北京：中华书局，2010年版。

⑥ 程应镠：《谈历史人物的研究》，载《历史研究》，1984年第2期。

⑦ 陈夏红：《政法往事：你可能不知道的人与事》，北京：北京大学出版社，2011年版，第326页。

陈新宇先生认为研究近代法政人物，尤其是研究近代"失踪"的法政人物，"既是重建史实，还以历史公道，亦能从中窥得思想与学术的传承，领会文化与文明的碰撞，体察国家与社会的转型，感悟人生与人心的变迁"[①]。是故，我们关注和研究近代法政人物，不仅在于认识法政人物本身，更在于理解法政人物背后的制度兴革、思想传承与文化变迁。简言之，即透过具体的"法政人物"来"认识"和"解读"法政历史。

事实上，近代法政人物之研究，亦可有效地克服片面注重法政制度、法政规范、法政实践研究所带来的诸多弊端。江照信先生指出："法律史研究上的整体观点至少包括两个层面：一个层面是规范、制度与实践，以及由此产生的各种史学研究上的范式；另一个层面是人物、进程与意义，以及由此产生关于中国法律整体发展历程的深层认识。"他还认为不能局限于法律规范、制度与实践的研究，还应当细致地考察其中的人物、进程与意义。如他所言："关于晚清以来法律史的研究，如果仅仅止于规范、制度、实践的研究，很容易陷入西方中心主义的理论与逻辑中。理由之一是，这种研究可以完全不用理会中国历史中的人物、整体进程、意义或者精神。若需要更进一步理解以中国为中心的法律史，则需要更细致地考察其中的人物、进程与意义。"[②]

一个个法政人物的背后承载着一段段法政往事，而一段段法政往事的背后则隐藏着法政思想之交锋、法政制度之兴革与法政实践之运作。因此，以近代法政人物为研究中心，能够有效实现对近代法政思想、法政制度与法政实践的整合探讨，从而可以更为深入地理解近代法政变迁的历史实况。

钱穆先生曾指出："一个时代，总有一个时代的人才，也总有一个时代的法制。"[③]然而，相较于法政制度变革过程中的刻板、枯燥与冰冷，法政人物背后的人生经历和法政故事则充满着生动与缤纷，亦从来不乏温情之处。窃以为，不可片面重事而轻人，这些有血有肉的法政人物亦值得后人深入研究。著名法学家江平先生曾指出："民国时期的法律人才总数虽然不多，但精英却

---

① 陈新宇：《寻找法律史上的失踪者》，桂林：广西师范大学出版社，2015年版，自序，第2页。

② 江照信：《由沈家本到谢冠生——对清末新政以来司法史（1901—1971）的再思考》，载《法制史研究》，2021年第38期。

③ 钱穆：《中国历代政治得失》（新校本），北京：九州出版社，2012年版，第173页。

不少，把这些埋没的精英传记整理出来，那就是很大的贡献。"①张群教授亦指出："总体而言，目前关于法律史人物研究还有较大开拓空间。一是在数量上，还有许多'失踪者'被湮没在历史的黄沙之下，等待拂尘者的到来。"②陈新宇教授更是直接指明寻找"失踪者"的具体意义，他认为："对于失踪者而言，我们通过发掘前辈的法律故事，能使近代法治的潜德幽光不至泯灭于历史长河，这是法史学人的职责本分。……对于寻找者而言，在青灯黄卷下感通先贤的法治往事，能使我们在历史面前秉持谦逊之心。"③诚如斯言，将近代法政人物充分发掘出来，还原他们的个人生平与法政事功，不仅是吾辈学人的重要使命，亦是正确认识法政变革的关键所在。

当然，我们研究近代法政人物，不仅要以人记事，还有着更为重要的现实意义，即以人明事、以人鉴世。从某种程度上来看，今天的世界只不过是历史的延续或投影。程燎原教授曾指出："法政人的法政人生，本身就是一部历史。而对于一个法政人而言，关注过去和现今所有的法政人，就是关注自身，就是关注法治。"④吴斌教授亦指出："关注我们的先辈——近代中国法律人，就是关注中国法治。"⑤可以说，任何一种文化或制度，倘若要真正自成系统，真正有所创获，无疑既离不开吸收外来之所长，亦不能忘却固有之根本。然而，问题的症结恰恰在于，我们常常忽视过去的法政人物，忘却过去的法政历史。

其实，早在二十余年前，胡旭晟教授便感叹道："试想想，今日专攻法律的年轻学子，对民国时代的法学名家名著知之几何？能于学习研究中加以关注和重视者又有多少？……民国法学成就被束之高阁，甚而被漫不经心地抛弃，以致今日国人常以为1949年前中国无法学可言。这实在是一可悲可叹之事。曾为我国法学事业付出辛勤劳作的先辈，连同其可贵的学术成果，居然在

①　陈夏红：《风骨：新旧时代的政法学人》，北京：法律出版社，2016年版，序，第3页。

②　张群：《知人论史，法史交融——读陈新宇〈寻找法律史上的失踪者〉（增订版）》，载里赞主编：《法律史评论》（第十五卷），北京：社会科学文献出版社，2020年版，第161页。

③　陈新宇：《寻找法律史上的失踪者》（增订版），北京：商务印书馆，2019年版，增订版序，第2页；陈新宇：《陈说新语》，北京：九州出版社，2020年版，第34-35页。

④　程燎原：《清末法政人的世界》，北京：法律出版社，2003年版，自序，第7页。

⑤　吴斌：《百年法治回眸：法律人群体的兴起与近代中国法制现代化的演进》，北京：光明日报出版社，2021年版，前言，第1页。

短短数十年后被遗忘得干干净净，而其中诸多珍贵的著述、典籍，更有濒临毁灭之势，这不是很可痛心的么？"①不宁唯是，程燎原教授亦感叹说："今日中国法学界、法律界的许多人，包括法学院的学生，对西方的法学家、法政名流，可以如数家珍，推崇拜服。但若提及近代中国的法政人物，除法史专门家较为详知之外，其他人所知者则可能寥寥无几，更不用说拜服推崇了。"②事实上，即便是在今日，我们也必须要承认，在法学界依然广泛存在热衷推崇西方的情形，这固然说明我们有海纳百川的开阔胸襟，但何尝不是反映我们缺乏应有的文化自信、文化自觉呢！距日已久，而问题依旧如故，其中原因颇值深思。

毋庸讳言，由于东方与西方所处之历史场景和现实情势存在差异，故中国法学与西方法学势难等同。对此，有学者指出："如果说近世西方法律与法学多理性悲沉，秉具沉着品性、实用追求的话。那么，百年中国的法制与法意则充溢时代之悲情，高亢、激越的心怀表达的是一种错杂之意、救世企图。人世场景不同，源于遭遇的生活难题有别，有此差异，自在情理之中。"③不可否认，中西法政人物在孜孜追求的某些价值和规范等方面，确实可能存在普世的一面，但这不能否认他们各自的个体与国籍属性。由此衍生而来的是，异域法政能否适应本土国情成为一个重要问题。

然而，由于受到近代"新史学"研究路径之影响，国人乐此不疲地以异域理论作为参照样本来对中国固有传统进行分析或解构，其结果是自身历史多遭否定或贬低，难免存在削足适履、曲解附会之情形。这种路径之研究，倘若愈发深入和系统，便可能产生脱离历史事实之尴尬，可谓失之毫厘，谬以千里。对此，桑兵教授曾形象地说："这好比用西方建筑原理和审美眼光看待中国的亭台楼阁，一言以蔽之曰有材料无建筑，一律推倒，变成砖瓦木石，然后再按西方的样式重新搭建。如此组装起来的建筑，材料虽然是中国的，可是无论外观还是功能，都完全洋化。从审美的角度看，虽不失为建筑，却很少中

---

① 湖舟：《呼唤"民国法学经典文库"》，载湘潭大学法学院编：《湘江法律评论》（第二卷），长沙：湖南人民出版社，1998年版，第636页。

② 程燎原：《清末法政人的世界》，北京：法律出版社，2003年版，引论，第5-6页。

③ 许章润：《法学家的智慧：关于法律的知识品格与人文类型》，北京：清华大学出版社，2004年版，序，第4页。

国。"①这种重西方、轻自身之现象，在中国近代法政研究领域尤为明显。简言之，西方法政名家终究是"西方的"，而非"中国的"。从这方面来看，世界的并不一定就是民族的。

显然，我们对近代法政人物之忽视或回避，不利于当下树立制度自信和文化自信。在百年未有之大变局的时代语境中，世界之变、时代之变与历史之变正在以前所未有的形式加速演进。在此背景下，推崇前辈，景仰先贤，传承历史，赓续文明，树立自信，重创辉煌，俨然成为吾辈学人的重要使命。因此，通过资料爬梳与专门研究，检视近代法政人物所经历的困境与努力，不仅有助于我们承续优良的法政传统，亦对当前法治建设具有启示意义。

可以肯定地说，近代中国并不缺乏伟大的法政名流和法学家。近代中国的法政变革虽历经曲折和充满艰辛，但在这个时势造英雄的时代背景下，亦有大批法政人物脱颖而出，显赫一时，有的甚至享誉中外，只是我们对中国法政人物缺乏必要的研究。对此，李在全教授指出："1949年以后，尤其是改革开放之后，大量的法律通史、断代法律史、部门法史等，都鲜见'人'。"之所以如此，"一方面是因为法律史的主要研究对象是法律、规则、秩序；另一方面，法律史颇为接近社会史，甚至可谓社会史的一部分，历史叙事中'人的消失'跟社会史研究特点有关，长期以来的社会史研究更多的是探讨社会结构和社会变迁，故人的因素（尤其是个体的因素）被淡化了"。②也正因如此，人物研究之缺乏不可避免地导致我们出现认知盲点，甚至思想狭隘。

最为典型的事例恐怕要属我国法学大家沈家本了。有学者称："多年以前，晚清法学家沈家本其实也很少人知道，因为他的时代太早了。但经过法学学者李贵连的研究推动，成功地复原了沈家本在中国近代法律史上的枢纽人物形象，这才使人们开始了解并记住这位重要的法学家。"③因是之故，沈家本也就成了我们所说的"归来的陌生人"。这种情形之出现，恰恰印证了法国艺术家奥古斯特·罗丹（Auguste Rodin）所说之名言，即世界上并不缺少美，而是缺少发现美的眼睛。有学者指出："近代以来，法律史上的失踪者实不在少

① 桑兵：《治学的门径与取法：晚清民国研究的史料与史学》，北京：社会科学文献出版社，2014年版，第259页。

② 李在全：《让"人"回归法律史研究》，载《史学月刊》，2023年第1期。

③ 沈寅飞：《法学的民国范儿——被遗忘的民国法学家》，载《方圆》，2015年第5期。

数，或曰绝大部分法律人仍处于失踪或被人遗忘的状态。发现和揭露真实的历史，回归历史的本来面目，并给以客观公正的评价，恐怕是我们今天寻找法律史上的失踪者这一举动的基本目标。"①因此，在近代法政人物的研究、复原与宣传等方面，我们或许还有许多工作要落实。

近代湖南亦存在数量繁多的法政人物，并强力引领着时代潮流。清代湘籍经学大师皮锡瑞指出："国朝名臣名儒辈出，船山、默深诸公以文学开风气，曾、左、胡、江、罗、李以武功致中兴。于是四方推重，湖南为人才极盛之地。"②著名历史地理学家谭其骧先生亦言："清季以来，湖南人才辈出，功业之盛，举世无出其右。"③这些评价，可谓恰当之论。在一定程度上，湘军崛起造就了近代湖南法政人物与法政文化的辉煌局面。当代著名湘籍法学家郭道晖先生就指出："近代以来，湖湘法制文化是湖湘文化的重要一环，湖湘文化精髓最主要体现在湖湘政治法制文化方面，这一文化与曾国藩等人有较大关联。"④事实上，在全力平定太平天国的过程中，大批湘籍军政人物登上了历史舞台，故时有"中兴将相，什九湖湘""无湘不成军""无湘不成事"和"天下不可一日无湖南"之盛誉。

有道是"江山代有才人出，各领风骚数百年"。自湘军崛起之后，近代湖南法政人物接连涌现出来，并持续在全国大放异彩。具体而论，从湘军开始，近代湖南至少接连涌现出四大人才群体。⑤分别包括曾国藩、左宗棠、郭嵩焘等湘军集团人才群体，谭嗣同、唐才常、熊希龄等资产阶级维新派人才群体，黄兴、宋教仁、蔡锷等资产阶级革命派人才群体，毛泽东、刘少奇、彭德

---

① 孙家红：《寻找法律史上的失踪者意义何在》，载《中华读书报》，2015年5月20日。

② ［清］皮锡瑞：《皮鹿门学长南学会第十一次讲义》，载《湘报》，光绪二十四年四月初九日（1898年5月28日），第72号；［清］皮锡瑞：《皮锡瑞集》（第一册），吴仰湘校点，长沙：岳麓书社，2012年版，第391页。

③ 谭其骧：《近代湖南人中之蛮族血统》，载《史学年报》，1938年第2卷第5期；谭其骧：《长水粹编》，上海：复旦大学出版社，2015年版，第191页。

④ 张兆凯、陈雄，等：《湖南近现代法制思想史论：近现代湖南人的法制思想与法治理念》，长沙：湖南人民出版社，2010年版，序言，第1页。

⑤ 近代湖南先后产生了五大人才群体，在湘军之前，主要有陶澍、贺长龄、魏源等人构成地主阶级经世派人才群体。详情参见周秋光：《近代湖南的人才群体现象及其原因》，载《湖南师范大学社会科学学报》，2003年第1期；陶用舒：《近代湖南人才群体研究》，长沙：岳麓书社，2000年版；周敏之、许顺富、梁小进：《近代湖湘文化与近代湘籍人才群体》，长沙：岳麓书社，2017年版。

怀等无产阶级革命派人才群体。他们陆续登上历史舞台，并左右着国家大势和政治走向。对此，梁启超早就有言："湖南天下之中，而人才之渊薮也。……其可以强天下而保中国者，莫湘人若也。"①杨度更是豪迈喊出："若道中华国果亡，除非湖南人尽死。"②人们所谓的"一群湖南人，半部近代史"，诚非虚誉。

惟楚有材，于斯为盛。近代湖南人才辈出，灿若繁星，不胜枚举。其实，在湖南这片热土上，不仅产生过大批杰出的政治家和军事家，还诞生过数量众多的法学家和法律家。对此，有学者指出："在法治舞台上，湖南人更是一道璀璨风景线，成为世所瞩目的'法治湘军'。如古代湖南有周敦颐、王船山等大思想家推动古代法律思想的发展。特别是近代以来更是人才辈出。近代魏源、曾国藩、左宗棠、谭嗣同、黄兴、蔡锷、杨度等思想家与实践者，不同程度上推动了法制近代化的转型；民国期间湖南法学家黄右昌、周鲠生、李祖荫、周枏、瞿同祖等一批被公认为当时法学界的英杰。"③此种说法颇具见地。可以说，近代湖南人不仅在军政上建功立业，亦以法政思想影响着国家走向。

众所周知，湖南人有着自身独特的精神特质，既有变革汇通、海纳百川的优长，同时保守、排外思想亦较为浓厚。这或许主要归功于湖湘文化兼具有趋新与保守的二重因子。④湖南巡抚陈宝箴曾指出："自咸丰以来，削平寇

①　梁启超：《南学会叙》，载［清］江标等编：《湘学报》（第三册），长沙：湖南师范大学出版社，2010年版，第2065页；梁启超：《梁启超全集》（第一册），北京：北京出版社，1999年版，第139页。

②　杨度：《湖南少年歌》，载刘晴波主编：《杨度集》（第一册），长沙：湖南人民出版社，2008年版，第95页。

③　蒋海松：《法治湘军 辉映故里——第五届湘籍法学家学术联谊会侧记》，载《人民之友》，2013年第6期。相关论述，参见杜钢建、蒋海松：《聚焦法治人物 铸就湖湘品牌——写在"法治湖南与区域治理研究院法治人物研究中心"成立之际》，载《人民之友》，2012年第7期；蒋海松：《"法治湖南"建设的制度创新与观念创新纵论》，载杜钢建主编：《法治湖南与区域治理研究》（第六卷），北京：世界图书出版公司，2012年版，第28-29页；蒋海松：《湖湘法文化：过去、现在、未来——第五届湘籍法学家学术论坛综述》，载肖洪泳、蒋海松主编：《岳麓法学评论》（第九卷），北京：中国检察出版社，2015年版，第306页。

④　蒋海松：《湖湘文化二重性反思》，载徐希平主编：《长江流域区域文化的交融与发展——第二届巴蜀·湖湘文化论坛论文集》，成都：四川大学出版社，2014年版，第413-423页；蒋海松：《用法治提升湖湘文化》，载《人民之友》，2013年第12期；康咏秋：《封闭保守 热衷仕途——湖湘文化的反思》，载《湖南科技大学学报（社会科学版）》，2006年第1期。

乱，名臣儒将，多出于湘。其民气之勇，士节之盛，实甲于天下。而恃其忠肝义胆，敌王所忾，不愿师他人之长，与异族为伍，其义愤激烈之气、鄙夷不屑之心，亦以湘人为最。"[1]蔡元培先生同样指出："湖南人性质沉毅，守旧时固然守得很凶，趋新时也趋得很急。遇事能负责任，曾国藩说的'扎硬寨，打死仗'，确是湖南人的美德。"[2]还有学者亦指出："湖南在近代社会转型过程中是政治斗争十分激烈的地区之一。新旧事物并存交替，新旧思想碰撞交织，新旧势力矛盾斗争，呈现出纷繁复杂的画面。"[3]事实上，正是在这种趋新与守旧的碰撞交锋中，大批近代湖南法政人物脱颖而出，引领着各个时代之潮流。

只不过，政局的频繁更迭与历史的不断演进，使得许多法政人物匆匆湮没于时代洪流中，消逝于历史幽谷中，逐渐被世人所遗忘。同时，由于学界对近代湖南法政人物之研究明显存在不足，又进一步加剧了遗忘的速度。程波教授指出："至于近现代湖南人物的研究，则多集中在军政或工商、经济等领域，文化、教育领域的人物研究亦偏重文史哲等学科的精英。相对而言，湖南法政人物的研究尚有不足。例如，除对宋教仁、杨度、章士钊等人的研究多有专题论及外，其他法政人物的研究几乎是暂付阙如。"[4]由此可见，加强对近代湖南法政人物之研究显得极为必要与迫切。

其实，在记忆与遗忘的竞赛中，不用说百年前的法政人物，就是当下离世的著名法学家，也可能很快被人们淡忘。2008年，著名湘籍刑法学家刘仁文教授便提及："最近到长沙参加湘籍法学家联谊会，在畅谈湖湘法学人物时，居然很少有人提及新近去世的瞿同祖和王名扬两位先生，让我对人类的健忘生出几分感慨。"[5]其中，瞿同祖先生是湖南长沙人，王名扬先生则是湖南衡阳

---

① ［清］陈宝箴：《设立时务、武备学堂请拨常年经费折》，载汪叔子、张求会编：《陈宝箴集》（上），北京：中华书局，2003年版，第593页；［清］朱寿朋编：《光绪朝东华录》（第四册），张静庐等校点，北京：中华书局，1958年版，第4051页。

② 蔡元培：《何谓文化》（1921年2月14日），载高平叔编：《蔡元培全集》（第四卷），北京：中华书局，1984年版，第12页。

③ 阳信生：《湖南近代绅士阶层研究》，长沙：岳麓书社，2010年版，序，第7页。

④ 程波：《民国时期湖南大学法政教育风云传奇》，载蒋海松主编：《岳麓法学评论》（第十三卷），长沙：湖南大学出版社，2020年版，第14页。

⑤ 刘仁文：《纪念两位新逝的湘籍法学家》，载《检察日报》，2008年12月5日。

人，他们均是著名的法学家，是湘籍法学家中的杰出代表，两人当时虽然刚离世不久，但在专门的"湘籍法学家联谊会"上鲜少被提及，湘籍学人的这种健忘，实不应该。诚然，在漫长的历史长河中，许多法政人物已经成为匆匆过客，甚至早已被世人遗忘殆尽，但这并不能否认他们曾经来过，亦不能否认他们过去为法政理想所肩负的责任与担当，更不能否认他们以往在法政实践中所创造的辉煌。

总之，从整体上来看，目前学界对近代湖南法政人物之研究还较为薄弱，诸多法政人物的个人生平、法政事功与法政思想亟待发掘。对于那些被遗忘的近代湖南法政人物，吾辈学人除扼腕叹息之外，为他们树碑立传就显得尤为必要。

二、研究范围之界定

本书主要以近代湖南法政人物为研究对象。应当强调的是，法政与政法、法律是不同的概念。同理，由此衍生而来的法政人物与政法人物、法律人物亦属于不同的概念，它们均有着各自的内涵。

"法政"一词早在先秦时期便已出现，并具有多种含义。譬如，《管子》中便明确记载："法政独出于主，则天下服德。"[1]这应该是记载法政最久远的古代文献，此处所言之法政应该是指法律和政令。再如，《大戴礼记》记载："德盛则修法，德不盛则饰政，法政而德不衰，故曰王也。"[2]此处所言之法政主要是指"五法"和"五政"，所称"五法，谓仁义礼智信"，"五政者，五行之政"。由是观之，法政亦蕴含礼俗和道德等内容。还如，《荀子》中称："故为之立君上之势以临之，明礼义以化之，起法正以治之，重刑罚以禁之，使天下皆出于治，合于善也。"[3]此处之"法正"，即指"法政"，所谓"法正，犹法政也"，但这里的法政仅取"法"的其中一种含义，即制度。

然而，近代意义上的法政则明显是"西法东渐"之结果。应特别提及的是，近代国人对西方法政的认知存在一个逐步深化的过程。随着中西接触和

---

① ［春秋］管仲：《管子》，房玄龄注，上海：上海古籍出版社，2015年版，第412页。

② ［西汉］戴德：《大戴礼记》，黄怀信译注，上海：上海古籍出版社，2019年版，第196页。

③ ［战国］荀子：《荀子》，方达评注，北京：商务印书馆，2016年版，第416页。

交流之深入，部分先进国人对西方法政的认知在态度上经历了从最初拒绝，到试探性观察，再到部分接受，乃至后来的全部接受。[①]近代以后，"法政"一词的含义逐渐简化，往往系指法律与政治之合称。譬如，胡适先生在《〈吴虞文录〉序》中说："吴先生是学过法政的人，故他的方法与独秀稍不同。"[②]此处之法政便是指法律与政治的合称，这也是近代法政教育、法政学堂、法政学校、法政讲习所、法政科、法政速成科、法政杂志、法政讲义等名称中"法政"的具体含义。

此外，为深入理解法政之内涵，有必要简要介绍"政法"这个概念的情况。事实上，清末以降，法政与政法在使用数量上呈现出一个此消和彼长的过程。清末之际，"法政"一词被朝野广泛使用。但是，从民国后期开始，"法政"一词的使用频率逐步下降。新中国成立后，政法逐渐压倒法政，全面取得在社会各个领域的话语地位。[③]直至目前，"政法"一词的使用随处可见，诸如政法体制、政法机关、政法部门、政法队伍、政法干警、政法委、政法大学等。当然，政法与法政之间存在价值差异。有学者指出："就一般意义而言，法政与政法都不否定法制在现代国家治理以及维护执政者统治方面的重要作用。但法政主张以法统政，强调法律至上；而政法则强调以政统法，核心是执政党对法制的领导。"[④]

由此可见，从表象上来看，法政与政法在构词顺序上存在先后之差异，即"法"与"政"孰先孰后的问题。但是，就深层次而言，在法政与政法的话语中，分别包含着不同的价值取向，由此亦衍生出相异的政治体制及运作模

---

① 侯欣一：《中国近现代法治进程的法理阐释》，载《南开学报（哲学社会科学版）》，2020年第2期。张玉法先生将西方文化对近代中国之影响具体分为五个时期，参见张玉法：《近代中国社会变迁（1860—1916）》，载《社会科学战线》，2003年第1期。李秀清教授则梳理了域外法律文化引入中国的七个阶段，其中新中国成立前可分为五个阶段，参见李秀清：《域外法的引介及法律人的担当》，载《法学论坛》，2011年第2期。

② 胡适：《胡适文存》（第一册），北京：华文出版社，2013年版，第498页。

③ 姜增：《"法政"语词近世命运考——以法学教育为对象》，载《金陵法律评论》，2017年春季卷；钟金燕：《"政法"与"法政"概念辨析》，载《广东行政学院学报》，2013年第1期；余继田、李永成、孙小龙：《从法政到政法——由近代以来法学教育机构名称演变所引发的思考》，载《河北经贸大学学报（综合版）》，2010年第3期；徐亚文、邓达初：《政法——中国现代法律传统的隐性维度》，载《河北大学学报（哲学社会科学版）》，2011年第5期。

④ 侯欣一：《中国近现代法治进程的法理阐释》，载《南开学报（哲学社会科学版）》，2020年第2期。

式。其中，在法政的语境中，隐含着独特的价值理念，即法律在政治之前，法律大于政治，所谓以法统政、以法限政是也，这是我们研究近代法政人物所必须注意的。陈旭麓先生曾指出："历史本来就是错综复杂、迂回曲折的，历史人物的活动是不能离开错综复杂、迂回曲折的历史背景的。"[1]故而，近代法政人物之研究不能脱离近代法政的历史背景与时代语境。

同样，法政与法律亦是两个不同的概念。然而，由于中国近代法律改革开始于清末新政，彼时的法律改革亦是政治改革的重要组成部分，故法律与法政两个概念时常被人混淆。在法政学堂、法政科等近代法政教育的语境中，法政一般包括法律、政治与经济等多个部分（学科），尤其是其中的法律与政治更是不可偏废。但是，在实践中常常出现将法政等同于法律的现象，甚至将法律与作为法政组成部分的政治、经济等学科混为一谈，这显然是不科学和不严谨的。[2]毕竟，法政与法律、政治、经济等均有各自之内涵。

那么，何谓法政人物呢？据程燎原教授所称，"法政人"通常是指接受过正规法政教育，并且在法政领域安身立命或从事法政工作的人，有时也单指法政科毕业生。[3]吴斌教授亦持此看法，但他又进一步指出"法政人"（其所谓广义上的"法律人"），既包括从事法律职业的法官、律师、检察官等法律人物，亦包括进入政治、行政、地方自治等领域的立法者、政要和自治官员，还包括政治团体中的领袖与骨干。[4]此外，范忠信教授也曾谈到过"近代中国法律人"这个概念，他认为其是指清末民国期间，较早接触、了解、研习欧美法律法学，或多或少参与中国法制近代化进程的人。他认为"法律人"，不应当限于正式学习法律专业、从事法律工作的人，也应该包括对近代重大变革贡献过"新法"态度或努力的人们。[5]相较而言，笔者更为赞成范忠信教授之观

---

① 陈旭麓：《近代中国人物论》，北京：九州出版社，2019年版，第432页。

② 李卫东：《专业教育与中国近代律师职业群体的形成》，载章开沅、严昌洪主编：《近代史学刊》（第五辑），武汉：华中师范大学出版社，2009年版，第18页。

③ 程燎原：《清末法政人的世界》，北京：法律出版社，2003年版，引论，第4-5页。

④ 吴斌：《百年法治回眸：法律人群体的兴起与近代中国法制现代化的演进》，北京：光明日报出版社，2021年版，前言，第6页；吴斌：《法苑撷英：近代浙籍法律人述评》，武汉：华中师范大学出版社，2012年版，前言，第6页。

⑤ 吴斌：《百年法治回眸：法律人群体的兴起与近代中国法制现代化的演进》，北京：光明日报出版社，2021年版，序，第1页。

点。因此，笔者并不主张将是否接受过正规法政教育作为区分法政人物之首要标准。相反，而是应以其是否投身于法政领域，并是否在法政事业上取得成绩作为考量因素。譬如，本书中的湘籍女权运动领袖王昌国，她虽未受过法政教育，但她积极参与和组织各类政治团体，并当选为近代中国第一位女性省议员，她完全可以被视为法政人物。

事实上，法政人物的概念远比法律人物更为宽泛。其中，法律人物一般包括法学家与法律家两个部分。[①]众所周知，法学是一项精神的事业，而法律则是一种世俗的职业。王世涛教授指出："法学家与法律家仅一字之差，但两者之间现实的距离却很远。中国的法学与实践严重脱节，表现为法学家与法律家的两立与分离。"[②]然而，法学与法律也存在着天然的紧密关系，即法学可以"从法律中来"，法律亦可以"从法学中来"。法学可以为法律提供智识源泉，法律则可以为法学提供实践契机。[③]两者相辅相成，相互成就。一般来说，法学家主要包括从事法学教育与法学研究的人员。法律家则主要是指从事法律实务的人员，具体包括法官、检察官、律师与公证人等。[④]

当然，很多法律人物往往兼具法学家与法律家的双重身份。他们常常乐此不疲地往返游离于法学与法律、"精神"与"世俗"之间。对此，正如刘星教授在阐述法学家与法律家的"作用搭配"和"角色混同"时所言："一方面，当我们看到法学家提出学术并且关注实践的同时，我们也能看到法律家操持实践并且关注学术。换言之，他们之间有着相互交流的机缘和谱系。另一方面，在具体的法律人身上，法学家和法律家的'名分'是可以兼而有之的，一名法学教授可以既是法学家又是法律家，一名法官可以既是法律家又是法学

---

① 有学者将法学家与法律家统称为"法学公民"或"法律公民"。参见许章润：《法学公民与知识英雄》，载宫本欣主编：《法学家茶座》（第一辑），济南：山东人民出版社，2002年版，第45页；许章润：《以法律为业——关于近代中国语境下的法律公民与法律理性的思考》，载《金陵法律评论》，2003年春季卷。

② 王世涛：《法学家与法律家》，载张士宝主编：《法学家茶座》（第二十三辑），济南：山东人民出版社，2008年版，第41页。

③ 关于法学与法律的互动关系，详见［德］马克斯·韦伯：《经济与社会》（第二卷），阎克文译，上海：上海人民出版社，2020年版，第1122-1135页。

④ 韩秀桃教授将民国法律家分为三类，即注重学术研究的法律家、侧重司法实践的法律家、侧重政务活动的法律家。其将法律家与法学家混为一谈，笔者认为不甚严谨。参见韩秀桃：《略论民国时期法律家群体的法律思想》，载《安徽大学法律评论》，2004年第1期。

家。"①许章润教授亦言："很多时候，包括近世中国在内，法学家亦即法律家，反之亦然。吴经熊、杨兆龙和林纪东以法学家之身同时投身司法实务，相得益彰，不以为忤；一些杰出的法官和律师，打理案件的同时，钟情著述，将实务心得付诸字纸，甚至有理论创获，从另一面提供了适例。"②这些身兼法学家与法律家两种身份者，均属于横跨法学研究与法律实务的杰出人物，如本书中的贝允昕、何维道、陈长簇便均属于此类人物。

法政人物除包含从事法律职业的法律人物外，还包括各类从事与法律或政治相关的人物，如议会议员、立法专家、行政官员、政党人物等。这也是本书之所以取用"法政人物"而非"法律人物"的重要原因。

大千世界，芸芸众生，放眼近代湖南，法政人物辈出，可谓是灿若繁星。也正是由于法政人物数量众多，难以尽言，故不可能面面俱到地全盘论述，必须限定研究之范围与内容。故此，本书主要选取贝允昕、何维道、洪荣圻、陈长簇、王昌国等典型的湘籍法政人物作为探讨的具体对象。应说明的是，相较于数量庞大的近代湖南法政人物，选取寥寥几位加以研究，这虽有遗珠之憾，但实为迫不得已之选。倘若后续的时间和精力允许，笔者将发掘更多的法政人物，以最大限度地减少上述遗憾。

当然，本书所选取的这些法政人物，既不是国家的顶层法政人物，因为他们都未在政权中枢担任过总理、总长、部长之类的显赫高位，亦不是全国性的法界名流，因为他们都没有像董康、杨度、汪有龄、江庸、宋教仁、张耀曾、吴经熊等人的影响和声名，但他们亦绝不是普通的平民百姓。借用历史学者戴海斌教授的观点来说，他们充其量只算是不大不小的"中层人物"③。尽

---

① 刘星：《民国时期的"法学权威"——一个知识社会学的微观分析》，载《比较法研究》，2006年第1期。

② 许章润：《书生事业 无限江山——关于近世中国五代法学家及其志业的一个学术史研究》，载许章润主编：《清华法学》（第四辑），北京：清华大学出版社，2004年版，第41页；亦见许章润：《法学家的智慧：关于法律的知识品格与人文类型》，北京：清华大学出版社，2004年版，第5页。

③ 戴海斌：《晚清人物丛考》（初编），北京：生活·读书·新知三联书店，2018年版，自序，第3页；戴海斌：《晚清人物丛考》（二编），北京：生活·读书·新知三联书店，2018年版，第566-567页；戴海斌：《陶森甲：近代中日关系史上的"双面人"》，载《史林》，2012年第3期。李在全教授则提出"中层人物"之概念，他认为对法律人物之界定不应仅限于"大人物"，很多"中层人物""小人物"均可以纳入考察范围。参见李在全：《让"人"回归法律史研究》，载《史学月刊》，2023年第1期。

管如此，这类法政人物对于近代法政史的影响与意义，仍有待学界的深入研究与重新评估。

还应当强调的是，本书选取的法政人物均有留学日本的学历背景，但并不以接受法政教育为限。许章润教授指出："晚近西学东渐的一百多年间，汉语文明一直处于被迫接受西方法律文明的境地，迄今而未止。个中曲折，既为汉语文明所特有，亦且人类史所仅见。"[1]其实，西方法律文明对近代中国施加影响，其中一个重要津梁便是数量繁多的中国留学生。[2]甲午战争后，清廷国势日渐倾颓，尤其是维新变法失败后，列强更是虎视鹰瞵。鉴于统治形势之异常严峻，清廷不得不施行新政改革，大力培养法政人才，以求存和图强。在此期间，众多富有忧患意识和担当精神的湖南人，在经过甲午战败与维新夭折的双重打击后，欲迈出国门寻求救国之道和强国之方。在此背景下，大批湖湘志士纷纷选择东渡日本留学，湖南成为当时出国留学人数最多的省份之一。

本书所选之法政人物，除王昌国是进入东京青山实践女校和东京成女高等学校外，其他人物均在日本法政大学学习法政。其中，贝允昕与何维道同时进入日本法政大学法政速成科第二班。洪荣圻则进入日本法政大学法政速成科第四班。陈长簇先后进入日本法政大学法政速成科第五班"政治部"[3]和该校专法科、研究科。留日期间，他们经历欧风美雨之洗礼，深刻认识到中西法政文明的巨大差距。当时的留学生普遍认为，中国以道德和礼教立国，易流于空言而无实行，散而不聚，虚而不实；欧美诸国则以法律和政治立国，聚而不散，实而不虚。两者对立于竞争世界，强弱立见，胜败立分。因此，欲使中国转弱为强、转败为胜，法政思想之普及应是当务之急。[4]

---

① 许章润：《多向度的现代汉语文明法律智慧——台湾的法学研究对于祖国大陆同行的影响》，载《比较法研究》，2003年第6期；许章润：《法学家的智慧：关于法律的知识品格与人文类型》，北京：清华大学出版社，2004年版，第59页；许章润：《法学公民与知识英雄》，载宫本欣主编：《法学家茶座》（第一辑），济南：山东人民出版社，2002年版，第46页。

② 吴斌：《百年法治回眸：法律人群体的兴起与近代中国法制现代化的演进》，北京：光明日报出版社，2021年版，序，第1页。

③ 日本法政大学法政速成科第一班至第四班不分专业，第五班则分为"法律部"和"政治部"。参见日本法政大学大学史资料委员会编：《清国留学生法政速成科纪事》，裴敬伟译，李贵连校订，孙家红参订，桂林：广西师范大学出版社，2015年版，第11页。

④ 张一鹏：《法政杂志之趣旨》，载《法政杂志》，1906年第1卷第6号。

故而，这些留日学生归国后，大多投身于近代中国的法政事业，而非仅局限于从事法官、检察官、律师等法律职业。他们满怀热情地将自己的法政知识和法政理想付诸中国的具体实践。他们在筚路蓝缕中身体力行，或直接投身于法政实践，推动近代中国的法政改革；或创办法政学校，发展近代中国的法政教育；或著书立说，传播近代中国的法政文明。[①]总之，他们以自身力量不断推动着近代中国的法政改革、法政教育与法政研究，为近代中国法政的发展与进步作出了重大贡献。因此，研究近代法政人物，就必须涉及法政人物的留学经历以及对他们法政人生的重要影响。

湘籍留日学生作为近代中国留日学生群体中的重要组成部分，其作用与贡献同样不容忽视或小觑。其中，留日学生贝允昕与何维道虽然身份多样，但主要以律师身份闻名于世。贝允昕归国后，任职于清末湖南咨议局，并负责筹备政治团体宪友会湖南支部，后担任湖南都督府顾问、法制局局长与政报处处长，后来执行律师业务，担任多届长沙律师公会会长，还在湘创办过多所法政学校，他是近代湖南律师制度的创立者与法政教育的领导者。何维道归国后，先是在地方为官，后转执律师业务，曾成功营救中共早期领导人任弼时，他还在湖南公立法政专门学校、湖南大学等校担任法科教授，并独自译述中国最早的警察学著作《警察学》等书籍，可谓贡献颇巨。

留日学生洪荣圻与陈长簇则似乎更为专注，他们的成就主要集中在司法实务领域。洪荣圻归国后，被清政府授予法政科举人和七品小京官，不久便辞官返湘参与组织多个革命团体，并担任同盟会湘支部的支部长，湖南光复后更是担任都督府司法司长，为近代湖南的司法事业作出了开创性贡献。陈长簇归国后，受命创建湖南的高等、地方两级审判厅，担任数省的司法长官，尤其是他敢于抗拒湖北督军王占元非法干预司法而闻名于全国，后来长期担任湖南高等法院院长，作为湖南司法界的泰斗人物，对近代湖南的司法事业亦贡献颇大。

留日学生王昌国与以上法政人物不同，作为一位女性法政人物，她是中国第一批官费留日女学生之一，她虽然未接受过法政教育，但这并不影响她在近代法政尤其是在近代女子参政问题上作出的突出贡献。她归国后便积极投身于女权运动，相继创建湖南女子国民会和发起女子参政同盟会，积极争取女子

---

① 韩秀桃：《略论民国时期法律家群体的法律思想》，载《安徽大学法律评论》，2004年第1期。

参政权，她后来更是破天荒地当选为中国第一位女性省议员，成为一位非常杰出的女权领袖和女性法政人物。

三、人物研究之取法

诚然，今日所遗留下来的历史记录多为零碎之片断。但是，历史上的人事却存在着相互联系。故而，史学研究者必须拾捡碎片，左缝右补，拼合连缀。著名史学家蒙文通先生曾有言曰："事不孤起，必有其邻。"[①]这精到地诠释了人事的联系性与整体性，成为后世治史者的一项重要取法。桑兵教授在谈及治学的门径与取法时亦指出："解读史料史事，必须遵循时空人等具体要素，凡是脱离具体时空人的事实联系，依照外来后出的各种观念架构拼凑而成的解读连缀，都是徒劳无功地试图增减历史。"[②]故此，我们研究近代法政人物，不能仅仅聚焦于人物本身，还必须关注其所处之社会环境与时代背景，坚持人物与事件、人物与社会、人物与时代相结合的取法。借用梁启超先生在论述"理想专传"时所说："此种专传，其对象虽止一人，而目的不在一人"，即以某个人物作为研究中心，"将周围关系事实归纳其中，横的竖的，网罗无遗"。[③]

事实上，梁启超先生在有关人物研究的著述中，亦多贯彻此种研究取法。譬如，他所著的《李鸿章传》，亦名为《中国四十年来大事记》，他认为当时中国四十年里发生之大事，几乎无一不和李鸿章存在关系，故有是名。[④]这种研究取法在学界并不鲜见。当代史学家冯尔康教授多次再版的名作《雍正传》，便是以雍正作为研究中心，不仅包括主人公雍正的历史资料和叙述，还包含他生平事迹以外的、那个时期的制度、事件、人物的材料和叙述，以期能够"透过雍正观察他的时代"。故而，就写作内容而论，该著亦可称为《雍正

---

① 蒙文通：《儒学五论》，成都：巴蜀书社，2021年版，第240页；蒙文通：《宋史十论》，成都：巴蜀书社，2021年版，第165页。

② 桑兵：《治学的门径与取法：晚清民国研究的史料与史学》，北京：社会科学文献出版社，2014年版，第6页。

③ 梁启超：《中国历史研究法》，上海：上海古籍出版社，2019年版，第251页。

④ 梁启超：《李鸿章传》，北京：中华书局，2016年版，第1页；梁启超：《梁启超全集》（第一册），北京：北京出版社，1999年版，第510页。

及其时代》。①因此，笔者欲见贤思齐，效仿先贤，以此取法来研究近代湖南法政人物。

本书所研究的诸位法政人物均处于转型嬗递的新旧过渡时期。因此，笔者主要以诸位近代湖南法政人物为研究中心，全面梳理他们在新旧过渡时期的人生轨迹与法政事功，揭橥他们在法制、政治、革命、司法、学术与教育等方面复杂而多样的人生际遇，以求更为全面和深入地认识他们的所学、所思与所为，体会他们的学识、思想与操守。更为重要的是，还要借此考察近代湖南乃至近代中国社会变迁与法政变革中存在的诸多相关问题，以深切感受法政与社会、法政与人事、法律与政治等的交流和纠葛。

应特别强调的是，法政人物研究的一项基本要求，便是研究者与研究对象应保持一定的距离，研究者应尽量避免受个人主观或感性因素之影响，以期努力获取更客观之判断。然而，要达至此目标，诚非易事。对此，桑兵教授指出："后来者治史，容易自以为是，以为历史进化，今人一定踞有政治和道德的高度，可以激扬文字，纵论古今，动辄评价批判，任意褒贬。"②朱学勤教授曾指出治思想史者的两种极端："治思想史者，多半有翻案癖，希望在自己的笔下为某一个思想人物洗出一段清白，或为某一类思想事件洗出一段光彩。……知识与思想的传承是必须尊重的，轻易否定自己的前人，不管是什么样的前人，哪怕是半截子前人，都是愚蠢的，也是不道德的。"③可见，过分地抬高、片面地赞誉研究对象固不可取，轻易地批判、草率地否定研究对象亦不能行。尤其是后者，更要引起研究者的高度警惕。

众所周知，一代人自有一代人之任务与使命，一代人亦有一代人之局限与不足，后人无须过分苛责。蔡元培先生在谈到湘军将领平定太平天国时指出："一时代人物，自有一时代眼光，不好过于责备。"④因此，今人读史阅世，不应当居高临下，不应以当前之社会标准和思想观念来评量或苛求，甚至

---

① 冯尔康：《雍正传》（上册），北京：中华书局，2023年版，自序（二），第2-5页。

② 桑兵：《治学的门径与取法：晚清民国研究的史料与史学》，北京：社会科学文献出版社，2014年版，第220页。

③ 朱学勤：《思想史上的失踪者》，载《读书》，1995年第10期。

④ 蔡元培：《何谓文化》（1921年2月14日），载高平叔编：《蔡元培全集》（第四卷），北京：中华书局，1984年版，第10页。

诘责、指斥法政先贤。正如湘籍著名思想家魏源所言："执古以绳今，是为诬今；执今以律古，是为诬古。"①质言之，我们既不应以古绳今，亦不应以今律古。故此，我们在研究近代湖南法政人物时，应充分尊重历史与现实，始终秉持"临文必敬、论古必恕"②的取法和态度，对法政人物怀有温情与敬意。

对此，钱穆先生指出："所谓对其本国已往历史有一种温情与敬意者，至少不会对其本国已往历史抱一种偏激的虚无主义，亦至少不会感到现在我们是站在已往历史最高之顶点，而将我们当身种种罪恶与弱点，一切诿卸于古人。"③陈寅恪先生在审查冯友兰先生所著之《中国哲学史》时指出："凡著中国古代哲学史者，其对于古人之学说，应具了解之同情，方可下笔。"④两位先生关于治学的真知灼见，早已成为后世治学者的金科玉律。

就当代法学界而言，众多学者亦多持此种观点。譬如，程燎原教授在论及清末法政人时指出："这些人作为中国迈向现代、迈向法治的先行者与开拓者，今日的法政人必须记住他们，并对他们表示应有的敬意。"⑤张仁善教授在论述中国法律文明时亦指出："后人对待既往法律文明，既不能数典忘祖，全然否定祖制，亦不能妄自尊大，一切敝帚自珍；对祖辈创造的辉煌文明，当怀温情和敬意；对时过境迁、日显愚昧滞后之处，不时反省割弃。"⑥许章润在论述近世中国五代法学家时同样指出："一代人有一代人之问题与困惑，则一代人有一代人之思考与应对，从而一代人有一代人之思想与学术、制度与实践。……大凡今日生计昌隆的国族，无一不是对于往圣先贤、陈迹旧事怀持温情与敬意，于反复品味中触摸心思，反省心事，而增智益慧，造福当下。"⑦对上述各位学者的中肯之言，笔者心有戚戚焉。

---

① [清]魏源：《古微堂内集卷二》，载《魏源全集》（第十三册），长沙：岳麓书社，2011年版，第43页。

② [清]章学诚：《文史通义新编新注》（上册），北京：商务印书馆，2023年版，第81页。

③ 钱穆：《国史大纲》（上册），北京：商务印书馆，2017年版，卷首，第1页。

④ 陈寅恪：《金明馆丛稿二编》，南京：译林出版社，2020年版，第306页；冯友兰：《中国哲学史》（上），北京：生活·读书·新知三联书店，2009年版，第447页。

⑤ 程燎原：《清末法政人的世界》，北京：法律出版社，2003年版，引论，第5页。

⑥ 张仁善：《中国法律文明》，南京：南京大学出版社，2018年版，序言，第4页。

⑦ 许章润：《书生事业 无限江山——关于近世中国五代法学家及其志业的一个学术史研究》，载许章润主编：《清华法学》（第四辑），北京：清华大学出版社，2004年版，第67页；亦见许章润：《法学家的智慧：关于法律的知识品格与人文类型》，北京：清华大学出版社，2004年版，第40页。

诚然，严肃的史学工作者往往极力寻找历史的真相，但要完全揭露历史之真相，几乎难以达到，故只能力求写出最接近真实的历史。同样，由于受档案、认识、时代发展等种种因素的制约，对历史人物的评价亦往往只有最新的认识，而难有终极结论。[1]由于时空的限制，我们无法重返近代法政的历史现场，更无法当面与这些法政先贤进行交流。但是，笔者在论述过程中，仍尽量坚持设身处地和换位思考，始终秉持"有几分证据说几分话"[2]的原则，对资料缺乏者不随作妄言，对资料丰富者亦不任加妄议。桑兵教授曾指出："历史已经发生，不会因为后人的意识而改变，凡是符合事实的，都不取决于个人如何认为，而形形色色的认为无论怎样高谈阔论，若与事实不符，则都是错误而不会影响历史事实，只能干扰淆乱对于历史的认识。"[3]因此，后人治史论事不能自以为是，而应力求在客观真实的基础上，对法政先贤持以温情与敬意、同情与理解。如此，方有可能不片面误读法政先贤之生平事功，不轻易贬损法政先贤之个人声名，亦不盲目回护乃至溢美拔高法政先贤之历史地位。

四、研究内容之概要

近代湖南人才辈出，灿若繁星，既有影响时代的法政思想家，亦有叱咤风云的法政活动家，还有德高望重的法政耆宿，其他法政英杰更是不可胜数。数量繁多的法政人物难以详细尽言，更不可能进行面面俱到的全盘论述，故只能择取贝允昕、何维道、洪荣圻、陈长簇、王昌国等较为典型的法政人物加以深入阐述。诚然，本书所选取的法政人物，虽在数量上寥寥可数，但他们却是探讨近代湖南法政人物的绝佳侧影。所谓见微知著，一叶知秋，通过对这些法政人物进行个案研究，探讨他们的人生经历与法政事功，既可以最大限度地展现近代湖南法政人物的独特魅力，亦能够有效地揭橥近代湖南乃至近代中国的法政变幻风云，以达到窥一斑而知全豹的良好效果。

本书共分为五章，每章以一位法政人物作为研究对象，着重探讨他们的

---

[1] 叶书宗：《寻求历史的真实 写真实的历史——也谈历史人物的评价问题》，载《探索与争鸣》，2005年第1期。

[2] 罗尔纲：《师门五年记 胡适琐记》，北京：生活·读书·新知三联书店，2014年版，第60页。

[3] 桑兵：《治学的门径与取法：晚清民国研究的史料与史学》，北京：社会科学文献出版社，2014年版，第6-7页。

人生经历与法政事功。兹对各章的大概内容进行简要说明，以便读者对他们有较为直观的体认。

第一章主要围绕贝允昕与近代湖南的法律、教育和报务而展开。贝允昕是横跨近代湖南法律界、教育界与报界的杰出人物，是多个领域的执牛耳者。他从清末便开始投身湖南的法政事务，辛亥革命后任职湖南都督府，1914年转执律师业务，曾担任多届长沙律师公会会长，在近代湖南法律界有着"律师之师"的美誉。他因挚友谭嗣同被杀后认识到中国民智未开，故东赴日本法政大学留学，归国后致力于振育民智，创办多所新式学校，培养新式人才，在近代湖南教育界有着"校长之长"的尊誉。他在近代湖南报界亦表现突出，从民初创立《湖南公报》，继而另创《大公报》，并担任湖南报界联合会会长，始终坚持"大道为公"之办报立场，在反对专制和推动政治进步等方面发挥了重要作用。

第二章主要探讨何维道的法政活动与人生轨迹。何维道是一位被遗忘的近代湖南法政精英，他参与和见证了近代湖南法学教育与律师制度的发展历程。他早年在国内接受过良好教育，后又留学日本法政大学研习法政，其间加入同盟会和政闻社，毕业后还参与发起咨议局事务调查会。他归国后曾在地方为官，然随着清廷之覆灭，仕途亦被迫中断，遂转战律师界开始律师执业。同时，他还担任过长沙律师公会副会长、会长，是当时湖南的四大律师之一，素有"道德律师"之美誉。他在律师生涯中最为荣耀的是从安徽成功营救出中共早期领导人任弼时。后来，因日寇进逼长沙，他在异乡避难时不幸病殁。

第三章主要焦聚洪荣圻的法政人生研究。洪荣圻是清末湖南的留日学生，曾进入日本法政大学法政速成科第四班学习，其间加入同盟会。他学成归国后，被清政府授予法政科举人的功名和七品小京官的官职。不久，他便辞官返湘，从事革命宣传工作和开展革命实践，参与组织湘路协赞会、卷施社和图强社等革命团体，并担任同盟会湘支部支部长。在焦达峰都督、陈作新副都督被杀害后，他为稳定革命大局起见，与谭人凤、周震鳞等革命党人维护谭延闿都督地位，保障湖南革命政权之稳定，他还与谭延闿、周震鳞等人支持黄钺在甘肃发动起义。作为湖南都督府首任司法司长，他负责筹组司法司、创设各级审检机关、起草各项法律条文，最终积劳成疾卒于任上，为近代湖南的司法事业作出了开创性贡献。

　　第四章主要探讨陈长簇的司法贡献与文化功绩。陈长簇是近代湖南司法界的泰斗人物，长期在各省担任司法长官。他于清末留学日本法政大学，研习法政之学。湖南光复后，他归国受命创建高等、地方两级审判厅，担任高等法院院长期间主持修建湖南第一监狱，并在抗战时主持将湖南高等法院迁至安化，为近代湖南的司法事业作出了重要贡献。在湖北高等审判厅任上，他因敢于抗拒湖北督军王占元非法干预司法而闻名全国法政界；在任安徽高等法院院长期间，坚决抵制国民党推行的"司法党化"政策，并致力于推进司法制度之革新。在司法生涯之外，他亦专注于收集古书、字画和文物，并注重湖湘文献的搜集与整理，尤其对同乡李元度的诗文遗稿整理颇力，他还撰述有《东山草堂集》《讷翁诗存》等著作，为湖湘文化之保护与传承作出了重要贡献。

　　第五章主要探讨湖湘女杰王昌国在近代女子参政运动中的个人际遇。王昌国是一位非常杰出却被人遗忘的女权领袖。她早年曾两度赴日留学，是我国第一批官费留日女学生，在日期间开始接触女权思想并参与组织中国留日女学生会。归国后创建湖南女子国民会，以争取教育平等权；发起女子参政同盟会，以争取女子参政权。为致力于将女子参政权写进《中华民国临时约法》而大闹参议院，为反对删除同盟会"男女平权"之政纲而扭打宋教仁，为争取女子参政权而反对袁世凯。在省宪自治潮流中，她更是破天荒地竞选为中国第一位女性省议员，在议员任上她始终将争取女权作为履职重心。然而，随着马克思主义之传入，少数精英妇女的"参政运动"最终被广大劳动妇女的"革命运动"所取代，民初女权领袖逐渐退出女权运动之领导舞台。可以说，王昌国在近代中国女子参政运动中的个人际遇，既是时代变革之使然，亦是个人选择之结果。

第一章　多领域的执牛耳者
——贝允昕与近代湖南的法律、教育和报务

贝允昕（1865—1929年），字元征、元澂，湖南浏阳人，他是近代湖南著名的法界泰斗、教育名宿和报界巨子，在近代湖南的法律、教育和报务等领域产生过重要影响，在湖南近代史上占据重要地位。他长期执行律师业务，担任过多届长沙律师公会会长；他积极投身新式教育，在湖南创办十余所新式学校；他相继创立《湖南公报》和《大公报》，始终以反对帝制与拥护共和为职志。当时，湖南省内的校长、律师多出自其门下，他因此被时人尊称为"校长之长"和"律师之师"。[①]然而，这位重要的法政人物却逐渐被时代湮没，被世人遗忘。据笔者查证，现唯一留存有关贝允昕的遗迹，仅有湖南省浏阳市高坪镇船仓村的"贝氏家庙"。该庙原称"贝氏家祠"，因贝允昕才将原来的家祠改为家庙。[②]笔者曾前往贝氏家庙进行实地考察，发现其中对贝允昕之记述亦错误颇多。[③]故而，对贝允昕的法律、教育和报务等活动进行研究，不仅是系统揭橥贝允昕生平事功之必然要求，亦是深入认识近代湖南法律界、教育界与报界之客观需要。

---

① 《贝元澂先生事略》，湖南图书馆藏，民国抄本，第1页。

② 家庙为私祠的一种，这是前清之遗制。家中先祖有做官者，为其修建祠堂，便称为家庙，含光宗耀祖之意。而给未做过官的修建祠堂，则不可称为家庙，只能称为公祠。

③ 试举一例，据《贝氏家庙序》之记载："清光绪年间，贝氏家族发展到鼎盛时期，十九世嗣孙允昕乡试中举，后又留学日本，回国后在法律和教育事业中作出了很大贡献，有'教长之长、律师之师'之称。故此，贝氏家祠溢封为贝氏家庙，一直保持原貌至今。"此处，便将"校长之长"误写成"教长之长"，将"谥封"误写为"溢封"。

一、律师之师：贝允昕的法律之路

光绪十四年（1888年），二十三岁的贝允昕参加戊子科乡试，中得举人。此后，他一直在外省游幕，历任湖北抚署、天津道署、登莱青道署、直隶县署、长芦运署、福建臬署及藩署、广西藩署等之文案。

贝允昕正式投身到湖南的法政事业，最早可追溯至清末时期。宣统元年九月初一日（1909年10月14日），湖南咨议局第一届会议在长沙开幕，这标志着湖南咨议局的正式成立。当时，贝允昕就担任湖南咨议局书记长，负责监督咨议局内的一切事务。[①]在湖南咨议局内，书记长是一个非常重要的职位，具有相当大的权力。当时，咨议局议员周广询便说："书记长权重，恐其久而专擅，宜规定年限。"但是，议长认为书记长与议员性质不同，没有规定年限之必要，各议员亦赞同议长之看法。接着，周广询又提议："书记长处理局中一切事务，处理二字太过，宜用监督二字。"[②]对此，各议员表示赞同。

贝允昕还参与到清末湖南的政党筹建工作中。宣统三年六月初六日（1911年7月1日），宪友会总部在北京成立，这是清末立宪派的重要阵地。[③]随后，湘省立宪派人士便迅速开展宪友会湖南支部的筹备活动。宣统三年六月初九日（1911年7月4日），易宗夔、龙璋、廖名缙、陈炳焕等湖南立宪派人士五十余人，在省教育总会召开谈话会，会上推举贝允昕、雷光宇、胡迈、谭传恺为支部章程起草人，决定待章程拟定后，再正式召开发起会。[④]不久，章程便拟定完毕。宪友会湖南支部之筹建意义重大，有学者认为："这既标志着立

---

① 谭仲池主编：《长沙通史》（近代卷），长沙：湖南教育出版社，2013年版，第705页；阳信生：《湖南近代绅士阶层研究》，长沙：岳麓书社，2010年版，第208—209页。

② 杨鹏程主编：《湖南咨议局文献汇编》，长沙：湖南人民出版社，2010年版，第89页。

③ 有人指出："宪友会大都系国会请愿同志会中心人物，所谓立宪派也。"参见张国淦：《中华民国国会篇》，载庄建平主编：《近代史资料文库》（第二卷），上海：上海书店出版社，2009年版，第81页。

④ 《湘省组织宪友会详情》，载《时报》，辛亥六月十八日（1911年7月13日）；《湘省要闻丛录》，载《神州日报》，辛亥六月十九日（1911年7月14日）。学界相关论述，参见程燎原：《清末法政人的世界》，北京：法律出版社，2003年版，第331页；邱钱牧主编：《中国政党史（1894—1949）》，太原：山西人民出版社，1991年版，第188—189页；南炳文、白新良主编：《清史纪事本末·第十卷·宣统朝》，上海：上海大学出版社，2006年版，第3310页；侯宜杰：《二十世纪初中国政治改革风潮：清末立宪运动史》，沈阳：辽宁人民出版社，2020年版，第341页。

宪派力图依靠清朝统治者走改良主义道路的又一次努力，又体现出他们与清朝统治者之间矛盾与裂痕的进一步扩大，清朝统治集团危机的进一步加深。"①由此可见，贝允昕作为湖南立宪派的重要人物，是清末湖南立宪活动的踊跃参与者。

辛亥革命爆发，湖南旋即光复，贝允昕与谭延闿等人共相筹策，以维护全省治安。事定之后，贝允昕先后担任湖南都督府顾问、法制局局长与政报处处长等职。尤其是担任法制局局长，更是契合其所学。据当时报道所称："湘省谭都督以现在民国初建，万事更新，苟非编定法制，则治丝而棼，殊难措手。亟应设立法制局，考察各国成法，取其所长，体验人民习惯，从其所便，厘订法制，著为令典。惟须遴选真材，方足以肩斯重任，爰即照会贝君允昕充任该局正长，胡君迈充任该局次长。"②

当时，由于辛亥革命爆发，湖南咨议局的议员大多已各归故里，副议长陈炳焕遂提议："省城义师，乡县人故多不知，当令各选议员，集省会议，以通情实。"③于是，湖南都督谭延闿决定召开特别议会。贝允昕因谙熟法律和曾有担任咨议局书记长的经历，特被委任为特别议会书记长，负责议会的筹备工作。据报道所称："所有议会内一应事宜，亟应另行组织，当以贝允昕君深谙法律，且曾任咨议局书记长，熟悉情形，因委任为特别议会书记长，慎选妥人，刻日组织办事处，以便届期开会。"④随着湖南都督府首任司法司长洪荣圻的离世，谭延闿准备委任贝允昕继任司长，掌管全省的司法行政事宜。但是，贝允昕却力辞不就，才转而委任湖南高等审判厅厅长盛时继任司长。紧接

① 湖南省志编纂委员会编：《湖南省志·第一卷·湖南近百年大事纪述》（第二次修订本），长沙：湖南人民出版社，1980年版，第304页。

② 《新湘垣种种》，载《申报》，辛亥十月十八日（1911年12月8日）。

③ 粟戡时，等：《湖南反正追记》，长沙：湖南人民出版社，1981年版，第95页；杨鹏程、胡忆红编：《湖南辛亥革命史料》（第一册），长沙：湖南人民出版社，2011年版，第500页。

④ 《各省光复后之纪闻》，载《时事新报》，辛亥十月二十五日（1911年12月15日）。

着，谭延闿又改任贝允昕为湖南第一法政学堂监督，不久他便辞职了。[①]1912年10月27日，湖南都督府为公布各项法令，"记录湖南政署之一切文件，使人民有所遵守"，特创办《湖南政报》，谭延闿又委任贝允昕为该报总理。据该报所发布之公告称："现开办《湖南政报》，以为公布各项法令之用。业经委任贝允昕为该处总理，并订定《政报处简章十条》，定于十月二十七日出版发行。合即通令该司处局厅署，仰即转饬所属一体遵照。"[②]1912年，湖南法学协会在长沙成立，由贝允昕担任该会的首任会长。

不久，"二次革命"爆发，湘省政局激变，贝允昕奔赴北京，依附"第一流人才内阁"的总理熊希龄，担任编纂兼统计。当时，熊希龄为讨论"废省"（即将原省划分若干省，缩小每省范围）的主张，遂"电令各省当局派遣代表入京开会"，组织"行政会议"。随即，袁世凯"下令增派中央政府代表，合并组织政治会议"。[③]故所谓的政治会议，即原为行政会议，适值国民党被解散，国会不足法定人数而中止议事（此时国会未正式解散），才改为政治会议。[④]政治会议以议决关于民国建设之政治问题为范围，凡行政上应兴应革之事件，经政府之咨询而议决。故其并非权力机关，而是政府的咨询机

① 其实，此前贝允昕就被公举为湖南公立法政学堂监督，据部分士绅所称："惟是学堂办理完善，在于监督、教员得人，监督现已公举衡山县教谕、日本法政毕业贝允昕充当，教员则拟延聘日本或内地法政毕业、学识素优、名誉卓著者。"参见《湖南省城公立法政学堂禀学司立案文》，载《湖北官报》，宣统二年八月十一日（1910年9月14日）。湖南学司批示："该绅等遵章在省组织公立法政学堂，开办正科法律一门，附设别科，常年经费以征入学费抵用，开办经费则由该绅等共同担任，并公举衡山县教谕员贝允昕充当监督，自系养成法政人才。"参见《署学司黄批公立法政学堂禀恳立案由》，载《湖北官报》，宣统二年八月十一日（1910年9月14日）。

② 《湖南政报处简章》，载黄林编：《近代湖南出版史料》（第二册），长沙：湖南教育出版社，2012年版，第1251-1252页。

③ 钱端升、萨师炯，等：《民国政制史》（上册），北京：商务印书馆，2018年版，第83页。

④ 1913年12月15日，袁世凯下令将行政会议改称为政治会议，作为政府的咨询机关，由李经羲任议长，张国淦任副议长，共有议员七十六名。除中央政府代表外，每省选派一至两名代表参加。湖南的代表为贝允昕和任福黎。参见彭德才：《民国初期中央政府、国会中的湖南人（1912—1927）》，载《湖南文史通讯》，1988年第3期；张国淦：《中华民国国会篇》，载庄建平主编：《近代史资料文库》（第二卷），上海：上海书店出版社，2009年版，第109-110页；谢彬：《民国政党史》，上海：学术研究会，1928年版，第218页；徐友春主编：《民国人物大辞典》（增订本），石家庄：河北人民出版社，2007年版，第2887页；江庸：《江庸法学文集》，北京：法律出版社，2014年版，第85页；李剑农：《中国近百年政治史》，北京：商务印书馆，2017年版，第386-387页；吕思勉：《中国通史》（下册），长春：吉林人民出版社，2018年版，第806页。

关。①于是，贝允昕又充任政治会议议员，获四等嘉禾章，以道员存记。②

由上可见，贝允昕的经历不可谓不丰富，但这主要涉及法政活动，并未直接涉及律师活动。贝允昕转执律师业务是在湖南建立律师制度以后。

1912年，俞峻、彭兆璜、谭传恺、王英濂、何维道、任绍选、陶懋颐、姚辅邦、袁赞德、欧阳谷、傅念恃、姚生范等人率先取得律师资格，是湖南的第一批律师。同年8月，湖南省司法司颁布《湖南辩护士暂行规则》，这标志着近代湖南律师制度之初步形成。同月，王英濂、任绍选等人发起筹建长沙律师公会的活动，并呈报北洋政府司法部核准。同年9月15日，司法部正式核准成立长沙律师公会。因此，长沙是湖南最早出现律师和创建律师公会的地方。

1914年11月17日，贝允昕在长沙地方检察厅正式登录律师资格，登录号为"七五"，律师事务所则设在长沙"藩围后"。③后来，他又将事务所迁至长沙"宝南街刘忠壮祠坪第五号"。至1929年，贝允昕逝世之后，他的律师登录资格才被撤销。④

起初，长沙律师公会之会址并未固定，常以该会会长或者副会长之住所作为临时会址。直到1917年6月，长沙律师公会才购买省城东庆街柑子园的一处房屋作为固定会址。1919年，贝允昕首次当选为长沙律师公会会长，任职期限为一年，可以连选连任，此后他又连续四次当选会长。同年，在贝允昕的倾力主持下，开始集资重新修葺长沙律师公会会址，并于年底竣工。当时，贝允昕还撰文泐石记之，该文对律师在国家中的重要地位与长沙律师公会的历史变迁进行了精要概括，意义重大，遂在此摘录之。其文曰：

> 国家之统治权，三分之为立法、行政、司法，又三分司法之权
> 而为检察、辩护、审判。律师职在辩护，有公会以联之，所以集众
> 思而广忠益也。民国元年，肇设本会，越二年而成立，僦屋治事，

---

① 张国福：《中华民国法制简史》，北京：北京大学出版社，1986年版，第116-117页。

② 《政治会议开幕记》，载《时事新报》，1913年12月20日；《政治会议之现在与将来》，载《时事新报》，1914年1月3日；《三十一日大总统策令》，载《时事新报》，1914年6月3日；湖南省地方志编纂委员会编：《湖南省志·第三十卷·人物志》（上册），长沙：湖南出版社，1992年版，第592-593页。

③ 《司法部编湖南律师登录第二表》，载《政府公报》，1915年5月23日。

④ 《司法行政部指令（第六七六一号）》，载《国民政府公报》，1929年8月19日；又载《司法公报》，1929年8月24日。

不常厥居，乃积入会捐及月捐之余赀，越六年而购东庆街柑子园屋
基，门首旧为春肆，室内颓圮，不适于盖簪，本会同人共谋勾赀以
茸新之，越八年而轮奂翼然，规模略备，损私以益公，易成而可
久。当干戈扰攘之际，而有此兴作，是不可以无纪！爰泐诸石，用
诏来兹。①

　　此外，贝允昕还积极参加国际和国内律师组织的活动，以交换智识，增
进文明。譬如，1920年4月1日，在日本东京召开主题为"改善法律"和"培
植东亚律师"的国际律师会议。此为国际律师协会的成立大会。②中国各地律
师公会共派出十六名律师代表参加。其中，贝允昕代表长沙律师公会参加此次
盛会。③当时，贝允昕和各省律师代表陆续抵达上海，上海商界总联合会以各
省律师代表赴日与中国法界前途有关，特予以招待宴请，并表明上海商界之希
望。他们说："吾人所最感痛苦之事，莫如领事裁判权，此次赴东，极望以吾
人此种痛苦，唤起各国人出之同情，俾亦东亚自动之力，除此污点。"④3月
24日，贝允昕与福建闽侯律师公会的郑作枢、侯光第等人从上海启程，并于28
日抵达东京，入住驿精养轩。⑤会议期间，贝允昕向与会代表提出"撤销领事
裁判权"的重要问题。散会前，与会代表还一致议决，国际律师协会第一次总
会于翌年在北京举行。⑥4月18日，贝允昕等人"由日本乘轮抵沪，暂寓公共
租界福建路吉陞栈"，贝氏随后在上海"勾留数日，即行附轮返湘"⑦。
　　1921年10月23日至25日，国际律师协会在我国北京召开会议。会议主

---

① 廖希化：《湖南省志司法志律师篇上篇》，载湖南省文献委员会编：《湖南文献汇编》（第二辑），
长沙：湖南省文献委员会，1949年版，第278页。
② 王申：《中国近代律师制度与律师》，上海：上海社会科学院出版社，1994年版，第94页。
③ 《赴东律师代表题名录》，载《时事新报》，1920年3月16日；《国际律师协会之华代表》，载《民国
日报》，1920年3月24日；《国际律师协会之重要问题》，载《时事新报》，1920年3月23日；《国际律师协会之
第一幕》，载《时事新报》，1920年4月7日。
④ 《商界总会与赴东律师》，载《时事新报》，1920年3月24日。
⑤ 贝允昕参会之情形。参见《赴东律师代表团之报告》，载《时事新报》，1920年5月14日。
⑥ 陈应荣：《国际律师协会第二次总会报告书》，载《法律评论》，1924年第33-34期。
⑦ 《国际律师会代表回国》，载《神州日报》，1920年4月20日；《一个国际律师会代表回国》，载《民
国日报》，1920年4月20日。

题为"加强世界律师联系"和"健全律师学养"。对此，江庸指出："国际间以研究学术、交流知识为标识之团体，在我国国境内开会，实以此为嚆矢矣！"①这次会议共计有二十二国代表出席，参会代表共三百五十余人。其中，"菲律宾来会者十四人，日本及其国外各地八十一人，上海美国法院律师六人，哈尔滨俄国律师五人"②。中国各地的律师公会共派出四十一名代表参加。长沙律师公会则由贝允昕会长、马续常副会长代表出席此次会议。③

1923年8月10日，国际律师协会在菲律宾马尼拉召开会议。国内律师公会共推举十九名代表参与此次会议。其中，"长沙律师公会亦推代表贝允昕，于前日抵沪，下榻大东旅社"④。8月2日，在赴菲律宾前，贝允昕与陈应荣（北京代表）、沈尔乔（杭州代表）、何世桢（上海与苏州代表）等诸位律师代表，在上海受到法界人士张一鹏、汪有龄等人的设宴欢送。据报道称："张一鹏、汪有龄二君，昨日（二号）假西藏路一品香设宴，欢送出席菲岛马尼拉国际律师协会之各省律师公会代表张应荣［陈应荣］、沈尔乔、贝元昕［贝允昕］、何世桢等。……与宴者除四代表外，有江苏驻沪交涉员许秋骉，上海地方审检两厅长沈庆生、车显承等二十余人。"随后，贝允昕与其他三位代表"在大东旅社束装，赴虹口太平洋公司码头登轮，五时许该轮即启椗放洋"。当时，法界同仁"亲往轮埠欢送者颇众"⑤。然而，也有说贝允昕虽然抵达上海，但他最终却并未前往菲律宾参会。譬如，据有些报道称："贝允昕君系长沙律师公会代表，此次本拟赴菲，现因事未往。"⑥亦有学者指出："中国原推定十九人参加，实际赴会的只有何世桢、沈乔尔［沈尔乔］、郑民及陈庆荣［陈应荣］等四人。"⑦贝允昕有可能未前往菲律宾参会，据此次会议之亲历

① 江庸：《敬劝京外律师赴菲律宾国际律师协会》，载《法律评论》，1923年第2期；江庸：《江庸法学文集》，北京：法律出版社，2014年版，第284页。

② 陈应荣：《国际律师协会第二次总会报告书》，载《法律评论》，1924年第33-34期。

③ 廖希化：《湖南省志司法志律师篇上篇》，载湖南省文献委员会编：《湖南文献汇编》（第二辑），长沙：湖南省文献委员会，1949年版，第294页。

④ 《国际律师会代表近况》，载《民国日报》，1923年7月27日。

⑤ 《国际律师会代表出发》，载《民国日报》，1923年8月3日；《欢送国际律师会代表》，载《民国日报》，1923年7月31日；《国际律师会代表消息》，载《民国日报》，1923年7月29日。

⑥ 《赴菲国际律师会代表出发志》，载《申报》，1923年8月3日。

⑦ 王申：《中国近代律师制度与律师》，上海：上海社会科学院出版社，1994年版，第95页。

者陈应荣所称："我国虽经推定代表十九人前往与会，事后仅有何世桢、沈尔乔、郑民及应荣四人在沪会齐出发，八月二日自沪起程，途遇飓风，延至九日午时始抵菲京。"①

1927年5月，贝允昕作为法律界的代表人士，参加了长沙市民第一次代表大会。当时，在贝允昕的主持下，长沙律师公会成为省城五大法团之一。

贝允昕在执行律师业务时，虽获有丰厚报酬，但他平素生活恬淡简静。②据时人指出："（贝允昕）未尝屑意于财贿，有以法律事件见托者，必先审其曲直，苟曲则婉辞劝止之，直而受屈必力为伸张，酬金丰俭非所计也，故人感其诚而颂其德。"③因此，贝允昕有"道德律师"之美誉。据贝允昕之子称：

> 有以地皮、地骨之争来告者，当事者数十人皆贫窭愚钝，不能自道其理，亦无资以酬人之劳。先父晋接询问，极和善，周详谂知，其理颇壮，苟败诉则数十家皆将失其所业，乃为翻译法理，撰说具之，披隙导疑，俾洞解本原，即其人或负先父，而不惜其作状出庭，夷然不为侮。且谓：吾侪习律，固当贡诸当世，不必纳金，始开实箧也。其他类此者，不胜列举。世俗目为道德律师，诚非虚语。④

时人评价贝允昕："不善治生产，又不肯苟取。职律师者常有厚获，先生于定章外，不丝毫羡受，且常劝人息讼。与世之习于钩距之术以攫取财贿者，相去奚啻百倍？"⑤贝允昕为人纯笃通和，了无尘腐气，他须眉皓齿，常

---

① 陈应荣：《国际律师协会第二次总会报告书》，载《法律评论》，1924年第33-34期。

② 当时，在省城长沙，"律师有上、中、下三等之分。上等律师谙熟法理，且与法院推事、检察官相通，他们受理的一般是大案，收入可观，大多家道殷实。中等律师一般能说会道，能打赢官司，收入亦不薄。下等律师大都是未履行登录手续、没有取得正式律师资格而从事律师职业者，一般叫黑律师、土律师，以及边经商兼作律师的商人律师"。贝允昕作为大律师，更有"律师之师"之称，自然属于上等律师，故报酬丰厚。参见长沙市地方志编纂委员会编：《长沙市志》（第四卷），长沙：湖南人民出版社，1997年版，第329-330页。

③ 《贝元澂先生纪念册之一》，湖南图书馆藏，未刊稿，第6页。

④ 《贝元澂先生纪念册之一》，湖南图书馆藏，未刊稿，第7页。

⑤ 《贝元征事略》，载《长沙市新闻记者联合会年刊》，1933年第1-2期；黄林编：《近代湖南出版史料》（第一册），长沙：湖南教育出版社，2012年版，第793页。

着革履，市民敬奉，虽三尺童子，望之肃然。贝允昕虽与熊希龄、谭延闿等权贵深交，却不屑于名利。此处值得一提的是，贝允昕与谭延闿之间的一段笑谈曾在社会上广为流传。某日，贝允昕去谭府走访，谭问："近来怎样？"贝答曰："混！"谭大笑着说："好！鱼龙混杂是混，仙女游戏也是混，混之用大矣哉！可惜混世魔王程咬金、混江龙李俊混得太粗野一点。若像《聊斋》上的马二混，混得多有意思啊！"①后来，两人的对话传遍长沙，远及京沪，成为宦途中的处世名言。

1916年7月，贝允昕之岳父刘人熙代理湖南督军兼省长，浅识者以为贝允昕会乘此而飞黄腾达，其主持的《大公报》也会迅猛发展，但该报的"同人固知自守，足未尝一入公门"。贝允昕笑曰："《大公报》诸人方将以办报为终身职业，不屑屑于梯荣干利，不可以是言相溷也！"②当时，就连刘人熙也亲自劝导，要他"因缘时会图进取"，但他仅是"笑谢之而已"。事实上，贝允昕多次表达过此种不屑名利之立场，他后来在《大公报》十周年纪念时再次明确指出："唯本报同人十年以来，所兢兢业业、锲而不舍者，可以昭告大众曰：本报同人之意志，非以是为邀荣弋利，只以是为服劳社会之一种职业，不知真有几何年数云尔。孤心万端，匪言可罄。"③故而，时人评价贝允昕：

> 生平恬淡简静，不屑屑于名利，同辈多得高官膴仕，先生视之若无睹。民国五年，蔚庐先生为湖南都督，或劝先生因缘时会图进取，先生笑谢之而已。熊秉三、谭畏公诸公均乐与先生交，先生除地方公益外，绝不干以私。盖素养深厚，非徒娓娓廉谨也。④

---

① 刘心语：《夹缝生存：湘系军阀全传》，北京：团结出版社，2002年版，第385页；龚军辉：《菁莪乐育：湖南育才学校百年风云人物散记》，长沙：湖南师范大学出版社，2021年版，第9页；许顺富：《民国政坛不倒翁：谭延闿的水晶球人生》，北京：华文出版社，2022年版，第320页。

② 蒋竹：《贝先生与〈大公报〉》，载《大公报》，1929年7月24日；《贝元澂先生纪念册之三》，湖南图书馆藏，未刊稿，第3页。

③ 贝允昕：《湖南大公报十期纪念册叙》，载《湖南大公报十期纪念册》，1925年，第2页；黄林编：《近代湖南出版史料》（第一册），长沙：湖南教育出版社，2012年版，第797页。

④ 《贝元澂先生事略》，湖南图书馆藏，民国抄本，第1页；《贝元征事略》，载《长沙市新闻记者联合会年刊》，1933年第1-2期。

　　贝允昕在执行律师业务和担任律师公会会长期间，亦极为热心地方公益事业。当时，他在湖南省孤儿院、慈善公所和平民教育促进会等担任要职，在近代湖南的公益事业上具有广泛影响力。[1]据时人所称："贝允昕一生勇于任事，办学之外，更以余力从事社会公益事业，凡有要约，必应时往，虽严寒酷暑，不肯少爽。其办理社会事业之可数者，如孤儿院之成立，贝允昕实竭力赞助之，且任院董，为之筹划一切。湖南公医院至今规模颇大，全活甚众，其创办时，亦以贝允昕之力居多，且被推为董事长。其他如慈善公所、急赈会、市政筹备处，凡与地方公益有关者，莫不乐于预闻，不敢稍辞劳瘁。"[2]

　　1924年，宁乡突降大雨，遂致洪水陡涨。据悉，"此次水灾遍全县，数百里弥望尽成泽国，上游水急，溺毙居民约数千，山野间惟闻哭声"[3]，灾情异常惨烈。针对水灾惨状，贝允昕与沈克刚、袁家普、陈家言、吴家瑞、任福黎等人眷顾桑梓，忧心如焚，立即在长沙东茅巷组设宁乡水灾筹赈事务所，并呈请政府和通电全国各慈善组织，大力劝募灾款，以缓解灾情。1925年，浏阳旱灾严重，收成不到往年的二分之一。县知事却将重灾轻报，致省政府将浏阳列为灾情缓和区。贝允昕以律师公会会长之身份，与县人刘元保等召开驻省同乡会，向省政府呼吁，并募款救灾。[4]贝允昕热心公益，踊跃参加湖南的社会事务，体现了急公好义的仁爱之心。

　　贝允昕在担任长沙律师公会会长时，因其德行高尚与能力突出，被湖南法界一致推荐为高等审判厅厅长候选人。1922年1月1日，在"地方自治"和"联省自治"之潮流下，湖南颁行《湖南省宪法》。[5]宪法颁行以后，便开始选举立法、行政与司法人员，以组建新政府。当时，湖南省内的各主要法律团体与法政学校，如湖南司法促进会、湖南司法研究会、湖南自治研究会、湖南

---

　　① 《长沙平教促进会成立》，载《民国日报》，1924年1月23日；《湘当局轻视平民教育》，载《民国日报》，1924年8月24日；郭汉民主编：《湖南辛亥革命人物传略》，长沙：湖南人民出版社，2011年版，第465页。

　　② 《贝元澂先生纪念册之一》，湖南图书馆藏，未刊稿，第5页。

　　③ 《筹赈宁乡水灾之进行》，载《时事新报》，1924年7月2日。

　　④ 湖南省浏阳市地方志编委会编：《浏阳县志》，北京：中国城市出版社，1994年版，第848页。

　　⑤ 在该宪法颁行前，贝允昕还被推举为审查员，负责宪法草案之审查。参见何文辉：《历史拐点处的记忆：1920年代湖南的立宪自治运动》，长沙：湖南人民出版社，2008年版，第89页；陈建平：《湖南省宪研究》，北京：法律出版社，2009年版，第301页。

省宪促进会、湖湘法政校友会、长沙律师公会、湖南法政学会、南华法政学会、湖南公立法政专门学校、湖南群治法政专门学校、湖南达材法政专门学校等，均一致推荐贝允昕作为湖南高等审判厅厅长候选人。其中，湖南自治研究会与湖湘法政校友会在联合推荐书中云：

> 省宪实施，三权并重，立法行政，既庆得人，司法前途，尚形混沌。且吾湘审判制度，系采三级三审，是无论民刑案件，以高审厅为终审，高审厅直操解释法令及管理一切行政诉讼之权，关系人民生命财产者非常钜重。应选厅长人材，倘或不当，则于人民危险殊甚。本会兹以人才、道德、资望为标准，查贝君允昕实克负此重任。①

可见，高等审判厅作为与省议会、省政府相并列的湖南最高审判机关，在湖南省宪运动中占据重要地位。据称："高审厅长一席为全省保护人民、解释法律最高统一地位，非具备四种资格，不能胜任：一要有道德；二要精通法律；三要富有经验；四要平日不含政治意味，不带党派色彩，感情在水平线以上，不偏重任何方面者方可举出。"②贝允昕完全符合各项条件。首先，在道德方面，时人评价贝允昕"道德文章不可多得"，且"穷不失义，达不离道，虽和易而大节凛然"③，故他德行高尚应无疑义。其次，在法律能力与经验方面，贝允昕"历任师范、法政、监狱及中学各校校长、教员十年以上。法政专门学校主要科教员七年以上。民国三年，长沙地方登录律师，执行职务八年以上。历充国际律师协会赴日代表、中华民国律师协会理事、湖南省教育会干事，民国八年当选长沙律师公会会长，连任四届"④，故他精通法律和富有经验亦是事实。最后，在政治方面，贝允昕并未加入任何党派，不偏于党系，且他主持《大公报》时更是以中立和公正著称。可见，贝允昕完全具备担任湖南高等审判厅厅长之资格。1922年11月22日，湖南法界各团体开展推荐贝允昕为

① 《贝允昕应选高审厅之介绍书》，载《大公报》，1922年11月19日。
② 《两学会欢迎省议员纪略》，载《大公报》，1922年11月20日。
③ 《贝元澂先生纪念册之三》，湖南图书馆藏，未刊稿，第2页。
④ 《贝允昕应选高审厅之介绍书》，载《大公报》，1922年11月19日。

高等审判厅厅长之活动，发起"廉洁运动大会"，并向省议会请愿。法界各团体宣称：

> 吾湘省宪实施，新政府成立在即，高等厅为全省最高法院，有统一解释法令必应处置之权，非得一深通法学、经验宏富、道德高尚之人出而担任，殊难称职。查有中华民国律师协会理事、长沙律师公会会长贝君允昕，字元征，现年五十七岁。……法政专门学校主要科教员七年以上，执行律师职务八年以上，核与《省法院编制法》第五十条规定高等厅长资格相当，实属志洁行芳，闻望卓著。前经缕陈略历，公请一致选举。兹特合词提出，专诚介绍，如能应选，实吾湘司法前途之福。①

于是，湖南法界各团体一致推举贝允昕为高等审判厅厅长候选人。但遗憾的是，省议会并未选举贝允昕为高等审判厅厅长，其中缘由不得而知。

贝允昕在执行律师业务时，还坚决与湖南当局的反动行为作斗争。1923年4月11日，《大公报》在一则题为《省宪》之"编辑余话"中，对议会议员、政府官员进行了严厉批评。其中明确指出："省宪对于人民的成绩，只加进几层痛苦；对于政府的成绩，只造就一百多个金钱购买的议员和几个金钱购买的司厅院长等而已。"②这番言论着实惹恼了部分省议员，他们纷纷指责《大公报》"糟蹋省宪"，是"野心家破坏省宪先制造舆论"。③随后，省议会以《大公报》"破坏省宪""公然侮辱"为由，通过决议咨请省长惩处。省长遂将该决议发交内务司处理，该司司长旋即通知警察厅长。于是，警察厅长便强令《大公报》立刻停刊。④贝允昕认为湖南省政府对外标榜立宪，竟有此等遏制言论自由、破坏省宪和蹂躏民权之蛮横举动，故而极为愤慨。为此，身为律师的贝允昕一面向内务司提出抗议，一面向长沙地方审判厅提起行政诉

---

① 《法界一致推举贝允昕应选高审厅长》，载《大公报》，1922年11月24日。

② 《省宪》，载《大公报》，1923年4月11日。

③ 南雁：《湖南的省宪与报馆》，载《东方杂志》，1923年第20卷第6号。

④ 《湘大公报停版续闻》，载《时事新报》，1923年4月13日；《再志湘省大公报停刊后状况》，载《天津益世报》，1923年4月24日。

讼。①其间，提起行政诉讼的"文稿前后十数"，均由贝允昕亲手草拟。这起行政诉讼案件，"构讼年余，犹不少收。先生之意固不在赔偿，以欲于尘浊间稍申法理也"②。换言之，贝允昕提起行政诉讼之本意并不在金钱赔偿，而是在维护与捍卫言论自由之基本权利。在贝允昕的不懈斗争下，《大公报》最终得以复刊。

总之，贝允昕在近代湖南律师发展史上占据重要地位，他主持的长沙律师公会不仅注重自身建设，还积极参与国内外同行的交流活动。贝允昕在执行律师业务的过程中，不屑名利、追求正义、热心公益、捍卫自由，因其超群绝伦、德高望重，在当时湖南的律师界和司法界均具有崇高威望，因而被时人尊誉为"律师之师"。

二、校长之长：贝允昕的教育之途

光绪十四年（1888年），贝允昕中得戊子科举人，他原本能够在仕途上更进一步。但是，他痛恶清朝的捐官弊政，不肯援例就职，故随即外出游幕十余年。后来，因受到同县李勤恪公③之器重，贝允昕得以相继在浏阳的文华书院、围山书院担任山长。可以说，贝允昕这时才开始真正接触教育事业，当然这种教育仅是传统的书院教育。而贝允昕之所以被时人尊称为"校长之长"，主要是因为他投身于近代湖南的新式教育中，并取得了突出成绩。

事实上，自湘军崛起伊始，湘人就滋生出一种极端的虚骄感。在中日甲午战争中，湘军在辽东战场上全军覆没，被号称"蕞尔小国"的日本打败，

---

① 当时，中央法律规定全国只有"平政院"能受理行政诉讼。例如，1912年3月公布的《中华民国临时约法》规定："人民对于官吏违法损害权利之行为，有陈述于平政院之权。"1915年7月公布的《行政诉讼法》规定："行政诉讼由平政院管辖，采用一审终审制。"20世纪20年代，军阀战争频繁，地方割据严重。在此背景下，湖南实行"省宪自治"，继而打破上述行政诉讼之规定，以法律形式规定在湘省境内由高等审判厅与地方审判厅共同受理行政诉讼。1922年12月颁布的《湖南省行政诉讼暂行章程》规定："对省长之违法处分致损害人民权利者，可向高等审判厅提起行政诉讼。对因行政官之违法处分损害人民权利者，而向地方审判厅提起行政诉讼的，对地方审判厅之判决不服，可上诉至高等审判厅，由高等审判厅作出最终判决。"

② 莳竹：《贝先生与〈大公报〉》，载《大公报》，1929年7月24日；《贝元澂先生纪念册之三》，湖南图书馆藏，未刊稿，第4页。

③ 李兴锐（1827—1904年），字勉林，谥勤恪，湖南浏阳人。曾任福建按察使、广西布政使、江西巡抚、闽浙总督、两江总督等职。

湘人心理所受之打击不可名状，原有的虚骄之气亦骤然溃散。正如谭嗣同所言："光绪二十一年，湘军与日本战，大溃于牛庄，湖南人始转侧豁寤，其虚骄不可向迩之气亦顿馁矣。"①蔡锷亦言："甲午一役以后，中国人士不欲为亡国之民者，群起以呼啸叫号，发鼓击钲，声撼大地。或主张变法自强之议，或吹煽开智之说，或立危词以警国民之心，或故自尊大以鼓舞国民之志。"②此时，众多有识之士认为中国之败主要在于教育。正如康有为称："近者日本胜我，亦非其将相、兵士能胜我也，其国遍设各学，才艺足用，实能胜我也。"③梁启超亦言："亡而存之，废而举之，愚而智之，弱而强之，条理万端，皆归本于学校。"④时论有云："今日之世界，竞争剧烈之世界也。善争者存，不善争者亡；善争者生，不善争者死。争之为道有三：兵战也，商战也，学战也，而兵战、商战其事又皆本于学战。留学外国者，今日之急务也。"⑤由此可见，出国留学已经成为部分先进国人之共识。

应特别强调的是，贝允昕之所以投身新式教育，与挚友谭嗣同密切相关。贝允昕与谭嗣同是同学，贝允昕早年跟随刘人熙读书，谭嗣同早年亦跟随刘人熙研习船山之学。⑥据谭嗣同所言："既而薄上京师，请业蔚庐，始识永嘉之浅中弱植，俶睹横渠之深思果力，闻衡阳王子精义之学，缅乡贤朱先生黯然之致，又有王信余、陈曼秋、贝元征以为友。困而求亨，翻然改图，愧弄戟多

---

① 谭嗣同：《浏阳兴算记》，载《谭嗣同集》，长沙：岳麓书社，2012年版，第188页。

② 蔡锷：《军国民篇》，载曾业英编：《蔡锷集》（第一册），长沙：湖南人民出版社，2008年版，第163页。

③ 康有为：《请开学校折》，载汤志钧编：《康有为政论集》（上册），北京：中华书局，1981年版，第306页。

④ 梁启超：《变法通议》，载《梁启超全集》（第一册），北京：北京出版社，1999年版，第19页。

⑤ 游学译编社：《游学译编》（第七册），长沙：湖南师范大学出版社，2008年版，第752页。

⑥ 刘人熙，字艮生，号蔚庐，湖南浏阳人。光绪三年（1877年），高中进士。光绪三十二年（1906年），担任湖南中路师范学堂监督、湖南法政学堂总办等职。光绪三十三年（1907年），任湖南省教育会会长。辛亥革命之际，担任湖南民政司长。1916年7月，开始代理湖南督军兼省长。1919年2月，在上海病逝。参见湖南省地方志编纂委员会编：《湖南省志·第三十卷·人物志》（上册），长沙：湖南出版社，1992年版，第523-524页。据刘人熙的忘年交周震鳞所称："艮生为复生、拂［佛］尘之师，笃信船山之学。"复生、佛尘分别是谭嗣同和唐才常。参见周震鳞：《周震鳞自序》，载中国社会科学院近代史研究所近代史资料编辑部编：《近代史资料》（第九十一册），北京：知识产权出版社，2006年版，第254页；周用宜主编：《周震鳞墨迹诗文选集》，北京：中国社会科学出版社，2012年版，自序，第6页。

少之讥，冀折节勤学之效。"①此后，他们相交甚笃，屡通书信，评论时事。

光绪二十一年（1895年），贝允昕在写给谭嗣同的信中，对变法是否可行产生了质疑。贝允昕认为"清政之时变，以变其外者，不可变其内"，甚至"昌言性命之理，颇与乡人谭嗣同持异同"。②同时，他还对洋务运动进行了强烈批评，并表示必须维护圣人之道。他问道："将讲洋务之术尚未精，必变法以图治欤？抑中国圣人之道，固有未可尽弃者欤？"③他还指出："数十年来士大夫争讲洋务，绝无成效，反驱天下人才，尽入于顽钝贪诈。"④

针对贝允昕此论，谭嗣同回复长信，也就是著名的《报贝元征》，该信是谭嗣同的一篇变法宣言，系统阐释了维新变法之主张。谭嗣同回答道："奈何诋儒术无用乎？今日所用，特非儒术耳。"贝允昕叹绝，说谭嗣同是"知言"。谭嗣同还在信中回忆起他们曾经一起谈论时事之情形。当时，贝允昕亦受业于刘人熙、欧阳中鹄等湖湘名儒之门下，"于学问无所不通"，故谭嗣同对他极为钦佩。谭嗣同还在《石菊影庐笔识·思篇》中记录了他赠给贝允昕的诗和跋。赠诗云："解字九千三百；坐席五十馀重。"赠跋云："五经无双许叔重，说经不穷戴侍中，惟我元征齐年，泱泱其风。书者潘诵捷，赠者谭嗣同。"⑤可见，他们关系之亲密，这为贝允昕后来转身投入新式教育事业做了铺垫。

光绪二十四年（1898年），戊戌变法失败，谭嗣同喋血北京菜市口，以死来唤醒民众。作为挚友的贝允昕闻之，极为悲愤，他感叹道："新法之不行，实由于民智之不开"，而"民智之不开，朝政之日敝，由教化之不行。"⑥之后，他不顾自身性命及族人劝阻，联系龙绂瑞等湘省开明绅士，将谭嗣同的尸首运回长沙并做法事七日，时人称之为勇士。⑦贝允昕激于谭嗣同为国牺牲，他深知在国势颓危和列强环伺下，"非挹取他人之长，不足以言救国"⑧。时

---

① 谭嗣同：《报刘淞芙书一》，载《谭嗣同集》，长沙：岳麓书社，2012年版，第11页。
② 曹典球：《贝元澂先生墓表》，载《贝元澂先生纪念册之一》，湖南图书馆藏，未刊稿，第1页。
③ 谭嗣同：《思纬壹壹台短书·报贝元征》，载《谭嗣同集》，长沙：岳麓书社，2012年版，第208页。
④ 谭嗣同：《思纬壹壹台短书·报贝元征》，载《谭嗣同集》，长沙：岳麓书社，2012年版，第214-215页。
⑤ 谭嗣同：《石菊影庐笔识·思篇》，载《谭嗣同集》，长沙：岳麓书社，2012年版，第163页。
⑥ 黄凤岐：《贝元澂先生墓志》，载《贝元澂先生纪念册之一》，湖南图书馆藏，未刊稿，第2页。
⑦ 龚军辉：《菁莪乐育：湖南育才学校百年风云人物散记》，长沙：湖南师范大学出版社，2021年版，第7-8页。
⑧《贝元征事略》，载《长沙市新闻记者联合会年刊》，1933年第1-2期；黄林编：《近代湖南出版史料》（第一册），长沙：湖南教育出版社，2012年版，第793页。

人亦认为："惟游学外洋者，为今日救吾国唯一之方针。"[①]基于这种救国理念，他立志出国留学。直到光绪三十年（1904年），年近不惑的贝允昕终于迎来了出国留学的机会，故他毅然负笈东瀛，进入日本法政大学研习法政之学。

光绪三十年九月初十日（1904年10月18日），贝允昕开始进入日本法政大学法政速成科第二班学习。在留日期间，贝允昕系统地学习了法学通论、宪法、民法、商法、行政法、刑法、国际法、诉讼法等法学科目，较为全面地接受了西方法政思想之洗礼，为日后回国反对封建专制、拥护民主共和奠定了良好的思想基础。同时，贝允昕与杨度、范源濂等十余名留学生，为推动日本东京青山实践女校接收湖南派遣的第一批官费女留学生作出了重要贡献。[②]光绪三十年（1904年）底，"驻日杨星使与中国志士范源濂、杨度氏等十八名共议教育妇女之事，即新由本国招女学生二十名，请实践女学堂督办下田歌子女史以为教督，共受熏陶"[③]。这也是近代中国最早的官派女留学生，可谓是"开女生留学之先河"。其中，驻日公使杨枢与范源濂、杨度"共议教育妇女之事"的志士中，便包括贝允昕。

光绪三十二年五月初三日（1906年6月24日），贝允昕从法政速成科第二班顺利毕业，同班毕业的湘籍学生有黄可权、陶梦蛟、何维道等人，外省的还有广东的汪精卫和胡汉民、福建的程树德、浙江的陈时夏等人。[④]这些留学生将在中国未来的法政进程中发挥重要影响力。

光绪三十二年（1906年），贝允昕正式学成归国。此后，他专注于"作育人才"和"振发民智"，毅然投入新式教育中。在近代湖南的教育界，贝允昕是与明德中学创办人胡元倓齐名的著名教育家。贝允昕在近代湖南教育事业上的贡献，时人早就总结道："计自日本归国后十余年，先后建学十数处，成达者几万人，士风丕变。"[⑤]湘籍国会众议员钟伯毅亦评价云："此人（贝允昕）讷于言辞，惟文笔极佳，以后在湘倡法学，为办理湖南法政学堂之第一

---

① 《劝同乡父老遣子弟航洋游学书》，载游学译编社编：《游学译编》（第六册），长沙：湖南师范大学出版社，2008年版，第628页。

② 《实践女学校附属清国女子师范工艺速成科规则》，载《时报》，乙巳二月二十八日（1905年4月2日）。

③ 《中国留东女学生》，载《顺天时报》，光绪三十一年六月初二日（1905年7月4日）。

④ 日本法政大学大学史资料委员会编：《清国留学生法政速成科纪事》，裴敬伟译，李贵连校订，孙家红参订，桂林：广西师范大学出版社，2015年版，第147-150页。

⑤ 黄凤岐：《贝元澂先生墓志》，载《贝元澂先生纪念册之一》，湖南图书馆藏，未刊稿，第2页。

人。"①这较为准确地说明了贝允昕在近代湖南教育史上的重要地位。

光绪三十三年（1907年），贝允昕短暂出任广西梧州府师范学堂及中学堂的法政、国文教习。应特别提及的是，有学者指出："1904年，贝允昕留学日本东京法政大学。……三年后，他回国即受当时司法部长梁启超器重，梁意欲让其到司法部任职，但贝允昕以故友谭嗣同壮志未酬为由推辞，而把精力放于广西办学上，取得了不俗的成绩。"②此种说法存在多处错误。第一，贝允昕所留学之日本法政大学法政速成科，其学制为一年半，贝氏完成学业后不久便回国，而非"三年后"。第二，清末的司法部门为刑部（后改为法部），而非"司法部"，梁启超担任的是司法总长，而非"司法部长"。第三，梁启超担任司法总长的时间是在民国二年至三年，而非在清末。当时，贝允昕之所以赴广西担任教职，主要是受刘人熙之邀请，刘氏在清末担任过广西道台、课吏馆馆长、营务处会办等要职。贝允昕在广西短暂担任教职后，旋即离桂，追随刘人熙返湘，协助筹办中路师范学堂（今湖南第一师范学校）。贝允昕相继担任该学堂副监督、代理监督兼教务长。同时，他又兼任湖南高等学堂的法学、理财学教习，③并在湖南官立法政学堂担任宪法、刑法和商法等各科教习。④光绪三十四年（1908年），贝允昕还受命担任湖南衡山县教谕。⑤

宣统元年（1909年），谭延闿、贝允昕等决定在长沙城南妙高峰简易师

① 钟伯毅、邓家彦：《钟伯毅、邓家彦口述自传》，北京：中国大百科全书出版社，2009年版，第38页。
② 龚军辉：《菁莪乐育：湖南育才学校百年风云人物散记》，长沙：湖南师范大学出版社，2021年版，第8页。
③ 不少论著将此处的"湖南高等学堂"误认为"岳麓高等学堂"，将贝允昕兼任"法学"和"理财学"教习误认为兼任"法制"和"经济"教习。湖南高等学堂创办于1903年，其前身是1902年由求实书院改名的湖南省城大学堂。1903年，岳麓书院亦改名为湖南高等学堂。1904年，这两所高等学堂合并，校址定在岳麓书院。学堂学科分为三类，其中一类为升入文、法、商诸科大学之预备，其必修科目有法学和理财学。笔者在湖南高等学堂"第一类加习的主课及教习"中发现：贝允昕分别担任法学和理财学教习，这两门科目的学习年限均为一年，每周均授两课时。湖南高等学堂培养出王凌波、向乃祺、彭一湖、吴良愧、杨道馨、雷铸寰、任凯南等一大批优秀学生。参见湖南省教育史志编纂委员会编：《湖南近现代名校史料》（第一卷），长沙：湖南教育出版社，2012年版，第185-197页。
④ 湖南官立法政学堂之存续时间较为短暂。1906年，湖南公立法政学堂成立。1907年，湖南公立法政学堂改名为湖南法政学堂绅校。1910年，湖南法政学堂绅校与官校合并为湖南官立法政学堂。后辛亥革命爆发，该学堂因革命驻军被迫短暂停办。参见夏新华、陈兵：《湖南近代法学教育发展研究》，载王瀚主编：《法学教育研究》（第二十一卷），北京：法律出版社，2018年版，第32页。
⑤ 王晓天、王国宇主编：《湖南古今人物辞典》，长沙：湖南人民出版社，2013年版，第560页。

范学校的基础上续办"中路公学",并于次年初开始筹备,大家公推贝允昕为监督。[①]1912年12月,中路公学改为湖南公立第一中学,并由教育司议定每年拨八千大洋作为教育经费,贝允昕继续担任该校校长。

1913年4月13日,湖南省教育会召开全体会员选举大会。会议选举符定一为会长,黎尚雯、贺寅午为副会长,贝允昕与方克刚、刘宗向等人为干事。1915年9月20日,湖南省教育会改选,旧派人士叶德辉当选为会长,蔡湘、陈建中当选为副会长,贝允昕此时已不在该会中。由于叶德辉在湘参与发起筹安会湖南分会,并担任该会会长,积极鼓吹复辟帝制。1916年6月1日,鉴于叶德辉有复辟帝制之行为,湖南省教育会再次进行改组,选举陈润霖担任会长,孔昭绶担任副会长,贝允昕与方克刚、朱剑凡、方维夏等人担任干事。1921年1月,湖南省教育会召开常年大会,决定取消会长制,会务多采取合议进行,贝允昕担任该会驻会干事。[②]

1913年7月,湖南时局急剧变化,发生讨袁的"二次革命",贝允昕遂由湘入京。在京期间,贝允昕目睹袁世凯意欲称帝之阴谋后,愤而辞掉"政治会议"的议员职务,又从京返湘,继续担任湖南公立第一中学校长。时值袁世凯之心腹汤芗铭担任湘省都督,原有的教育经费被大肆削减压缩,该校难以为继,势将停办。贝允昕辞去校长职务,校董事会旋即公推方克刚继任。[③]1914年7月,在贝允昕的支持下,方克刚、罗元鲲等人多方筹措资金,将湖南公立第一中学由公立改为私立,并更名为妙高峰中学(今长沙市第十一中学),贝允昕担任校董会总理。[④]该校培养了一大批优秀人才,如1930年胡耀邦就曾在妙高峰中学就读。

① 湖南省教育史志编纂委员会编:《湖南近现代名校史料》(第二卷),长沙:湖南教育出版社,2012年版,第1333页;龚军辉:《菁莪乐育:湖南育才学校百年风云人物散记》,长沙:湖南师范大学出版社,2021年版,第8页、第246页。

② 方克刚:《湖南省教育会史略》,载中国人民政治协商会议长沙市委员会文史资料研究委员会编:《长沙文史》(第十二辑),内部发行,1992年,第115-117页。

③ 梁国益、陆菊云:《妙高峰中学简史》,载中国人民政治协商会议长沙市委员会文史资料研究委员会编:《长沙文史》(第十二辑),内部发行,1992年,第138页;叶运尧:《妙高峰中学及南轩图书馆》,载中国人民政治协商会议长沙市委员会文史资料研究委员会编:《长沙文史》(第十四辑),内部发行,1994年,第63页。

④ 郭汉民主编:《湖南辛亥革命人物传略》,长沙:湖南人民出版社,2011年版,第464页。

宣统二年（1910年），贝允昕与罗德源、贺寅午等人主张重建育才中学，办学于长沙乐古道巷复圣庙。该校原是由曹佐熙在长沙筹资创建的，后因学校领导层在办学思路上出现分歧，加上曹氏因仕途等原因离校，致使该校停办。1919年，贝允昕担任育才中学校长，学校迁至局关祠。育才中学聚集了周震鳞、李维汉、熊亨瀚、陈子展、向培良、罗元鲲等大批名师，培育出刘少奇、杨济人、彭璜、易礼容、徐君虎、刘革非、刘镇国、欧阳悟等大批优秀学生。对此，有学者就指出，贝允昕对育才中学的贡献主要有三个方面，第一，与罗德源确定"公勇勤朴"的校训，并根据留学日本之经验制定《教学旨趣》；第二，身体力行，大倡办学之风，给学生做榜样；第三，追求进步，大力拓展学校。①

1912年，湖南进入民主共和时代，这亟须有"多数具备完全普通知识之国民"，方能保障民主之有效实施。然而，民国初创，百废待兴，新学制未及颁布，财政亦极为困难，师资更是异常缺乏。当时，贝允昕与符定一、廖名缙等湖南教育界知名人士认为："欲谋吾湘中等教育之进步，非合各府州县合设一中学于省城，断难收学制统一之效果。"②于是，他们便在长沙紫东园创办湖南全省公立高等中学校。同年9月，教育部颁布学制，规定大学本科下设预科，没有"高等中学"一级，该校遂更名为湖南公立全省中学校。1914年5月，因该校为省级经费所设之校，遂又更名为湖南省立第一中学校（今长沙市第一中学）。该校后来亦培育了诸多优秀人才，如1946年朱镕基就曾进入该校学习。

民国成立后，教育部准予创办私立学校。谭延闿、贝允昕、罗杰等人在长沙福星街旧守备署故址，创办湖南私立第一法政专门学校，谭延闿为董事长，曾广钧、陈炳焕为副董事长，贝允昕与胡子靖、陈嘉会、罗杰、陶思曾等为董事，并推举贝允昕担任校长。然而，一个学期后，贝允昕便辞去了校长职务，转由赵恒继任。

此外，贝允昕还辅佐刘人熙创建船山学社。刘人熙终生"服膺船山"，

---

① 龚军辉：《菁莪乐育：湖南育才学校百年风云人物散记》，长沙：湖南师范大学出版社，2021年版，第8页、第239-255页。

② 湖南省教育史志编纂委员会编：《湖南近现代名校史料》（第一卷），长沙：湖南教育出版社，2012年版，第613页。

在学术上极力推崇王船山，他认为要"当涤旧染之污"，则"非道德无以为范围人心之具"，从而将"船山学说"视为匡救时弊之"良方"。[①]因此，刘人熙决定成立船山学社，并被推为学社社长。后来，刘人熙离湘去沪，学社社务均由贝允昕全权负责。船山学社还另建有船山中学，由贝允昕担任该校首任校长。其实，贝允昕既是受过传统教育的清朝举人，又曾留学日本接受新式教育，故他是一个兼具旧学根底和新学思想的人。此正似日本学者福泽谕吉所言："这好像是一身经历了两世，也好像一个人具有两个身体。"[②]故而，贝允昕对于"近世新说，均能洞悉本原"[③]；又因其深受刘人熙之影响，亦崇奉"船山之学"，欲资其学说，以促社会之改造和社会道德之提高。

贝允昕晚年坚持在船山学社讲学，即便是在病中，犹扶病去学社讲学，不肯少辍，并在学社著有《船山人生观》。也许正是在中学和西学的共同影响下，贝允昕形成了兼容并蓄之品格。对此，时人这样评价道："（贝允昕）思想亦复精辟，无拘墟之见。除法律诸书为所专习外，新出书籍，浏览甚富。于近世主义学说，均能言其究竟。性和易，人无少长贵贱，皆欢然相接。乐于为善，地方公益无不与闻约，虽沍寒溽暑必往，不以为苦。"[④]

总之，贝允昕有感于谭嗣同被杀，体悟到当时中国新法之难行的根源在于民智之未开，故而东渡日本留学，归国后投身于新式教育，致力于振育民智，在湖南创办中路师范学堂、中路公学、育才中学、全省公立高等中学校、私立第一法政专门学校、妙高峰中学、船山中学等学校，为近代湖南的教育事业作出过杰出贡献，被时人尊誉为"校长之长"[⑤]。

三、大道为公：贝允昕的报务之道

民元反正，万象更新，湖南的思想言论、社会舆论大为活跃，这为报纸

---

① 《发起船山学社》，载《神州日报》，1913年4月7日；《刘艮生先生哀启（续）》，载《民国日报》，1919年4月16日；《刘艮生先生哀启（续）》，载《民国日报》，1919年4月22日。

② ［日］福泽谕吉：《文明论概略》，北京编译社译，北京：商务印书馆，2009年版，序言，第3页。

③ 《贝元澂先生事略》，湖南图书馆藏，民国抄本，第2页。

④ 《贝元征事略》，载《长沙市新闻记者联合会年刊》，1933年第1-2期；黄林编：《近代湖南出版史料》（第一册），长沙：湖南教育出版社，2012年版，第794页。

⑤ 革命家李维汉称贝允昕是"真正的教育家"。参见龚军辉：《菁莪乐育：湖南育才学校百年风云人物散记》，长沙：湖南师范大学出版社，2021年版，第8页。

的发展提供了良好的社会基础。自辛亥光复之后，直至汤芗铭入湘以前，湖南的报纸有如雨后春笋般快速发展起来。

1912年4月，贝允昕、黎锦熙等人在长沙东长街创办《湖南公报》。由贝允昕担任该报之社长，编辑多是其门生。[1]旋即该报领取共和党之津贴，不久共和党与民主党、统一党合并为进步党，该报遂被进步党攫取为机关报，言论愈发保守。[2]因该报反对湖南筹饷局总办周震鳞打击地主豪绅，遂引起刘重等国民党人的不满，致使该报遭到攻击和捣毁。[3]当然，在贝允昕的主持下，前期的《湖南公报》以敢于揭露腐败现象而著称。据贝氏在《大公报》创刊时所言：

> 自民国纪元，同人创办《湖南公报》，即置身言论界。愧无崇论宏议为吾父老借著，而谬为吾父老所奖扇，一纸发行，流布綦广。同人惭悚，弥自刻厉，冀竭涓埃之报。故力催乱民之逆焰，虽手枪炸弹有所不避；痛陈民生之疾苦，虽封闭勒停有所不惜。同人赋性愚赣，既不屑学彼轻薄杨花之政客，以堂堂之新闻事业为作官发财之媒介物；复不能为奄阿侧媚之辞，以浮沈容悦于当路。比年以来，既屡更忧患矣。[4]

---

[1] 该报创办时的成员情况：创办人为贝允昕、任懋忱、黎锦熙，主持人为贝允昕，经理为李葆霖，总编辑为袁子素，编辑包括李抱一、曾星笠、龙兼公、张平子、陈天倪、任凯南等人。参见李抱一：《长沙报纸史略》，载《长沙市新闻记者联合会年刊》，1933年第1-2期；黄林编：《李抱一文史杂著》，长沙：湖南人民出版社，2009年版，第5-7页；湖南省地方志编纂委员会编：《湖南省志·第二十卷·新闻出版志·报业》，长沙：湖南出版社，1993年版，第62页；长沙市志编纂委员会编：《长沙市志》（第十三卷），长沙：湖南出版社，1996年版，第505页。

[2] 《关于汤芗铭在湘暴行的回忆（座谈访问记录）》，载中国人民政治协商会议湖南省委员会文史资料研究委员会编：《湖南文史资料选辑（修订合编本）》（第四集），长沙：湖南人民出版社，1982年版，第56页。

[3] 刘泱泱主编：《湖南通史》（近代卷），长沙：湖南人民出版社，2008年版，第874页。贝允昕主持的《湖南公报》，曾与文斐等国民党人主持的《长沙日报》进行论战。文斐请求谭延闿以军令干涉之。贝允昕质问于谭延闿，此时谭氏周旋于各党之间，遂回答道："子毋尔！子试问国民党省份，有他党人足迹乎？吾湘议员及行政界，共和党人不少，报界言论自由，他省能之乎？"粟戡时，等：《湖南反正追记》，长沙：湖南人民出版社，1981年版，第107页；杨鹏程、胡忆红编：《湖南辛亥革命史料》（第一册），长沙：湖南人民出版社，2011年版，第512页。

[4] 《本报宣言》，载《大公报》，1915年9月1日。

民国初期，湖南的报业虽然逐渐勃兴，但各报同仁仍担忧行业势力涣散，"不足以御不虞之侮，而张言论自由之帜"。1912年6月，湘省报界同仁公议组织湖南报界联合会，以伸张言论自由之旗帜，这是湖南最早的新闻团体。该会由《湖南公报》《长沙日报》《军事报》《黄汉湘报》《湘汉新闻》等报组成，照章票选干事一人，三月一任。旋开成立大会，票选贝允昕为干事，会址暂假《湖南公报》。①当时，湖南都督府颁布《湖南报纸暂行条例》，限制新闻自由，湖南报界联合会为捍卫权利，据理力争，遂使该条例无形消灭。②李抱一称这是"长沙报界竞争言论自由之第一声"，亦是"长沙报史最有光荣之第一页"。③此后不久，《湖南民报》和《军国日报》《演说报》《天声报》《天民报》《政报》等报亦相继加入，该会势力随之大增，几乎涵盖省城各大报馆。同年7月，湖南报界联合会开会修改章程，将干事改称为会长，仍推贝允昕为会长。④

1920年，谭延闿开始第三次主持湘政，谭氏本系前清翰林，自认为文章学问高于他人，对报界更是极尽敷衍和利用，对报人也尤为轻视，并称呼记者为"文氓"。每遇记者求见，他均不愿接见，只令马弁传语，甚至还对报界人士百般刁难，动辄以《戒严法》相绳押。⑤对此，报界同仁不能容忍，乃向谭氏抗议。当时，报界同仁宣称：

> 今幸湘局统一，民治有望，约法赋予人民以言论自由之特权，敝馆等窃不欲自甘放弃，愿得而享有之，此就约法而言，敝馆等有

---

① 李抱一：《长沙报纸史略》，载《长沙市新闻记者联合会年刊》，1933年第1-2期；黄林编：《李抱一文史杂著》，长沙：湖南人民出版社，2009年版，第23-24页；黄林：《近代湖南报刊史略》，长沙：湖南师范大学出版社，2013年版，第18页、第200页。

② 赵建国：《分解与重构：清季民初的报界团体》，北京：生活·读书·新知三联书店，2008年版，第138-139页。

③ 黄林编：《李抱一文史杂著》，长沙：湖南人民出版社，2009年版，第20页。

④ 张平子：《从清末到北伐军入湘前的湖南报界》，载黄林编：《近代湖南出版史料》（第一册），长沙：湖南教育出版社，2012年版，第70-71页。

⑤ 张平子：《我所知道的湖南〈大公报〉》，载黄林编：《近代湖南出版史料》（第一册），长沙：湖南教育出版社，2012年版，第176页；路鹏程：《难为沧桑纪废兴：中国近代新闻记者的职业生涯（1912—1937）》，上海：东方出版中心，2021年版，第133页。

请求恢复言论自由之必要也。《戒严法》适用于警备时期，现在战事终止已逾三月，军队编制亦渐就绪，若实际上行使军法，口头上复高唱民治，此则不独报界之不幸，抑且为全部民治之玷。……今则不然，任何官厅人员，皆得便宜行事，恣行威胁，新闻细故，片言可解，而动辄传唤经理，传唤编辑，颐指气使，尊若天神，此种蔑视人格、蹂躏舆论之谬举，在钧座帘远堂高，或有所不洞悉，而敝报等则已宛转憔悴，不堪其苦矣！此就免除军官辈之滥行职权而言，敝报有请求恢复言论自由之必要也。①

对此，谭延闿亦置之不理。贝允昕在报界素以正直著称，地位崇高，颇负人望，各报公推他与谭氏说理，上述情况才有所改观。

随着"二次革命"之爆发，1913年7月25日，湖南都督谭延闿正式通电反袁，并宣布湘省独立。由于讨袁军战局失利，谭延闿又被迫取消独立。10月24日，袁世凯派心腹汤芗铭署理湖南都督。②在汤芗铭主持湘政前，共和党与民主党、统一党合并为进步党。于是，《湖南公报》遂被进步党控制，并要求报社成员全部加入进步党，以拥护袁世凯称帝。故时人讽刺道："袁逆称帝时，该报日以朝阳鸣凤、石龙献瑞等口吻拼命舔吮，以冀博个十三等男爵。"③不过，此时贝允昕早已退出该报。

事实上，由于"二次革命"的发生，凡属国民党或赞同国民党政见的报纸，一律被扣上"乱党报纸"的罪名，被北洋政府封禁，全国报界的厄运随即降临。④统计数据显示，截至1913年底，全国继续出版的报纸只剩下一百三十九家，和民国元年的五百家相比，锐减三百多家。北京的上百家报纸

① 李抱一：《长沙报纸史略》，载《长沙市新闻记者联合会年刊》，1933年第1-2期；黄林编：《李抱一文史杂著》，长沙：湖南人民出版社，2009年版，第22页。

② 夏新华、陈兵：《从立宪派领袖到三主湘政——谭延闿法政人生寻踪》，载刘建武主编：《湘学研究》（第十四辑），北京：社会科学文献出版社，2019年版，第113页。

③《湖南报界现形记》，载《民国日报》，1917年10月3日。

④ 戈公振：《中国报学史》，长沙：岳麓书社，2011年版，第155页；刘家林：《中国新闻史》，武汉：武汉大学出版社，2012年版，第324页；赵建国：《分解与重构：清季民初的报界团体》，北京：生活·读书·新知三联书店，2008年版，第173页。

只剩下二十余家，被称为"癸丑报灾"。①有学者指出："自1914年起，袁世凯密谋推翻民国，复辟帝制，这标志着中国报业跌落至谷底。"②故而，当时的报纸遭到严重打击。

众所周知，报纸业越发达，则人民思想越积极，社会事业亦越进步。然而，汤芗铭对湘省的报纸舆论却控制得异常严格，他事事秉承袁世凯的意旨，大力镇压革命，屠杀党人，摧残报业，钳制舆论。凡是国民党人所创办的报纸全部遭到封闭，致使湖南的报界一度凋零。后来，湖南卫戍总司令唐蟒在讨伐汤芗铭的檄文中便称："乃汤贼专护己短，切忌人言，凡有揭其隐事者，始则以利禄相诱，继则以刑罚相加，甚至封禁报馆，以遂其不轨不物之私图，遂致上下相蒙，诪张为幻。"③另据近代著名湘籍报人陶菊隐所言："汤芗铭到任后，热烈拥护袁世凯做皇帝，残酷杀害国民党人，所有国民党系报纸全被封闭。长沙剩下来的地方报纸就只有汤自己办的《大中报》、进步党系的《湖南公报》以及由《湖南公报》分化出来的《大公报》了。"④时人亦云："湖南报纸，当民国元、二年间，为极盛时代，言论亦极正直，故销路颇形发达。湘民之属于上中社会，类有共和国民常识者，报纸之功也。泊乎汤四督湘，摧残备至，随至封者封，而倒者倒，湖南之报所存者，只昏黑之《湖南公报》一家。汤四乃自设一机关报，命名曰《大中》，卑鄙龌龊，不堪入目。"⑤

1915年4至5月间，贝允昕主持的《湖南公报》曾发文反对袁世凯接受日本的"二十一条"，又宣传排斥日货，日本领事要求封闭该报，汤芗铭乃强令该报改组。⑥在汤芗铭的施压下，贝允昕与其他同事因不满汤氏之无理要求，

---

① 黄瑚：《中国近代新闻法制史论》，上海：复旦大学出版社，1999年版，第124-125页；刘家林：《中国新闻史》，武汉：武汉大学出版社，2012年版，第320页；曾一果、许静波：《中国传媒文化百年史》，南京：南京师范大学出版社，2018年版，第197页；王天根：《清末民初报刊与革命舆论的媒介建构》，合肥：合肥工业大学出版社，2010年版，第215页。

② 林语堂：《中国新闻舆论史》，刘小磊译，上海：上海人民出版社，2008年版，第120页。

③ 《湖南卫戍总司令唐蟒宣布汤芗铭罪状檄》，载《神州日报》，1916年7月13日。

④ 陶菊隐：《记者生活三十年：亲历民国重大事件》，北京：中华书局，2005年版，第7页。

⑤ 《湖南报界现形记》，载《民国日报》，1917年10月3日。

⑥ 黄性一：《过去之湖南新闻事业》，载黄林编：《近代湖南出版史料》（第一册），长沙：湖南教育出版社，2012年版，第17页；长沙市志编纂委员会：《长沙市志》（第十三卷），长沙：湖南出版社，1996年版，第505页；湖南省地方志编纂委员会编：《湖南省志·第二十卷·新闻出版志·报业》，长沙：湖南出版社，1993年版，第63-64页。

故愤而集体辞去《湖南公报》的职务。于是，该报遂彻底沦为进步党之机关报。1916年7月，汤芗铭被护国军驱逐出湘省，《湖南公报》才随之停刊。[1]贝允昕与李抱一、龙兼公、张平子等人从《湖南公报》愤然辞职后，意欲对湖南报界进行革新，以扩张"大道为公"之理念。

1915年9月1日，刘人熙、贝允昕、李抱一、龙兼公等人在长沙犁头街另起炉灶，正式创立《大公报》。之所以将名称确定为《大公报》，据该报编辑张平子所言："因为我们本是《湖南公报》成员，现在更加恢弘光大，故于公报之上，加一'大'字。"[2]刘人熙在发刊辞中则曰："自营为私，背私为公；公岂易言，矧曰大公。窃取斯义，鸣鼓自攻；匪曰能之，誓除害马。"[3]他们在该报创立之际，便将办报宗旨明确定为反对帝制，维护共和；反对党争，主张中立；立足湖南，注重实际。[4]

贝允昕等《大公报》成员，作为湖南的第一代报人，他们对民主自由有着极为坚定之信仰。有学者将他们视为"中国第一代近代型知识分子"，"所受到的传统教育与近代新式教育参半，新旧学问兼备，中外思想的影响集于一身，他们既推崇诸子百家学说，又向往西方民主制度及各种文明"。[5]还有学者亦指出："他们既受过传统教育，又受过近代新式教育，新旧学问兼备。一方面传承了湖湘文化忧国忧民、经世致用的精神；另一方面在政治上、思想上接受了西方的自由、民主和个人主义。"[6]所以，贝允昕等报人既具有大道为公的传统理念，又崇奉新闻自由的近代精神。他们鉴于此前创办《湖南公报》之深刻教训，故在筹办《大公报》时便明确约定："一、自行出资办报，不依

---

① 文思：《湖南报纸过眼录》，载《图书馆》，1984年第5期。

② 张平子：《我所知道的湖南〈大公报〉》，载黄林编：《近代湖南出版史料》（第一册），长沙：湖南教育出版社，2012年版，第161页。

③ 刘人熙：《本报发刊辞》，载《大公报》，1915年9月1日。

④ 《本报宣言》，载《大公报》，1915年9月1日；湖南省地方志编纂委员会编：《湖南省志·第二十卷·新闻出版志·报业》，长沙：湖南出版社，1993年版，第68页；蒋书同：《五四时期湖南报刊发展概略》，载《四川文理学院学报》，2007年第6期；田中阳：《承前启后的历史坐标：湖湘文化精神与"五四"时期湖南报刊互动关系研究》，长沙：湖南人民出版社，2013年版，第71页。

⑤ 喻春梅：《大道为公：长沙〈大公报〉（1915—1927）与湖南社会思潮》，长沙：湖南人民出版社，2011年版，第31页。

⑥ 谭仲池主编：《长沙通史》（近代卷），长沙：湖南教育出版社，2013年版，第957页。

靠任何方面，以免受牵制不能自由发表言论。二、站在民众方面说话，不畏强暴。三、报刊同人俱要以办报为终身职业，不能半途而废，尤其不能出去做官。"①

湖南《大公报》最初由著名湘绅领袖刘人熙担任董事长兼社长（总理），贝允昕则担任副社长（协理）。但是，刘人熙仅于报社挂名，具体事务则由贝允昕负责处理。当然，正是由于刘人熙的挂名，《大公报》才得以避免被湖南当局停刊之厄运。②对此，张平子就指出："汤虽仇视该报，但以社长刘人熙为湘绅领袖之一，物望颇隆，只好容忍，既未便率尔封闭。"③他还提及："独《大公报》反袁反帝比各报尤烈，竟予以优容，其原因之一盖为刘人熙之声望所慑也；另一原因则为汤督之兄化龙时居上海，也以反袁自命，他一方面交结驻沪湘绅如谭延闿等，一方面交结留省湘绅如刘人熙等，准备万一将来帝制不成时为其弟留一余地。"④诚如斯言，汤化龙在《大公报》创刊时，还特地寄来祝词，文曰："衡山苍苍，湘水汤汤；毓为英俊，发为文章；为民之盾，为国之光。"⑤此外，还有学者指出："汤芗铭主湘期间，压制报界，警厅多次派员检查报纸，禁止发表反对变更国体的言论。未遭封闭的只剩下五家报纸，《大公报》公然反对当局的所作所为，却能幸免于难，一个重要的原因是总理刘人熙以其影响力为《大公报》构筑了一层保护网。"⑥另有学者指出："刘人熙是民初湖湘士绅领袖之一，无论在帮《大公报》筹措资金，还是消解来自当局的压力方面都发挥了很好的作用。曾是刘人熙部下的蔡锷当时寄

① 张平子：《我所知道的湖南〈大公报〉》，载黄林编：《近代湖南出版史料》（第一册），长沙：湖南教育出版社，2012年版，第160页。

② 《关于汤芗铭在湘暴行的回忆（座谈访问记录）》，载中国人民政治协商会议湖南省委员会文史资料研究委员会编：《湖南文史资料选辑（修订合编本）》（第四集），长沙：湖南人民出版社，1982年版，第63页；田中阳：《承前启后的历史坐标：湖湘文化精神与"五四"时期湖南报刊互动关系研究》，长沙：湖南人民出版社，2013年版，第135页。

③ 张平子：《从清末到北伐军入湘前的湖南报界》，载黄林编：《近代湖南出版史料》（第一册），长沙：湖南教育出版社，2012年版，第57页。

④ 张平子：《我所知道的湖南〈大公报〉》，载黄林编：《近代湖南出版史料》（第一册），长沙：湖南教育出版社，2012年版，第168页。

⑤ 汤化龙：《大公报出版祝词》，载《大公报》，1915年9月1日。

⑥ 喻春梅：《大道为公：长沙〈大公报〉（1915—1927）与湖南社会思潮》，长沙：湖南人民出版社，2011年版，第26页。

来了五百元钱，助报社解燃眉之急，并发来《大公报开幕祝词》。"①蔡锷在祝词中称："凤凰在枝，龙蛇起陆；阒无人声，惟闻鬼哭；有声自南，其风则雄；营督故大，背私故公；狐史褒讥，麟经笔削；禹鼎温犀，舜旌孔铎；国之枢机，民之喉舌；于万斯年，丕此鸿烈。"②由此可见，正是由于刘人熙的崇高人望，才使该报能够在混乱的时局中得以勉力维持。

1916年6月6日，袁世凯在全国人民的唾骂声中死去。嗣后，南方反袁护国的省份皆认为当时的"将军、巡按使名义，含有帝制臭味，与共和政体不符"③。若不将此等帝制名义废除，恢复民初时的都督、民政长之称号，则南方各省势不肯取消独立，以此向北洋政府施压。7月6日，北洋政府为收束大局起见，正式下令统一南北各省军政长官之称号，改各省督理军务长官将军为督军，改各省民政长官巡按使为省长。④正如有学者所言："迄至民国五年六月间，项城逝世，黄陂继任，以前此洪宪政变，各省长官名称颇涉分歧，因于五年七月六日申令，划一各省军民长官名称，各省督理军务长官改称为督军，民政长官改称为省长。"⑤同时，北洋政府任命陈宧为湖南督军，未到任前由陆荣廷暂代。对此，湖南各界表示强烈反对，并主张公推刘人熙担任都督，龙璋担任民政长。⑥

1916年7月4日，在护国军的进攻下，湘督汤芗铭被驱逐出湖南，顿时省城大乱，省内舆论鼎沸。7月6日，湖南省议会、军政绅等各界紧急召开联合会议，贝允昕与龙璋、陈炳焕、程潜、赵恒惕、陈复初、刘建藩、陶忠洵、吴嘉瑞、唐蟒、袁家普、粟戡时、黎尚雯、陶思曾、仇毅等人参加会议。会议一

---

① 吴仰湘、陈先初主编：《湖湘文化通史·第5册·近代卷》（下），长沙：岳麓书社，2015年版，第637页。

② 蔡锷：《大公报开幕祝词》，载《大公报》，1915年9月1日。

③ 《地方官制之变更》，载《时事新报》，1916年7月14日。

④ 中国第二历史档案馆编：《中华民国史档案资料汇编·第三辑·军事》（第一册），南京：江苏古籍出版社，1991年版，第798页；丁中江：《北洋军阀史话》（第二卷），北京：商务印书馆，2017年版，第286页。

⑤ 江庸：《江庸法学文集》，北京：法律出版社，2014年版，第92页。

⑥ 田伏隆主编：《湖南近代百年史事日志》，长沙：湖南人民出版社，2009年版，第184页；湖南省志编纂委员会编：《湖南省志·第一卷·湖南近百年大事纪述》（第二次修订本），长沙：湖南人民出版社，1980年版，第382页；湖南省地方志编纂委员会编：《湖南通鉴》（第二册），长沙：湖南人民出版社，2008年版，第874页；刘建强：《湖南自治运动史论》，湘潭：湘潭大学出版社，2008年版，第46页。

致推戴"湖南第一之德望家"刘人熙继任湖南都督，以维持社会秩序。①刘人熙曾经服官广西，又为该省布政使王芝祥之姊夫，故与桂人之关系颇深。而赵恒惕则于清末以湘人入桂，与刘人熙存有旧谊，辛亥年间复随王芝祥率师援鄂。②因此，刘人熙既获赵恒惕之支持，又得桂省护国军之奥援，是以赤手空拳而出主湘政。③据当时报道所称："在省各军官，在都督府选举正式都督，到会者甚众，一致投票举出刘人熙为都督，当即推派赵恒惕、程潜、龙璋、陈炳焕四君，率军乐队往富雅里刘拓原草堂，欢迎都督"，但刘人熙此时并未在府中，而是在护国军桂军将领马济的司令部，于是"由众推贝允昕君前往劝驾"。④7月16日，黎元洪大总统任命刘人熙暂行代理湖南督军。7月25日，黎元洪又特任刘人熙暂行兼代湖南省长。⑤刘人熙鉴于当时的政治环境，便辞去了《大公报》社长职务，报社成员旋即公推贝允昕继任社长。此后，贝允昕主管《大公报》达十四年之久，在推动湖南的政治进步和社会发展等方面发挥着重要作用。

贝允昕在创立《大公报》伊始，就秉持"大道为公"之立场，以拥护共

①《公推刘人熙督湘》，载《民国日报》，1916年7月12日；《东方通信社电》，载《时事新报》，1916年7月12日；《曾代督三日记》，载《民国日报》，1916年7月17日；《湖南各界公举刘人熙为都督致各省通电》，载云南省社会科学院历史研究所、贵州省社会科学院历史研究所编：《护国文献》（下），贵阳：贵州人民出版社，1985年版，第867页。

②据刘人熙的后人所言："清末志士，多习兵事，一时英伟之士，聚于桂林，若蔡君锷、蒋君尊簋、钮君永建、赵君恒惕、刘君建藩，皆于先君有所奉手。"参见《刘艮生先生哀启（续）》，载《民国日报》，1919年4月15日。

③钟伯毅、邓家彦：《钟伯毅、邓家彦口述自传》，北京：中国大百科全书出版社，2009年版，第37页；文公直：《最近三十年中国军事史》（上册），上海：上海太平洋书店，1930年版，第318页。刘人熙在辛亥革命中推动广西宣布独立之过程，以及回湘担任民政司司长之情形。参见《刘艮生先生哀启（续）》，载《民国日报》，1919年4月15日；周震鳞：《周震鳞自序》，载中国社会科学院近代史研究所近代史资料编辑部编：《近代史资料》（第九十一册），北京：知识产权出版社，2006年版，第254页；周用宜主编：《周震鳞墨迹诗文选集》，北京：中国社会科学出版社，2012年版，自序，第6页；粟戡时，等：《湖南反正追记》，长沙：湖南人民出版社，1981年版，第73页；杨鹏程、胡忆红编：《湖南辛亥革命史料》（第一册），长沙：湖南人民出版社，2011年版，第479-480页。

④《汤芗铭出走记》，载《时事新报》，1916年7月14日。

⑤《中国大事记》，载《东方杂志》，1916年第13卷第8号；《大总统特任刘人熙暂代湖南督军策令》（1916年7月16日），载中国第二历史档案馆、云南省档案馆：《护国运动》，南京：江苏古籍出版社，1988年版，第776-777页；《大总统策令》，载《政府公报》，1916年7月26日。

和为职志，反对复辟帝制。梁启超曾言："报馆有两大天职：一曰对于政府而为其监督者，二曰对于国民而为其向导者是也。……报馆者，摧陷专制之戈矛，防卫国民之甲胄也。"①贝允昕主持的《大公报》可谓切实地履行了报馆的"两大天职"。"二次革命"失败后，袁世凯相继取缔国民党和解散国会，为复辟帝制铺平道路。当时，中国的政治界乌烟瘴气，思想界亦陈腐死寂。对此，正如有学者所言："虽内地报馆，前仆后继，时有增益，然或仰给于军阀之津贴，或为《戒严法》所劫持，其言论非偏于一端，即模棱两可，毫无生气。"②

当袁世凯紧锣密鼓地筹备复辟帝制时，《大公报》既不同于为帝制摇旗呐喊的报纸，亦不同于对帝制徘徊观望的报纸，却旗帜鲜明地唱起"反调"。在创刊号上发表《本报宣言》《本报对于国体问题之主张》等诸多反对帝制的文章，这些文章铿锵有力、掷地有声，尤其是对支持帝制的筹安会进行了严厉驳斥，这在当时全国都是十分罕见的。正如时论所言："各外报谓中国反对帝制报纸，仅上海之《新中华报》、天津之《益世报》、长沙之《大公报》。"③此言虽然有片面之嫌，没有注意到国内尚有不少报纸反对帝制，如国民党控制的《国民杂志》《民国》《民国日报》等，立场较为中立的《甲寅》《中华新报》等，均明确反对帝制行为。④但是，此言确实反映了《大公报》的政治态度。后人亦言："当时湖南各报唯《大公报》公开反袁，在全国也相当突出。它从社论、时评、新闻到副刊《艺海》，都以反袁为主。"⑤当国内大多数报纸对帝制持暧昧态度时，仅《大公报》等少数报纸敢旗帜鲜明地反对帝制，反映出当时整个报界的软弱无力。戈公振指出："从严格立论，若当袁氏蓄意破坏共和之时，各报即一致举发，则筹安会中人或不敢为国体问题

---

① 《敬告我同业诸君》，载《新民丛报》，光绪二十八年九月一日（1902年10月2日），第17号；梁启超：《梁启超全集》（第二册），北京：北京出版社，1999年版，第969页。

② 戈公振：《中国报学史》，长沙：岳麓书社，2011年版，第155页。

③ 李抱一：《痛言（五）》，载《大公报》，1916年7月30日。然而，有学者则指出天津《益世报》也连篇累牍刊载拥袁言论，并引起爱国报人英敛之的强烈不满和抨击。参见刘家林：《中国新闻史》，武汉：武汉大学出版社，2012年版，第322页。

④ 王天根：《清末民初报刊与革命舆论的媒介建构》，合肥：合肥工业大学出版社，2010年版，第216页。

⑤ 湖南省地方志编纂委员会编：《湖南省志·第二十卷·新闻出版志·报业》，长沙：湖南出版社，1993年版，第68页。

之尝试，是以后纷乱，可以不作。"①此言虽夸大了报纸的作用，但却如实地描述了当时报纸舆论的软弱性。

当时，贝允昕奋笔昌言，登高一呼，擎举民主共和之旗帜，抨击复辟帝制之阴谋，把矛头直接指向筹安会及其背后的袁世凯。他声称：

> 同人鉴于中国危机益迫，而国人俱巽懦阿谀，无有敢仗义执言，以唤醒迷梦而挽回颓运者，因奋袂而起，秉着贫贱不移、威武不屈之精神，以期唤起国人共赴患难，挽千钧于一发。自辛亥革命后，推倒五千年帝王专制，改建共和，此本是全国四万万人民之共同心愿，且经世界全体承认者也。乃未及四年，而一二拥有势力者，妄想窃窥神器，而少数攀附之徒，希图富贵，强奸民意，妄倡变更国体，国家危机莫有大于此者！②

贝允昕表示报纸要在"此惊涛骇浪中发行"，以"唤醒睡狮"和"遏彼凶残"。在贝允昕的支持下，《大公报》还对帝制问题发表宣言：

> 当此强邻生心、鲁难未已之秋，岂容发为摇动国本之谈，以希冀个人不可知之富贵，而酿国家之祸？且以受完全国法支配之国民，岂敢对于国体倡为异论，实不啻提倡革命，当然为法律所不容。今报界同业且多有极力鼓吹之者，本报则断断不附和之，惟知以拥护共和、巩固国家为职志。③

同时，《大公报》还在首期"时评"栏中指出："夫以三数人之私意，便欲变更全国国民所习而安之之国体，非狂即妄。士君子不加诟厉，即目笑存之耳，曾何辩论之足云，虽然彼筹安会诸人，尚犹以谨守发挥学理，范围不涉

---

① 戈公振：《中国报学史》，长沙：岳麓书社，2011年版，第168页。

② 转引自张平子：《我所知道的湖南〈大公报〉》，载黄林编：《近代湖南出版史料》（第一册），长沙：湖南教育出版社，2012年版，第167页。

③ 《本报宣言》，载《大公报》，1915年9月1日。

及外事之辞，招诱天下，吾辈曷不因势利导，以醒其狂妄。"①当时，《大公报》所有重大事项均需向贝允昕咨禀，"同人每有反对帝制之文字，激昂紧切者，先生辄激赏；稍靡弱，则表示不满，有时竟指示应当如何如何。本报之得以有声于时，先生领导之力为多"②。在贝允昕的主持下，《大公报》对袁世凯之劣迹时予揭露抨击，深受省内外人士之欢迎。后来有人赞誉说："吾湘之有《大公报》，其创始正袁世凯急谋帝制之时，海内人士，虽绾军符、据严疆者莫敢反对，而该报独能口诛笔伐，不遗余力，而谓勇矣！"③正因如此，该报亦销量剧增，为湖南省内各报之冠。

此外，贝允昕和《大公报》的同人还明确宣称不加入任何政党，始终坚持"不党主义"的办报立场。事实上，民初的报界并非单纯的超然独立，而是政界的一种"替身"或者"映像"。换言之，民初报界其实是政界的言论战场。④在此种情形下，报界人员难免会沦为政治、政府和政党之附庸，"报刊常被用作政治泄愤的工具"⑤。针对当时全国报界的政治舆论生态，时人就指出："未几，南北意见蜂起，报纸之功用，纯为私党之利器，互相攻讦，互相诋諆，而全国报纸，遂无复虚心讨议之心矣。"⑥时人还指出："自民国成立以来，报馆林立，报纸风行，言论界之发达，几有一日千里之势。然究其内容，或由政府收买，或由政党收买，或由一机关收买。故一言一论，必须随买主之旨意，而不能自由。"⑦此外，有学者亦指出："民初许多报刊在政党恶

---

① 《本报对于国体问题之主张》，载《大公报》，1915年9月1日。某些著作有不同表述："夫以少数人之私意，遂欲假造民意，以变更四万万人之心意，倾覆共和国体。故无论其狂妄，即其举动，真谓狗彘不如也，本报誓当秉春秋之笔以诛之。"参见刘泱泱主编：《湖南通史》（近代卷），长沙：湖南人民出版社，2008年版，第921页；周秋光、莫志斌主编：《湖南教育史》（第二卷），长沙：岳麓书社，2008年版，第547-548页；王盾：《湘学志略》，长沙：湖南人民出版社，2009年版，第155页；郑焱：《时移势异：辛亥长沙巨变》，长沙：湖南教育出版社，2011年版，第137页。

② 莳竹：《贝先生与〈大公报〉》，载《大公报》，1929年7月24日；《贝元澂先生纪念册之三》，湖南图书馆藏，未刊稿，第3页。

③ 陈斌生：《祝〈大公报〉十周纪念》，载《大公报》，1925年9月1日。

④ 马建标：《权力与媒介：近代中国的政治与传播》，北京：北京师范大学出版社，2018年版，第160页。

⑤ 王天根，等：《近代报刊与辛亥革命的舆论动员》，合肥：黄山书社，2011年版，第96页；王天根：《清末民初报刊与革命舆论的媒介建构》，合肥：合肥工业大学出版社，2010年版，第214页。

⑥ 刘陔：《新闻记者与道德》，载《甲寅杂志》，1914年第1卷第2号。

⑦ 梦幻：《闲评一》，载（天津）《大公报》，1913年6月16日。

斗的挟裹之下，常常沦为政治斗争的工具。"①还有学者提及："受民元政治的冲击和渗透，报馆各自为政，各为其主，沉溺于党派之间的无谓纷争。报界过于依附各党派和政治势力，独立精神备受压抑。"②由此可见，政党之间相互对立，政见分歧，党同伐异，给报刊舆论造成了极为负面之影响。

同样，湖南省内各报纸亦普遍依附政党，成为各党派发表政见之喉舌。如《长沙日报》《国民日报》《军事报》《军国日报》均系国民党之喉舌。而《黄汉湘报》《大汉民报》《湘汉新闻》《天声报》《天民报》《女权日报》等报，或是主办人为国民党人，或是倾向国民党，也都算是国民党方面之报纸。即便是《湖南公报》，后期也沦为进步党之党报。③然而，《大公报》却逆此而行，在开办时就"决定为商办，以公司名义，向商会注册，向党部及政府立案，以示不依附政党、军人之意"④。同时，该报为表明不依附政党和政府之态度，在创刊时的宣言中就明确表示："今日之新闻纸亦多矣，或根据朋党之系统，或附属政治之机关，是非混淆，厄言日出。……本报为完全商股所组织，绝不肯步此二者之后尘。惟以大公无私之本怀，发表中立不倚之言论，据事直书，有闻必录。"⑤

当时，报纸品类繁杂，在党派政社的干预下，新闻记者亦难以自淑。部分记者甚至沦落为"报痞""文痞""文氓"，名誉扫地，让整个报界蒙羞。⑥李抱一就曾指出："而新闻记者，在外国谥为'无冕之王'，以其威权、其信誉超越乎人人。今在吾国，社会既无辨别能力，新闻记者又品类庞杂，多不能自淑，自认为'无棒之丐'，自认为'鼠'，几于名实相副，社

①　李滨：《中国近代报刊角色观念的发展和演变》，长沙：岳麓书社，2011年版，第165-167页。

②　赵建国：《分解与重构：清季民初的报界团体》，北京：生活·读书·新知三联书店，2008年版，第167页。

③　张平子：《从清末到北伐军入湘前的湖南报界》，载黄林编：《近代湖南出版史料》（第一册），长沙：湖南教育出版社，2012年版，第49-50页。

④　张平子：《我所知道的湖南〈大公报〉》，载黄林编：《近代湖南出版史料》（第一册），长沙：湖南教育出版社，2012年版，第161页。

⑤　《本报宣言》，载《大公报》，1915年9月1日。

⑥　关于报界人员之不良和报纸经营之失范，参见戈公振：《中国报学史》，长沙：岳麓书社，2011年版，第299页；路鹏程：《难为沧桑纪废兴：中国近代新闻记者的职业生涯（1912—1937）》，上海：东方出版中心，2021年版，第146页。

会益视新闻记者为无足轻重矣！"[①]贝允昕对追求、鼓噪党派私利之报纸进行了强烈抨击，其言曰："新闻纸之功用既彰，乃有利用之以背公死党者，是谓机关报，如雀噪之求食，如鸠鸣之觅群，甚或如青草池塘之蟲声，阁闻聒耳。"[②]此外，他还明确指出："新闻纸者，又欲罗列具体之实事，而即以阐示抽象之公理也……。新闻纸之记载与评论，虽由记者一人为之，而愿绘成人人和亲、康乐平安之图式，要非为一人之利害，亦非为一人一党之是非也。"[③]由此可见，贝允昕始终坚持超脱党派之办报立场与理念。

1922年1月，《大公报》更是连续登载《本报同人不入政党宣言》，其宣称："本报素无党派关系，同人兹更相约，绝对不入政党。各党中如有录及同人姓名者，概为无效。特此声明，以昭郑重。"[④]这无疑反映了贝允昕坚持中立不倚、不偏于私的办报理念。有学者指出，在1927年大革命失败前，贝允昕主持的《大公报》没有趋炎附势之举，从无阿谀诣媚之态，展现出"独立自由之思想"和"坚强不磨之志节"。[⑤]故而，该报能够得到广大读者的普遍信任。时人陈润霖赞誉道："《大公报》记者诸君，以董马纪事之笔，写屈贾忧时之怀，必翔必实，不激不随，不偏于党系，不屈于势利，勤勤恳恳，以牖我湘人。此尤铁中铮铮，问世而无愧者也。"[⑥]此外，时人赞扬道："人恒言报纸多不可信，独谓见《大公报》所载，则皆夷然以为不虚，信用如此，良不易得，其殆能名实相称者兴。"[⑦]何叔衡更是指出：

> 湖南自有《大公报》，我差不多没一天不看他。日月真过得快，又是六周年了。这六年中湖南算是晦盲否塞之秋，兵灾哪，匪祸哪，旱荒哪，弄得田野荒芜，街市萧条，校舍颓敝，人民都敢怒

---

① 《湖南〈大公报〉二十周年经过纪略》，载黄林编：《近代湖南出版史料》（第一册），长沙：湖南教育出版社，2012年版，第156页。

② 贝允昕：《本报五周纪念》，载《大公报》，1920年9月2日。

③ 贝允昕：《本报六周纪念》，载《大公报》，1921年9月1日。

④ 《本报同人不入政党宣言》，载《大公报》，1922年1月9日-21日。

⑤ 田中阳：《承前启后的历史坐标：湖湘文化精神与"五四"时期湖南报刊互动关系研究》，长沙：湖南人民出版社，2013年版，第275页。

⑥ 陈润霖：《报纸改进之我见》，载《大公报十周纪念特刊》，1925年，第172页。

⑦ 贝允昕：《本报五周纪念》，载《大公报》，1920年9月2日。

而不敢言。《大公报》的基础，本站在人民方面，所以常能替人民说几句公话。……少数湖南的自觉者，也不免随着潮流，同黑暗奋斗。《大公报》算是这少数中的少数，所以常能说几句真话。①

时人熊梦飞也指出：

> 长沙十多种报纸中，确能代表人民的意思，指导社会进步，凭着良心说几句公道话的，当然要推《大公报》了。《大公报》在过去六年中，纯粹仗着一班人菲薄自己的生活，牺牲自己的精神，从艰难困苦中图生存，不作哪一党、哪一派的机关，不做哪一位大人先生的喉舌，不为金钱所买收，不为武威所胁迫，态度是坦坦白白的，议论是堂堂正正的，这真是"难能可贵"了。②

正是坚持"大道为公"之办报立场，秉笔直书、针砭时政的《大公报》，能在政潮汹涌、战乱频繁的民国湖南存续长达三十余年，实属不易。在此期间，《大公报》被非法查封、强令停刊高达近十次，报社成员被逮捕、投狱与审判之次数则更多，报社财产、屋宇被劫掠或烧毁者，更是数不胜数，办报之艰辛，可谓筚路蓝缕。1935年9月1日，《大公报》成员李抱一（号"小知"）在二十周年的"纪念词"中提及：

> 徂年如流，本报忽二十周年矣！此二十年中，以人事之迫笮，环境之险恶，大半皆艰难之岁月。而吾辈晨夕与共，亦常含辛茹苦，濡湿呴沫，中经帝孽、军阀、劣绅、暴徒之摧残与蹂躏，除杀戮以外，几无一不备受。让枏跳免于邻舍，晋康受庇于外宾，兼公诡辞以误缇骑，小知伏隅以避侦察，闲云有公冶之辱，平子有张俭之行。凡此皆民国十六年以前同人所遭受，固不能一一数也。③

---

① 何叔衡：《〈大公报〉六周纪念》，载《大公报》，1921年9月1日。
② 熊梦飞：《我所希望于今后之〈大公报〉者》，载《大公报》，1921年9月1日。
③ 《湖南〈大公报〉二十周年经过纪略》，载黄林编：《近代湖南出版史料》（第一册），长沙：湖南教育出版社，2012年版，第155-156页。

事实的确如李抱一所言，《大公报》被非法查封和停刊之次数就异常之多。1917年11月，该报因登载北洋军阀直系、皖系分裂之消息，遭到当局查封，直到次年才复刊。1918年7月，该报因登载常德独立之消息，被处罚停刊七日。复刊之后，又因披露停刊之原因，再次被查封，经过许久才启封。1919年7月，湖南督军张敬尧组织省议会选举，因郴州、永州和湘西等部分地区尚掌握在湘军之手，张氏遂将湘军所管地区的选举委托给邻县代办，此举引发各公法团体的反对。7月16日，该报以广告的形式刊登各公团联合会"不认省议会非法选举之宣言"，随即又遭到查封。7月17日，各公法团体代表向省署交涉，该报才得于次日启封。7月18日，该报又披露被查封的原因，当日即遭封闭，至次月中旬始得启封。[1]尽管如此，《大公报》在历经诸次劫难后，仍然能够复刊，并不改办报之初衷。例如，1929年该报已停刊两年余，报社主要成员四散，李抱一返回新化，张平子去往武汉，龙兼公回到湘潭，贝允昕以职工失业生活无着亟待解决为由[2]，函邀李抱一、张平子、龙兼公等人来长沙磋商复刊事宜，经过简单筹备，该报便在同年5月21日复刊。

总之，作为一份政论色彩极为典型的报纸，湖南《大公报》在创立伊始，便坚持"大道为公"的办报立场，在直陈时弊、监督政府与引导社会等方面发挥着重要作用。在贝允昕的主持下，该报在一些重大问题上坚守原则和底线，不畏强权，尤其是在反对帝制和捍卫民主等方面，发挥着舆论监督和引导作用。

余 论

贝允昕晚年对外侮日亟深为愤恨，他参与组织湖南外交后援会，并担任该会委员长。该会在反对美国假教占产、庆祝中俄邦交、反对北洋政府殴伤"五七"游街学生、力争"六一"案、收回长沙戴生昌日商码头等事件上发

---

① 张平子：《从清末到北伐军入湘前的湖南报界》，载黄林编：《近代湖南出版史料》（第一册），长沙：湖南教育出版社，2012年版，第61页。

② 贝允昕一贯悯恤报业职工的生活，据李抱一后来回忆："当十五、六年之顷，吾与兼公以时事之日非，力欲解散以去。贝先生独谓，诸君倡言维持社会，此数十百工人而不能维持，尚侈言其他乎! 吾辈感其言，遂维持以至今兹。"参见《湖南〈大公报〉二十周年经过纪略》，载黄林编：《近代湖南出版史料》（第一册），长沙：湖南教育出版社，2012年版，第157页。

挥了重要作用。[①]后来，孙中山先生主张召集真正的国民会议，以解决时局问题。对此，贝允昕组织湖南外交后援会积极响应，并邀集省垣各公法团体召开联席大会，讨论湘人对于国民大会之主张。[②]1924年12月19日，在贝允昕等人的参与推动下，湖南外交后援会、省教育会、教职员联合会、学生联合会、女界联合会等湘省公法团体，借省教育会会址发起召集国民会议预备会，贝允昕担任该会的交际员。该会支持孙中山的主张，反对段祺瑞为巩固反动统治而发起的善后会议。[③]当湖南外交后援会等团体发起组织湖南反帝国主义大联盟时，贝允昕担任该联盟的执行委员。该联盟致力于反对帝国主义之侵略，以达到废除一切不平等条约和保全中国主权之目的。[④]这从侧面体现了贝允昕的爱国情怀。然而，五四运动之后，国内政治思潮发生急剧变化，贝允昕的思想却渐趋保守，他参与创办孔道学校并任校长，主张尊孔读经，与当时传播马克思主义思潮相违背。

　　1929年7月4日，贝允昕在长沙坡子街寓所病逝，结束了他在法律、教育和报务等领域的辉煌人生。7月7日，由长沙律师公会、《大公报》、慈善公所、妙高峰中学、孔道学校、建国法政专门学校等联合组织追悼会筹备处。7月24日，各团体在省教育会幻灯场召开追悼大会。7月30日，各界将贝允昕公葬于长沙妙高峰之阳，时参加葬礼者达数千人，极具哀荣。[⑤]长沙籍教育家曹典球、安化籍武术家黄凤歧分别为之撰写墓表和墓志。湖南各军政要人、社会名流所敬挽联者达数百副。譬如，陈润霖所敬挽联曰："以儒断律，以酒为名，董笔持大公，曾为斯民扶正气；生无愠容，没无惭德，船山著初藁，独悲

---

①《最近之湖南外交后援会》，载《民国日报》，1924年6月16日。湖南外交后援会邀请各公法团体，在省教育会召开湖南市民庆祝中俄恢复邦交大会，到会者两万余人，作为大会主席的贝允昕在会上报告开会宗旨，其中有言曰："中国近代华洋条约，未有不损害中国主权者，此次中俄协定，能以国家平等之精神订立条约，实开华洋平等条约之新纪元。"参见《湖南庆祝中俄邦交大会纪盛》，载《民国日报》，1924年6月20日。贝允昕还组织主祭列宁的追悼会议。参见《湖南省民追悼列宁纪》，载《民国日报》，1924年3月16日。

②《湘外交后援会响应国民会议》，载《民国日报》，1924年12月6日。

③《湘人对国民会议之热烈》，载《民国日报》，1924年12月20日。

④《湖南之反帝国主义运动》，载《民国日报》，1924年8月5日；《湘人纷起加入反帝国主义运动》，载《时事新报》，1924年8月4日。

⑤《湖南〈大公报〉二十周年经过纪略》，载黄林编：《近代湖南出版史料》（第一册），长沙：湖南教育出版社，2012年版，第147页。

湘学失师承。"这较为准确地概括了贝允昕一生之事功。

纵观贝允昕的一生,他横跨法律、教育和报务等诸个领域,用毕生之力推动湖南的近代化进程。在法律方面,他长期于湖南执行律师业务,担任多届长沙律师公会会长,以律师的身份同反动行为作斗争,并积极参与地方公益事务。在教育方面,他于湖南创办财政学堂、中路师范学堂、中路公学、全省公立高等中学校、私立第一法政专门学校、第二师范学校、新民法政专门学校、妙高峰中学、船山中学、楚材中学、建国法政专门学校、湘澜女校等十余所学校,推动了新式教育之发展。在报务方面,他相继创立《湖南公报》和《大公报》,并担任湖南报界联合会会长,始终践行"大道为公"之办报立场,以反对专制、拥护共和为职志。当时,湖南省内的许多名人以及校长、律师均出自贝允昕的门下,故他被时人尊称为"校长之长,律师之师"。贝允昕作为一位重要的法政人物,为近代湖南的发展作出过重要贡献,应当得到三湘后人之铭记。

第二章　从清末法政生到民国大律师

——何维道的法政活动与人生轨迹

　　数年前，笔者曾发表短文《谁营救了被捕入狱的任弼时》，初步挖掘出何维道这位被遗忘的近代湖南法政精英，尤其对他在安徽成功营救中共早期领导人任弼时的一段法政往事进行了叙说。笔者在该文中指出："关于何维道的资料并不多见，就我目前收集到的资料显示，何维道是长沙人，曾经是张之洞的门生，留学日本法政大学法科专业，归国后先后担任湖南公立法政专门学校、湖南大学的法科教授，他还相继担任过长沙律师公会的副会长和会长，是当时湖南著名的四大律师之一。此外，何维道还与谭传恺合著有中国最早的警察学著作《警察学》一书，以及合著有《平时国际公法》等著作。"[1]当时，囿于资料匮乏，笔者对何维道的法政活动与人生轨迹仍存在不少盲点，诸多细节亦未能深究。

　　然而，拙文刊发后不久，便受到学界的高度关注，不少媒体、网站和公众号竞相转发，反响颇大。随后，刚从外国归来的何乐之先生（何维道之孙）联系到笔者，并兴致高昂地介绍了何维道及其家族的有关情况。数日后，何小威先生（何维道之孙）亦联系到笔者，就何维道的法政事迹交流良久。后来，笔者一直和他们保持着联系，时常就何维道的有关事迹和史料进行交流。笔者还有幸参加了何氏后人从美国、加拿大等国家和中国台湾、北京、上海、广东、黑龙江等地回长沙举办的家族聚会，从而得以当面拜访何小威先生、何乐之先生等众多何氏后人。其间，笔者亦有幸获得中国台湾中央大学何中达教授（何维道之孙）赠送的亲笔签名书籍《铁腕金融情：何显重的一生》（何显重

---

① 陈兵：《谁营救了被捕入狱的任弼时》，载《文史博览》，2019年第10期。

是何维道之哲嗣），该书是何中达教授特地从中国台湾地区带回大陆的，内中记录了何维道诸多鲜为人知的事迹。[①]此外，何小威先生亦将其叔父何显萱先生（何维道之哲嗣）编写的《何公维道家谱》相赠，这本家谱记载了何家的基本情况，是极为珍贵的家史资料。这些资料对深入挖掘何维道的法政活动与人生轨迹，具有重要的参考价值，对深入认识近代湖南法学教育与律师制度的发展历程，同样意义重大。基于此，笔者将最大限度地还原何维道的法政活动与人生轨迹。

一、求学之路：从国内学习到留学日本

何维道家境殷实，早年曾在国内接受过良好的教育。后来，他东赴日本留学，在日本法政大学法政速成科研习法政。留日期间，何维道不仅学习西方的法政新知，亦接触到革命与立宪思想。为此，他参加过主张民主革命的同盟会和主张君主立宪的政闻社。此外，他还在日本东京参与过发起咨议局事务调查会的活动。

（一）早期国内学习

何维道（1882—1941年），字仲芳、仲方，号颐园。光绪八年（1882年），出生在湖南省长沙市东乡沙坪村的一户商人家庭。[②]其父何宗，膝下无子，何维道是何宗从兄长那过继来的。何家本来在长沙东乡，祖上留有房屋数

---

① 这本传记的主人公何显重，乃是何维道之子、何中达之父，中国大陆的一些出版物对此亦有专门介绍。何显重（1921—1993年），男，湖南长沙人，父何维道，母任韵琴，配偶闻秀华，子何岷达、何中达，女何怡颐、何美颐。何显重先后担任过台湾"中央银行"业务局局长、台湾银行总经理、台北市银行董事长、台湾"财政部"次长。他著有《储蓄投资与证券》《国际贸易概要》《台湾之金融》《公司理财》《金融市场》等书籍，详情参见中国社会科学院台湾研究所资料室编：《台湾工商名人录》，北京：时事出版社，1988年版，第265页；《名人录》编辑组：《台湾工商企业名人录》，北京：中国华侨出版公司，1989年版，第131页；徐友春主编：《民国人物大辞典（增订本）》，石家庄：河北人民出版社，2007年版，第683页。

② 根据《何公维道家谱》的记载："何维道，生于1879年。"但据何维道之子何显重的传记《铁腕金融情：何显重的一生》的记述："1941年，何维道在乡下病逝，终年五十九岁。"由此可推知，何维道应该是生于1882年。此外，笔者还特地前往湖南省档案馆查阅何维道曾经任教过的湖南群治法政专门学校，在民国二十二年（1933年）七月的同学录中，查找到"本校校董一览表"里载有何维道的基本信息，即"何维道，别甫：仲方，年龄：五一，籍贯：长沙，住址：长沙通泰街泰润里"。据此所载，何维道在1933年的年龄为五十一岁，这就不难得出他生于1882年。参见《本校校董一览表》，载《湖南群治法政专门学校政治经济本科第四班毕业同学录》，湖南省档案馆藏，档案号：68-1-2。

十间，土地数十亩（1亩约等于666.67平方米），常年将土地租给佃户耕种。后来，何宗离开东乡老家，到省城长沙经商，通过经营酱菜园，不久便财运亨通。然后，他在家乡购买了几十亩田地，并盖起一栋名为"何家新屋"的大宅，何家十余口人都居住于此。毫无疑问，何家家境之殷实，为何维道后来的法政人生奠定了基础。

何维道在国内的学习经历，因资料匮乏难以知晓。根据《何公维道家谱》所载："何维道自幼好学，1894年，进入长沙学堂学习。"但经笔者查证，上述说法并不成立，所谓的"长沙学堂"其实并不存在。因为，即便是时务学堂这所湖南最早之学堂，也是在光绪二十三年（1897年）才创立的。据统计，在甲午战争之前，全国已开办新式学堂二十五所，而湖南则一所也没有。①此后，直到光绪二十七年（1901年）八月，清廷才下令将全国省、府、县书院分别改为大、中、小学堂。湖南巡抚俞廉三思想保守，仅于光绪二十八年（1902年）将原由时务学堂改办的求实书院改为湖南省城大学堂（次年，该学堂又改为湖南高等学堂），仍保留岳麓、城南、求忠等省城三所书院。光绪二十九年（1903年）三月，新任巡抚赵尔巽到任，才将岳麓书院改为湖南高等学堂，并将原省城大学堂改办之高等学堂的财产及师生全部合并进来。②由此可见，光绪二十年（1894年），湖南并不存在学堂，更遑论"长沙学堂"。因此，何维道于该年进入"长沙学堂"学习之说显然难以成立。

那么，何维道是否有在求实书院、省城大学堂、高等学堂的求学经历呢？截至目前，还尚未发现资料能够证实何维道在上述书院或学堂的具体学习经历。但不可否认的是，他必然在赴日留学之前，于国内接受过良好的教育，这既可能是在旧式的书院里接受过传统的儒家教育，亦可能是进入新型的学堂接受过近代的新式教育。何维道的家境较为殷实，他并无生计之负担，这为接受教育提供了良好的物质基础。当时，能够外出留学者多具有"中学素优"之

---

① 湖南省地方志编纂委员会编：《湖南省志·第十七卷·教育志》（上册），长沙：湖南教育出版社，1995年版，第9页。

② 湖南大学校史编委会编：《湖南大学校史（公元976—2000）》，长沙：湖南大学出版社，2003年版，第18-19页。

资格。①他的外孙女许玄亦说："外公（何维道）有着极好的国学根基，他经常亲自教授年幼的子女。"②我们结合何维道后来的人生发展情况，可以推知他早年在国内接受过良好的教育。

（二）东渡日本留学

光绪二十六年十二月初十日（1901年1月29日），受内外形势所迫，慈禧太后以光绪皇帝之名义，正式颁布变法上谕，实施"新政"。③其中，兴办教育培育法政人才是新政之重要内容。实施新政虽然迫切需要大批通晓法政的专门人才，但国内法政教育却难以满足需要，故出国学习法政成为应急之策。就湖南而言，为弥补国内法政教育的不足，湘省当局决定派人赴日研习法政。当时，"湖南抚院采取了选派中文基础好的候补官员和举贡生员出国学习法律的做法。出国学习法律，主要是到日本进法律速成科"④。于此背景之下，光绪二十九年（1903年），湖南巡抚派遣三十一人赴日研习法律、政治等各科。⑤光绪三十年（1904年），湖南巡抚选派候补知县、县丞、巡检、举人等二十人赴日研习法政。⑥

光绪三十年（1904年）秋，何维道由湖南赴日留学，进入日本法政大学研习法政，具体在法政速成科第二班（学习时间是1904年10月18日至1906年6月24日）。⑦留日期间，何维道深受西方政治、法律思想之影响，逐步产生反

---

① 正如有学者所言："大部分有过留学经历的中国学生，在出国之前都接受过完整的中国传统学术的学习与训练。在留学国外的学生中，很多人本身就具有较高的中学素养。"参见李卫东：《专业教育与中国近代律师职业群体的形成》，载章开沅、严昌洪主编：《近代史学刊》（第五辑），武汉：华中师范大学出版社，2009年版，第16页。

② 许玄：《绵长清溪水：许杰纪传》，太原：山西人民出版社，1999年版，第293页。

③ ［清］朱寿朋：《光绪朝东华录》（第四册），张静庐等校点，北京：中华书局，1958年版，第4601页。

④ 周正云：《论清末湖南的法学教育》，载《时代法学》，2004年第2期。

⑤ 笔者曾误认为俞廉三派遣的这批官费生为二十四人，特此订正。参见夏新华、陈兵：《湖南近代法学教育发展研究》，载王瀚主编：《法学教育研究》（第二十一卷），北京：法律出版社，2018年版，第33页。

⑥ 《选派游学》，载《时报》，光绪三十年五月初九日（1904年6月22日）。

⑦ 据《何公维道家谱》之记载："1898年，何维道被保送留学日本。"此处疑似有误。当时，日本法政大学法政速成科的学制是一年半，据"法政速成科第二班毕业生姓名"名单，何维道是法政速成科第二班毕业，毕业时间是明治三十九年（1906年），故他应是在1904年进入日本法政大学。此外，还可在明治三十八年（1905年）"法政速成科第一学期特别及再试验合格者"名单中，查阅到何维道的名字，再次佐证笔者之推定。参见日本法政大学大学史资料委员会编：《清国留学生法政速成科纪事》，裴敬伟译，李贵连校订，孙家红参订，桂林：广西师范大学出版社，2015年版，第146页、第150页。

对封建专制制度之倾向。[①]据笔者所掌握的资料来看，何维道在留日期间积极参与政治活动，他曾加入主张民主革命的同盟会和主张君主立宪的政闻社。此外，他还曾参与发起咨议局事务调查会的活动。

首先，何维道曾加入孙中山先生领导的同盟会。何维道在留日期间结识了革命领袖孙中山，经过数次会面后，应孙先生之邀请，他毅然决定加入同盟会。据湘籍留日学生萧仲祁回忆："我于前清光绪癸卯（1903年）乡举后，经湘抚赵尔巽派赴日本学习法政，翌年甲辰（1904年）到东京……。越年乙巳（1905年）孙中山先生到日京，阳历8月13日，留日学生在麴町区富士见楼开欢迎大会，我亦参加，躬逢其盛。会后旬日，有长沙陶梦蛟寓九段中坂，延中山先生到其寓楼，约我与四川周先登、长沙何维道、平江李积芳（皆法政同学）在小房内席地坐。中山先生长跪举手，授以'驱除鞑虏，恢复中华，创立民国，平均地权'十六字为会纲。我们集体加盟，宣誓遵守。"[②]萧仲祁所说的时间并无出入，参加人员的信息亦无差错。光绪三十一年七月十三日（1905年8月13日），部分留日学生在东京召开欢迎孙中山先生的大会。会后旬日（8月23日），何维道、萧仲祁、陶梦蛟与李积芳等湘籍留日学生正式加入同盟会。[③]此时，同盟会才刚成立，何维道是早期的同盟会会员。

其次，何维道曾加入立宪派组织的政闻社。有学者认为："民国年间，

---

① 从何维道后来在明德中学关于"法律与人民之关系"的演讲中，亦可了解他对法治理念之信仰，他说："假如没有法律，或不服从法律，则必强凌弱，众暴寡，国家不得安宁，这样的国家，我们说他没有上轨道，换句话说，就是野蛮国家。若政府与人民，都能在法律范围内活动，使国家能够安宁，这叫做法治国。"参见何维道：《法律与人民之关系》，周惠连、郭荣龙记，载《明德旬刊》，1932年第1期。

② 萧仲祁：《回忆孙中山先生》，载中国人民政治协商会议湖南省委员会文史资料研究委员会编：《湖南文史资料选辑》（第十辑），内部发行，1978年，第20页；湖南省文史研究馆编：《衡岳漫话》，上海：上海书店出版社，1994年版，第9页；广宇主编：《东方巨人孙中山》（上卷），呼和浩特：内蒙古人民出版社，1998年版，第888页。

③ 萧仲祁（1873—1967年），湖南湘乡人，毕业于日本法政大学，同盟会会员，辛亥革命后，历任湖南都督府司法次长、实业司长、内务司长，新中国成立后担任湖南文史馆副馆长。陶梦蛟（1875—1927年），湖南长沙人，毕业于日本法政大学，湖南大律师，同盟会会员，与黄兴交往甚密，他译著丰富，与法律有关的就有《国际公法关系诸条约及法规》《汉译日本法典》和《警察官练习要书》等数种，尤其是《警察官练习要书》涉及警察学、宪法、行政法等诸多内容，是清末与民国时期众多学校所使用的教材，他是较早引进外国警察制度的法政人物。李积芳（1882—1922年），湖南平江人，同盟会会员，于早稻田大学毕业，与宋教仁是同学，辛亥革命后任职湖南法制局，旋即参与组建湖湘法政专门学校，并兼任湖南公立法政专门学校教员，1913年当选为国会众议员。

何维道参加了政闻社。"①这种表述并不准确。政闻社是清末之立宪团体，由立宪派人于1907年10月主持创立，到1908年8月便遭到清政府查禁。②何维道即便加入政闻社，也不是在民国年间。政闻社认为必须对清政府进行改造，而改造只能依靠国民。要依靠国民，则必须废除封建专制，实行立宪政治，赋予国民参政议政之权利。而实行立宪政治，就必须建立国民自己的政党。梁启超曾将政闻社之主张概括为四点：一曰实行国会制度，建设责任政府。二曰厘定法律，巩固司法权之独立。三曰确立地方自治，正中央地方之权限。四曰慎重外交，保持对等权利。③在一定程度上，这些主张亦反映了何维道的思想倾向。

据政闻社机关刊物《政论》记载，政闻社分设六科，即庶务科、书记科、会计科、编纂科、调查科、交际科。而何维道在该社的编纂科。④应指出的是，张玉法先生及中国史学会、中华民国史事纪要编辑委员会后来在编辑"政闻社职员名籍"时，均误将编纂科中的湖南人何维道、黄敦怿编入调查科。⑤据《职员执务规则》，何维道主要负责编辑政闻社的书籍、报章。⑥此外，在《关于清国保皇党员之件》中亦有相应记载："在须磨保皇党领袖梁启超所发书面（信封）名之黄可权，为同党重要人物之一……。目下寄宿于麴町区饭田町二丁目三十四番地法政学舍。上述法政学舍，是同法政大学在学中的清国留学生，共同将由同大学发行的讲义录进行汉译后散发于有关者的事务所。同所除黄外，还有法政大学学生何维超〔道〕及易象两名同住，并负责事

---

① 程波：《湖南法政教育的早期展开及湖南法政先驱者事略考》，载王瀚主编：《法学教育研究》（第十卷），北京：法律出版社，2014年版，第105页。

② 《政闻社开会纪事》，载《政论》，1907年第2号；张朋园：《立宪派与辛亥革命》，上海：上海三联书店，2013年版，第9页。另据记载，光绪三十四年七月十七日（1908年8月13日），谕禁政闻社，严拿社伙。参见《光绪三十四年七月大事记》，载《东方杂志》，光绪三十四年八月二十五日（1908年9月20日），第8期。

③ 《政闻社宣言书》，载《政论》，1907年第1号；中国史学会主编：《中国近代史资料丛刊：辛亥革命》（第四册），上海：上海人民出版社、上海书店出版社，2000年版，第105-115页。

④ 《政闻社职员名籍》，载《政论》，1907年第2号。

⑤ 张玉法：《清季的立宪团体》，台北："中央研究院"近代史研究所，1985年版，第351页；中国史学会主编：《中国近代史资料丛刊：辛亥革命》（第四册），上海：上海人民出版社、上海书店出版社，2000年版，第120页；中华民国史事纪要编辑委员会编：《中华民国史事纪要（初稿）：民国纪元前五年（一九〇七）一至十二月份）》，台北：中华民国史料研究中心，1981年版，第622页。

⑥ 《政闻社职员简章》，载《政论》，1907年第2号。

务工作。"①同时，在《关于檄文发送者之件》中亦记载："发往南京方面之邮件，均为九段及麹町局之消印，据此分析，此件与既报寄宿于麹町区饭田町二丁目三十四番地（九段中坂）法政学舍，原政闻社机关杂志发行人梁启超部下之要人黄可权及同宿法政大学学生何维道等关系最大。"②然而，由于资料之有限，笔者无法确定何维道具体在何时加入政闻社。但是，据政闻社之存续时间，可以确定是在光绪三十三年（1907年）九月以后。联系到光绪三十二年（1906年）五月，何维道已从日本法政大学毕业。这可以证明，何维道在毕业后并未立即归国。据报道称，宣统元年七月初五日（1909年8月20日），何维道才由日本抵达湖北武昌。③

最后，何维道曾参与发起咨议局事务调查会的活动。光绪三十四（1908年）六月，清廷颁布《咨议局章程》和《咨议局议员选举章程》。同时，颁发上谕，令地方督抚迅速筹办咨议局，"限一年内一律办齐"④。宣统元年（1909年）初，何维道为响应清廷预备立宪和筹办咨议局的主张，与部分留日学生在东京参与发起咨议局事务调查会的活动，是该会二十八名发起人之一。⑤咨议局事务调查会的影响颇大，甚至在国内各事项上起到了重要作用。咨议局事务调查会干事长徐尔音在报告筹办过程中称："本会发起人中，回国者不少，其大部分在各省地方自治局、咨议局筹办处办事。此刻在东京一方虽负责任之人日少，而在内地一方则负责任之人日见其多。现吉林、奉天、四川、两湖常有报告书，此实本会之幸事。"⑥咨议局事务调查会"以调查关于咨议局一切事务为目的"，具体而言，主要"在调查中央、直省之权限，并各项行政，以图咨议局权限之确定，与夫直省政治之改良"。⑦咨议局事务调查会宣称："居今之世，学问以比较为法门，政治以比较而进步，故今日调查之举，不出二策，一在考察外国成例，二在参酌国内情形。譬若中央、地方权限

---

① 石云艳：《梁启超与日本》，天津：天津人民出版社，2005年版，第488-489页。

② 石云艳：《梁启超与日本》，天津：天津人民出版社，2005年版，第489页。

③ 《七月初五日进见单》，载《汉口中西报》，己酉七月初六日（1909年8月21日）。

④ 故宫博物院明清档案部编：《清末筹备立宪档案史料》（下册），北京：中华书局，1979年版，第684页。

⑤ 《各省咨议局事件汇记》，载《神州日报》，1909年3月2日；《咨议局事务调查会意见书（留日学生来稿）》（续），载《申报》，己酉二月十九日（1909年3月10日）。

⑥ 《本会开会纪事》，载《宪政新志》，1909年第1卷第1号。

⑦ 《本会开会纪事》，载《宪政新志》，1909年第1卷第1号。

问题，孰者应归于中央，孰者应归于地方，孰者虽归地方而无害国家之统一，孰者虽归中央而不至牺牲局部之利益。当此改革之际，万不可不考之当世学说，参以各国成例而折衷之者也。"①咨议局事务调查会通过调查日本和欧美各国关于中央与地方之政务，以与中国各省咨议局事宜进行比较，为各省咨议局之筹建和运行提供参考。②

然而，令人疑惑的是，何维道为何从最初加入革命团体同盟会，到后来又加入立宪团体政闻社呢？毕竟，这是两个政治理念完全相左之组织。其实，当时中国的革命党与立宪派就分别以《民报》和《新民丛报》为舆论阵地，在日本展开多次交锋与论战，两方势力此消彼长。③这亦导致留日学生群体的急剧分化与组合，如有些原本信奉君主立宪的学生毅然走向民主革命，有些原属革命党的学生亦投奔至立宪派麾下，其中情况异常复杂。有学者在研究早期革命党的报刊时便指出："同一作者在一定时期发表了激烈的革命言论，另一时期却又表现出了改良主义的动摇；就是在同一篇文章里，在阐述革命思想的同时，有时也会夹带一些改良主义的杂质。"④可见，革命与改良常处于杂糅的状态。

当时，与何维道同在法政速成科第二班学习的胡汉民也指出："其时学生全体内容至为复杂……。杂糅以上种种分子，而其政治思想则可大别之为'革命'与'保皇立宪'两派，而其时犹以倾向'保皇立宪'者为多（立宪、保皇相表里，其名不同，其实一也）。亦有初至日本倡言革命，迨将毕业则极言保皇或立宪者。故日本留学界虽大有生气，然此二万余人者，乃复杂混乱，无所不有。"⑤譬如，比较典型的例子是湖南长沙人徐佛苏，他原是革命团体

---

① 《咨议局事务调查会意见书（留日学生来稿）》（续），载《申报》，己酉二月十九日（1909年3月10日）；《咨议局事务调查会意见书》，载《宪政新志》，1909年第1卷第1号。

② 《咨议局事务调查会简章》，载《宪政新志》，1909年第1卷第1号；《各省咨议局事件汇记》，载《神州日报》，1909年3月2日。

③ 冯自由：《革命逸史》（下册），北京：新星出版社，2016年版，第1018-1023页。

④ 杨杨：《论早期资产阶级革命派报刊及其历史作用》，载《江苏科技大学学报（社会科学版）》，2009年第2期。

⑤ 张殿兴编：《胡汉民自述》，北京：人民出版社，2014年版，第19-20页；胡汉民：《胡汉民自传》，载中国社会科学院近代研究所近代史资料编辑部编：《近代史资料》（第四十五册），北京：知识产权出版社，2006年版，第12-13页。

华兴会的重要成员，曾参与黄兴领导的长沙起义。起义失败后，他选择东赴日本，并结识梁启超，转而极力主张君主立宪，反对民主革命，成为立宪派中的一员干将。[①]

此外，笔者发现与何维道系同学、室友兼好友的黄可权，乃政闻社之发起人和重要骨干。黄可权亦是湖南人，何维道的"转会"是否受到黄氏之影响呢？答案虽不能绝对肯定，但极有这种可能。当然，何维道加入同盟会或政闻社，均反映了他反对专制制度之思想倾向。

二、命运之变：从锦绣仕途到转战律界

何维道学成归国后，便受到当局之重视，他被任命为岳阳知县，并兼任两湖候补道台。后来，因清廷覆灭，他的仕途亦随之终结。由于拥有留学日本之经历和研习法政之背景，他转而从事律师职业，在省城长沙挂牌做起了律师。

（一）归国以后拥有锦绣仕途

何维道在日本的留学经历对他后续的法政人生产生了深远影响。光绪三十二年五月初三日（1906年6月24日），何维道从日本法政大学法政速成科第二班毕业。同期毕业的湘籍学生有陶梦蛟、黄可权、贝允昕等人，外省籍学生则有汪精卫、胡汉民、朱执信、程树德、张一鹏、陈时夏等人。[②]当时，留日学生中的青年激进分子"有着逐渐倒退为政府服务的倾向"，或"趋向于建立政治秩序"，他们"大多数都与清政府或地方保守改革派联合"。[③]其实，何维道亦不例外。

宣统元年七月初五日（1909年8月20日），何维道从日本卒业回国，正式

---

① 张朋园：《梁启超与清季革命》，上海：上海三联书店，2013年版，第151页；张朋园：《立宪派与辛亥革命》，上海：上海三联书店，2013年版，第48页、第85-96页。留日期间，徐佛苏和梁启超高唱"革命必至亡国，徒召瓜分之祸"，颇得部分留日学生之共鸣。参见韩玉辰：《汤化龙的一生》，载中国人民政治协商会议湖北省委员会文史资料研究委员会编：《湖北文史资料》（第八辑），内部发行，1984年，第65页。

② 《法政速成科第二班卒业生姓名》，载日本法政大学大学史资料委员会编：《清国留学生法政速成科纪事》，裴敬伟译，李贵连校订，孙家红参订，桂林：广西师范大学出版社，2015年版，第147-150页。

③ SEE BAYSU, DANIEl H. China Enters the Twentieth Century: Chang Chihtung and the Issues of a New Age, 1895—1909, Ann Arbor: The University of Michigan Press, 1978, p.131、159、162、217. ［美］任达：《新政革命与日本：中国，1898—1912》，李仲贤译，南京：江苏人民出版社，2006年版，第48页。

抵达湖北武昌，并受到湖广总督之接见。[1]可见，何维道归国后，便立即受到了地方当局的高度重视。其实，在当时的时代背景下，像何维道这样既拥有国外留学的经历，其家庭又具有良好的社会地位，加之与上层官员的良好关系，自然会受到重视。宣统元年七月初六日（1909年8月21日），何维道再次受到湖广总督之接见，并与邱炳萱、侯祖畲、张寿熊、杨菁、方毓桂等人被委任为荆州各属赈务提调。[2]后来，他还担任岳阳知县[3]，并兼任两湖候补道台。

何维道在仕途上可谓开局良好，前途光明。然而，世事难料，在波谲云诡的清末时局中，个人的人生际遇往往变幻莫测，充满了太多的不确定性。正如程燎原教授所言："清末生长并逐步成熟起来的法政人，历史并未留给足够的时间，让他们更有表现的机会。他们更大的作为和力量的展示，是在民国时代。"[4]辛亥革命的突然爆发，致使清政权在顷刻间土崩瓦解，清政府旋即退出历史舞台。是故，"所有与清政府有关的官位、利益、希望、幻想都一齐破灭了。何维道的官宦之梦、前程安排也跟着幻灭了，他必须另谋生路"[5]。

实际上，在那个历史大变局的时代里，由于改朝换代的发生，必然伴随着旧势力之瓦解和新势力之崛起。其中，幸运者可以乘势成为显贵，而不幸者则可能就此家道沉沦。其实，个人命运的悠忽渺茫，只不过是那个动荡时代的缩影。何维道亲身经历了这段残酷动荡的历史，他的个人命运也随着时代变革而起伏，只不过他并未就此沉沦。于是，他开始寻找出路。有学者指出："民国律师或出身官绅世家，或海外学成归国，或于前清执掌司法，或于学堂研习法政。整体而言，他们的教育背景、人生阅历都足以使其成为那个时代的精英人物。"[6]可以想象，何维道拥有留学日本之经历和研习法政之背景，使得他能够相对容易地解决未来的出路问题。于是，他顺理成章地选择了律师行业。

---

① 《七月初五日进见单》，载《汉口中西报》，己酉七月初六日（1909年8月21日）。

② 《初六日进见单》，载《汉口中西报》，己酉七月初七日（1909年8月22日）。

③ 《补十八日辕门抄》，载《汉口中西报》，庚戌正月二十日（1910年3月1日）；《补初八日辕门抄》，载《汉口中西报》，辛亥闰六月初十日（1911年8月4日）。

④ 程燎原：《清末法政人的世界》，北京：法律出版社，2003年版，引论，第6页。

⑤ 杨渡：《铁腕金融情：何显重的一生》，台北：商业周刊出版股份有限公司，1999年版，第62页。

⑥ 程骞：《历史的潜流：律师风骨与民国春秋》，北京：法律出版社，2015年版，第6页。

（二）仕途已断被动转战律界

在古代中国，虽然早就存在律师的某些业务，但由于政治上的集权统治，经济上的自给自足，法制上的极不完备，文化上的义务本位，没有出现类似于西方国家的律师职业和律师制度。[①]中国律师制度之创建，开始于清末法制改革。

光绪三十二年（1906年），修订法律大臣沈家本、伍廷芳主持制定的《刑事民事诉讼法草案》，便已引入西方的律师制度（第一百九十九条：凡律师俱准在各公堂为人辩案），并将此视为"挽回法权最要之端"。正是由于该草案中的律师制度、陪审制度和夫妻分财制度，令时人异常诧异。[②]当时，该草案遭到部分地方督抚的强烈反对与严厉批驳，故该草案并未颁布实施。[③]譬如，张之洞鉴于中国古代讼师之恶名，便大力阻挠实行律师制度。他认为律师制度不仅"难挽法权"，反而"转滋狱讼"。他指出："自承审官、陪审员以至律师、证人等无专门学问，无公共道德，骤欲行此规模外人、貌合神离之法，势必良懦冤抑，强暴纵恣，盗已起而莫惩，案久悬而不结。"[④]他还指出："无论近日骤难造就如许公正无私之律师，即选拨各省刑幕入堂肄业，而欲求节操端严、法学渊深者，实不易得。遽准律师为人辩案，恐律师品格尚未养成，讼师奸谋适得尝。且两造若一贫一富，富者延律师，贫者凭口舌，则贫者虽直而必负，富者虽曲而必胜矣！"[⑤]于是，律师制度遂遭夭折。

宣统三年（1911年），修订法律馆完成《刑事诉讼法草案》和《民事诉讼法草案》之修订，其中就规定律师的代理、辩护等职权，但两项草案未及

---

① 杨林生：《中国近代律师制度由来探析》，载《中国矿业大学学报（社会科学版）》，2002年第1期。

② 张一鹏：《中国司法制度改进之沿革》，载《法学季刊》，1922年第1卷第1期。

③ 熊月之主编：《西制东渐：近代制度的嬗变》，长春：长春出版社，2005年版，第103-104页；陈卫东主编：《中国律师学》（第三版），北京：中国人民大学出版社，2008年版，第19页；石毅主编：《中外律师制度综观》，北京：群众出版社，2000年版，第56-58页；王申：《中国近代律师制度与律师》，上海：上海社会科学院出版社，1994年版，第26-28页。关于当时地方督抚对律师制度之态度，参见孙慧敏：《清末中国对律师制度的认识与引介》，载《"中央研究院"近代史研究所集刊》，2006年第52期；李细珠：《张之洞与清末法制改革》，载丁日初主编：《近代中国》（第十二辑），上海：上海社会科学院出版社，2002年版，第325页。

④ ［清］张之洞：《遵旨核议新编刑事民事诉讼法折》，载苑书义、孙华峰、李秉新主编：《张之洞全集》（第三册），石家庄：河北人民出版社，1998年版，第1774页。

⑤ ［清］张之洞：《条单》，载苑书义、孙华峰、李秉新主编：《张之洞全集》（第三册），石家庄：河北人民出版社，1998年版，第1790-1791页。

送交资政院通过，清政府即宣告覆亡。而呼之欲出的律师制度，也只得留待民国政府赓续完成。[①]律师制度为共和政体所不能缺，正如时人所言："夫法庭之有律师，与法官相对待，如车之有两轮，缺一不可，非仅为被告人利益已也。"[②]然而，民国初立，百政待理，要等国会制定专门的律师法，显然是缓不应急。1912年9月16日，北洋政府司法部便迫不及待地以行政命令之方式颁行《律师暂行章程》，这标志着律师制度在中国的初步确立。

就湖南的律师制度而言，其确立时间还要稍早于全国。事实上，在辛亥革命胜利的影响下，全国各地多自发地建立了地方性的律师组织，这些组织多获得地方政府的支持。[③]湖南是民主革命的重要发祥地，民众崇尚革新，加上清季大力提倡兴学会、办学堂，省内创办多所法政学堂，培养了一批法政人才。因此，当新的共和政府成立后，部分法政人士就纷纷响应新制，向司法机关申请律师登录，建立律师组织。[④]早在1912年8月15日，湖南都督府司法司便颁布了《湖南辩护士暂行规则》。这是近代湖南的第一部律师法规，标志着近代湖南律师制度的初步形成。当时，湖南之所以采用"辩护士"的名称，主要是推动建立湖南律师制度的人多为留日学生，他们深受日本律师制度的影响。当初，日本在引进西方律师制度时，先将"lawyer"（律师）一词翻译为"代言人"，后又改为"辩护士"（弁護士）。[⑤]沈家本就指出："按律师，一名代言人，日本谓之辩护士。"[⑥]是故，当时湖南亦称律师为辩护士，首部法规也以辩护士命名。

为加强对辩护士群体之管理，《湖南辩护士暂行规则》规定："辩护士

---

① ［日］岛田正郎：《清末における近代の法典の编纂》，东京：创文社，1980年版，第83-101页。

② 雪堂：《司法独立之缺点》，载《法政杂志》，1911年第6期。

③ 李卫东：《辛亥革命与中国近代律师制度的初创》，载辛亥革命史研究会、武昌辛亥革命研究中心编：《辛亥革命史丛刊》（第十三辑），武汉：湖北人民出版社，2007年版，第163页。

④ 湖南省地方志编纂委员会编：《湖南省志·第六卷·政法志·司法行政》，长沙：湖南出版社，1997年版，第89页。

⑤ 龚刃韧：《现代日本司法透视》，北京：世界知识出版社，1993年版，第223-224页；石毅主编：《中外律师制度综观》，北京：群众出版社，2000年版，第191-193页。日本律师制度创立之沿革，可参见日本司法研修所编：《刑事辩护实务》，王铁成、秀义译，北京：中国政法大学出版社，1989年版，第1-7页；丁相顺：《日本司法考试与法律职业制度比较研究》，北京：中国方正出版社，2003年版，第21-26页。

⑥ 李贵连：《沈家本年谱长编》，济南：山东人民出版社，2010年版，第138页。

应于所属地方法院区域内设立辩护士会，非加入辩护士会不得行其职务。"①
由此可见，辩护士加入公会是强制性的，要合法执业就必须加入辩护士会。

1912年，何维道与俞峻、彭兆璜、谭传恺、王英濂、任绍选等人率先取得律师资格，成为湖南历史上第一批具有律师资格的人。当然，他们还未向法院申请登录。而且，此时长沙还未成立"辩护士会"，按当时规定，仅取得律师资格还不能执行律师业务。于是，同年8月，王英濂、何维道、任绍选等人便开始了筹建长沙律师公会的工作，并呈报当时的司法部核准。9月15日，司法部正式核准成立长沙律师公会。之所以称为长沙律师公会，乃是因为它遵照司法部制定的《律师暂行章程》而成立，故该章程将《湖南辩护士暂行规则》中的辩护士改称为律师。于是，作为"首善之区"的长沙，成为湖南境内最早出现律师并成立律师公会的地区。②同时，长沙也是全国较早成立律师公会的地区。③这无疑离不开何维道等诸多早期湘籍法律人所作出的积极贡献。

1913年，长沙律师公会还颁布了《暂行会则》。该会则明确规定律师公会实行会长制（首领制），由会长主持会务。④分别设会长、副会长一人，评议八人，干事四人。长沙律师公会在初创之际，共有律师十九人，由王英濂任会长，何维道任副会长（后来亦担任会长）。长沙律师公会的创建初期，一般以会长或副会长的住所作为会址，最初公会的会址就设在何维道的家中。

民国律师制度采用律师资格与执行职务相分离的原则。取得律师资格的人，并不等于就可执行律师职务。⑤若要执行律师职务，必须进行登录，未经登录不得执行律师职务。长沙律师公会成立后，长沙的律师才开始登录执业。

---

① 周正云、周炜：《湖南近现代法律制度》（第一册），长沙：湖南人民出版社，2012年版，第713页。

② 长沙律师公会是当时湖南省城工、农、商、教、法五大法团之一。后来，常德、沅陵、邵阳、桂阳、衡阳、湘潭、安化等地亦设立了律师公会，湖南全境共存在八个律师公会。关于湖南各律师公会的成立时间与会员人数，参见《湖南全省律师公会调查表》，载《统计月刊》，1933年第4-5期。

③ 当时，江苏省会苏州与浙江省会杭州在全国拔得头筹，率先组织律师总会。参见孙慧敏：《中国律师制度的建立——以上海为中心的观察（1911—1912）》，载《法制史研究》，2001年第2期；熊月之主编：《西制东渐：近代制度的嬗变》，长春：长春出版社，2005年版，第105页；张国福：《中华民国法制简史》，北京：北京大学出版社，1986年版，第91页。

④ 1937年，《长沙律师公会章程》颁布后，才开始实行合议制（理监事制），该公会分别设立理事会、监事会、理事、监事。参见廖希化：《湖南省志司法志律师篇上篇》，载湖南省文献委员会编：《湖南文献汇编》（第二辑），长沙：湖南省文献委员会，1949年版，第279-288页。

⑤ 王申：《中国近代律师制度与律师》，上海：上海社会科学院出版社，1994年版，第56页。

　　1913年6月13日，何维道正式登录成为律师，登录号为"第五号"。此批登录的湖南律师共有十二人，除何维道外，还有俞峻、彭兆璜、谭传恺、王英濰、任绍选、陶懋颐、姚辅邦、袁赞德、欧阳谷、傅念恃、姚生范，他们是湖南历史上的第一批律师。[1]有学者指出："在1913年6月到1914年12月间，湖南先后申请登录的律师有七十八人，最终合格并取得律师资格的有六十人，这是民国湖南的首批律师从业人员。"[2]其中，何维道等十二人是近代湖南最早的一批律师。

　　此后，何维道就在长沙寿星街的家中挂牌做起了律师。应特别提及的是，何维道所租住的寿星街上的一座古宅，本是晚清湘军将领、首任驻英公使郭嵩焘的旧居，该街因建有一座寿星观而得名。那时，郭嵩焘早已经去世，独剩如夫人在此居住，如夫人曾跟随郭嵩焘出使英国，她屋内还挂着一张与英国女王的合影。何维道就是租住在这座古宅的西半边，于是两家就成了邻居。

　　律师是"西法东渐"之产物，而非中国本土社会自发形成。作为一个新名词和新事物，当时人们对此多少有些陌生，故常常将律师等同于古代的讼师。正如时论所言："吾国旧时以干涉讼事为戒，讼师为世所鄙，律师制度初行，讼师观念尚未刷新。"[3]在律师制度初创之际，律师群体良莠不齐，部分不肖者混入其中，损坏律师之声誉。故而，时人甚至有"请废律师之建议"。[4]有学者亦指出："事实上，西方律师的工作与中国当时的讼师，除了出庭权之外，实质上是大同小异的。但传统社会对诉讼、权利的观念和法律文化，却造成讼师与律师不同的遭遇。"[5]其实，起源于西方的律师，与中国古

---

[1] 《司法部编湖南律师登录第一表》，载《政府公报》，1915年5月23日。

[2] 周正云、周炜：《湖南近现代法律制度》（第一册），长沙：湖南人民出版社，2012年版，第714页。

[3] 《统计局编行政统计汇报·司法类（续第三百六十四号）》，载《政府公报》，1917年1月15日。

[4] 《增订律师义务》，载《法政杂志》，1915年第5卷第8号；王申：《中国近代律师制度与律师》，上海：上海社会科学院出版社，1994年版，第43-44页。当时，司法总长梁启超亦指出："比者，司法之为世诟病，其口实之起于律师者，实居六七。论者或致疑于律师制度不适于中国，欲翻根柢而摧弃之。"参见《梁前司法总长呈大总统司法计划十端留备采择文》，载《司法公报》，1914年第8号；梁启超：《呈请改良司法文》，载《梁启超全集》（第五册），北京：北京出版社，1999年版，第2655页。

[5] 吴海杰：《一场改革，不同地方，多种可能》，载《法制史研究》，2009年第15期。

代的讼师根本不同，两者只是貌似而神异。①对此，袁世凯与曹汝霖之间的对话就颇具有典型性。袁氏对曹氏执行律师业务十分不解，他问："何必做律师，律师不是等于以前的讼师吗？"曹氏答曰："律师与讼师，绝对不同。律师根据法律，保障人权；讼师则歪曲事实，于中取利。"②倘若不因人废言，曹氏所答确实精确指明了律师与讼师之歧异。其实，何止是讼师与律师，就连他们各自依据的传统法家之学与西方法学亦存在根本区别。对此，学贯中西的法学家沈家本就指出："抑知申韩之学，以刻核为宗旨，恃威相劫，实专制之尤。泰西之学，以保护治安为宗旨，人人有自由之便利，仍人人不得稍越法律之范围。二者相衡，判然各别。"③由此可见，在当时的社会情境和文化传统下，就连大总统袁世凯也将律师等同于讼师，遑论普通民众了。何维道就是在这种社会环境中执行业务的，开局不可谓不艰辛。

然而，这并不能阻挡律师业务在近代中国的迅速发展，越来越多的法律人选择加入律师队伍，此中原因是多方面的。有学者就指出："清王朝倾覆后，人们对律师这一职业趋之若鹜，这其中既有人们对民主权利向往的成分，同时也在一定程度上包含着利益的驱使。"④当然，身处社会的转型时期，他们必然面临着新旧交替的独特环境。有学者指出："近代的律师是承上启下的一代，一方面他们自幼饱读四书五经，对中国社会传统与人情了如指掌，但另一方面又深谙现代法律知识，基本明了法治社会律师的地位与作用。因而，中西两种法律文化的对立，传统讼师与现代律师的差异，以济世为人生目的的传统文人和现代社会中的职业法律工作者之间的冲突在他们身上无时不彰显出

---

① 周成泓：《从讼师到律师——清末律师制度的嬗变》，载《求索》，2013年第6期；[日]夫马进：《明清时代的讼师与诉讼制度》，载[日]滋贺秀三、寺田浩明、岸本美绪，等：《明清时期的民事审判与民间契约》，王亚新、范愉、陈少峰译，北京：法律出版社，1998年版，第389页；李卫东：《专业教育与中国近代律师职业群体的形成》，载章开沅、严昌洪主编：《近代史学刊》（第五辑），武汉：华中师范大学出版社，2009年版，第13页；李力：《法制史话》，北京：社会科学文献出版社，2000年版，第123-124页；陈同：《近代社会变迁中的上海律师》，上海：上海辞书出版社，2008年版，第5-6页。

② 曹汝霖：《曹汝霖一生之回忆》，北京：中国大百科全书出版社，2016年版，第109页。

③ 《沈侍郎法学名著序》，载《法政杂志》，1911年第6期；沈家本：《寄簃文存》，北京：商务印书馆，2015年版，第210页。

④ 陈同：《近代社会变迁中的上海律师》，上海：上海辞书出版社，2008年版，第122页。

来。"①同样，作为律师的何维道也"必须在传统与现代之间寻找平衡，让传统的道德观与现代法律相适应。而更何况，当时法律观念还不充分，如何执业，如何开始在没有法律的地方让人民相信法律，并且让官员也相信法治胜过人治，确实是一个严酷的考验"②。可以说，何维道就是在这种独特的环境中探索前行。

三、职业之途：从教学研究到蜚声律界

何维道曾在湖南公立法政专门学校、湖南私立群治法政专门学校、湖南公立商业专门学校、湖南大学等校担任法科教授，并编译中国最早的警察学著作《警察学》和《平时国际公法》等书籍。同时，何维道还先后担任过长沙律师公会的副会长和会长，是当时湖南的四大律师之一，并有"道德律师"之美誉，他在律师生涯中最荣耀的是成功营救出中共早期领导人任弼时。

（一）兼顾教学与研究

清末民初之际，中国留学生学成归国后，进入新式学堂或学校担任教职是普遍情况。有学者指出："科举废除后，士子们或迫于生计，或接受新思潮而进入新式学堂学习，或者出国留学，学成后则成为新式教育的创办者或教员。"③笔者曾指出："何维道归国后先后担任湖南公立法政专门学校、湖南大学的法科教授。"④但是，据进一步掌握的资料来看，此种说法有待完善。事实上，何维道除在湖南公立法政专门学校、湖南大学任教外，还在湖南公立商业专门学校负责民法课程的教学。⑤此外，何维道还在当时有名的湖南私

① 侯欣一：《民国晚期西安地区律师制度研究》，载《中外法学》，2004年第4期。

② 杨渡：《铁腕金融情：何显重的一生》，台北：商业周刊出版股份有限公司，1999年版，第63页。

③ 王继平、张晶宇：《论近代湖南的乡绅阶层》，载纪宗安、马建春主编：《暨南史学》（第十八辑），广州：暨南大学出版社，2019年版，第246页。

④ 陈兵：《谁营救了被捕入狱的任弼时》，载《文史博览》，2019年第10期。

⑤ 国立湖南大学校友会执行委员会：《国立湖南大学校友录》，辰溪：国立湖南大学校友会执行委员会，1942年版，第10页；刘湛恩、潘文安编：《升学指南》，上海：中华职业教育社上海职业指导所，1930年版，第53页；湖南大学校史编委会编：《湖南大学校史（公元976—2000）》，长沙：湖南大学出版社，2003年版，第162页、第177页；湖南省教育史志编纂委员会编：《湖南近现代名校史料》（第一卷），长沙：湖南教育出版社，2012年版，第317页、第329页、第387页。

立群治法政专门学校担任民法教授。[①]该校是1912年由罗杰、粟戡时等人在长沙创办的。[②]与何维道同时在该校任教的还有黄右昌、俞峻等著名学者。1930年，何维道还与湖南省政府主席何键、湖南省财政厅厅长张开琏、湖南省政府秘书长易书竹、湖南高等法院院长陈长簇、常德地方法院院长李琼等被该校聘为校董，这些均是当时湖南的显贵名流。另外，何维道还担任过湖南高等法院的庭长。据当时法律之规定，庭长须辞职三年后方能重新执行律师业务，这三年中，何维道便接受湖南大学之聘请，担任法科教授。

同时，何维道亦极为重视研究和著述。1932年，中华民国全国律师协会在上海召集临时执行委员会，经过迭次开会商讨，决定成立修改刑事法典委员会。何维道与董康、张耀曾、沈钧儒、赵琛、郭卫、潘震亚等二十余位法政名流被推定为专门委员，以负责讨论整理关于促开司法会议案、关于修改刑法和刑事诉讼法意见案、关于法治一切事宜案。该委员会最后议决，应请政府召集全国司法会议，应请政府设立司法会议永久机关，司法会议由法院代表、律师公会代表、法学院教员代表组成，组织起草全国司法会议组织大纲草案。[③]以上各项决议，由全国律师协会呈请立法院、司法院核示施行。1933年4月，长沙律师公会召开常任评议会，议决组织宪法研究委员会，推定委员十一人，专门负责研究工作。何维道与舒展、叶之乔、欧阳灵嘉、盛先事、周荫寰、龙家凯、黄国柱、范炳焕、黄根石、邱惟震等律师被推举为委员。[④]

事实上，在近代湖南的律师界，乐于著述者从不乏其人，这似乎成了一

---

① 《湖南群治法政专门学校职教员履历表》，载《湖南群治法政专门学校同学录》，湖南省档案馆藏，档案号：68-1-4。

② 笔者曾指出："湖南群治法政专门学校经教育部和司法部认可，于1922年改为群治大学。1926年改称湖南群治法政学校为湘校专门部。1930年群治停办。"此处的"1930年群治停办"并不准确，特此修正。1928年，群治大学的大学部停止开班，而专门部则仍继续招生。1932年，该校校董会推举省主席何键继任校长，并决议："遵照中央改革高等教育方案，改该校为湖南私立群治农商学院。"直到抗战爆发以后，该校才最终停办。参见夏新华、陈兵：《湖南近代法学教育发展研究》，载王瀚主编：《法学教育研究》（第二十一卷），北京：法律出版社，2018年版，第43-44页；湖南省地方志编纂委员会编：《湖南省志·第六卷·政法志·司法行政》，长沙：湖南出版社，1997年版，第352页。

③ 《律师协会消息》，载《民报》，1932年5月13日。

④ 《律师公会组织宪法研究委员会》，载《湘潭民报》，1933年4月18日。

股重要的时代风气。①譬如，贝允昕、任绍选、马续常、廖希化、俞峻、金超等律师均有著作出版。其中，贝允昕著有《中国法制史》，任绍选著有《民法亲属继承编释义》，马续常著有《刑法释义》《刑事诉讼法通义》《强制执行法释义》《审判实务》《检察实务》，廖希化著有《民法总则析义》《民法债篇解答》《我国司法制度之商榷》，俞峻著有《刑法全编》，金超著有《民法物权》《法学通论》。②1917年，在何维道等律师的倡导下，长沙律师公会还创办了《长沙律师公会会刊》。凡是司法判例和司法解释，一经中央公布，长沙律师公会便立即印送给会员，以供学习和研究之用。1936年，律师公会还将各会员在法政院校授课时的讲义编辑成书，并交书肆发行，公诸社会。③实际上，何维道本人在学术研究方面也造诣颇深，先后编译出版了《警察学》《平时国际公法》等著作。

光绪三十三年（1907年），何维道译述的《警察学》首次出版，后该书还被列入"政法述义丛书"，并由长沙府正街集成书社在1913年进行再版，是我国最早的警察学著作之一。学界诸多学者认为："我国最早的警察学专著，有清朝光绪三十二年（1906）上海出版的《警察学》，三十三年（1907）何维道、谭传恺著的《警察学》。"④由此可见，该书在警察学研究领域占有重要

---

① 这也是近代中国法学的普遍情形，有学者指出："辛亥革命后的三十余年间，法学实为当日'显学'，其时法律学术与法律教育之发达，至今令人称羡：国内法律院校如雨后春笋般涌现，中外法律文化交流蔚为壮观，一大批学贯中西的法学名家应运而生，尤其法学刊物和著作的出版，不仅种类多样、再版频繁，而且或中文或西文，可谓争奇斗艳。"参见湖舟：《呼唤"民国法学经典文库"》，载湘潭大学法学院编：《湘江法律评论》（第二卷），长沙：湖南人民出版社，1998年版，第636-637页。

② 廖希化：《湖南省志司法志律师篇上篇》，载湖南省文献委员会编：《湖南文献汇编》（第二辑），长沙：湖南省文献委员会，1949年版，第296-297页。

③ 长沙市地方志编纂委员会编：《长沙市志》（第四卷），长沙：湖南人民出版社，1999年版，第328页。

④ 例如，程波、陈晋胜、冯德文、王大伟等学者均持此种观点。参见程波：《湖南法政教育的早期展开及湖南法政先驱者事略考》，载王瀚主编：《法学教育研究》（第十卷），北京：法律出版社，2014年版，第105页；陈晋胜：《警察法学概论》，北京：高等教育出版社，2002年版，第7页；戴文殿主编：《公安学基础理论研究》，北京：中国人民公安大学出版社，1992年版，第13页；冯德文：《警察学概论》，北京：中国人民公安大学出版社，2005年版，第6页；章春明、吕惠玲主编：《公安学基础理论案例教程》，北京：中国人民公安大学出版社，2004年版，第21页；王大伟：《第五次警务革命：十论世界警务大趋势》，北京：中国人民公安大学出版社，2012年版，第20页；王大伟、付有志：《世界警察理论研究综述》，北京：群众出版社，1998年版，第9页；张兆端：《警察哲学：哲学视阈中的警察学原理》，北京：中国人民公安大学出版社，2010年版，第31页；王大伟：《西方警察学的引进与公安学基础理论的丰富》，载《公安大学学报》，1999年第6期。

地位，亦有效契合了清末学堂开展警察教育的现实需要。当然，有学者则认为近代中国最早的警察学著作是光绪二十九年（1903年）由作新社出版的《警察学》（《政法类典·乙·政治之部》中"行政学"附有该书），只不过这是由中日两国学者共译的。①应特别指出的是，《警察学》是由何维道独自译述的，而非由其所著，更非与谭传恺合著。实际上，谭传恺编译的是《警察实务》。②然而，由于政法学社、长沙府正街集成书社均将何维道译的《警察学》、谭传恺译的《警察实务》合并为一书出版。③因此，使得某些未阅览原书的学者产生了误解，而某些后来者亦不明就里，对前人之说深信不疑和盲目照搬，遂致以讹传讹。

何维道译述的《警察学》，共有两编。第一编"泛论"，包括警察法之性质、警察之定义、警察之种类、警察之机关、警察权之作用等五章；第二编"各论"，包括总说、行政高等警察、行政普通警察、司法警察等四章。④从史而论，我国警察学研究肇始于清季，警察制度是引进与借鉴西方之结果。何维道译述的《警察学》作为中国最早的警察学著作之一，对引进西方的警察理论与制度具有重要贡献。可以说，何维道是近代中国引进警察学的先驱人物。

此外，何维道和谭传恺合译的《平时国际公法》，亦被列入"政法述义丛书"，由政法学社在1914年出版。该书包括"诸论"与"本论"两部分，较为系统地梳理了国际法的基本理论问题。其中，诸论共十章，分别为法律与国际法之目的、法律与国际法之效力、法律与国际法之发生、维持法律与国际

① 任士英：《略论〈警察学〉与清朝警察行政创立时期的警察教育》，载《中国人民公安大学学报》，2003年第4期。

② 谭传恺，号笃和，湖南长沙人。光绪三十三年（1907年），毕业于日本法政大学法政速成科。宣统三年（1911年），他与谭延闿、陈炳焕、黄忠浩等人在长沙组建宪友会湖南支部，是该支部章程的起草人之一，这个政治团体以君主立宪为目标，以责任内阁为政纲，继续走立宪改良之路。1912年，他又加入了以"保持全国统一，取国家主义"为宗旨的共和党长沙府分部。此外，他还相继在湖南法政学堂、湖南公立法政专门学校担任教职。应特别指出的是，谭传恺与谭嗣同的亲侄谭传闿并非同一人。

③ 王继红和李禹泽是学界少数能正确区分两者的学者。参见王继红、李禹泽：《从边界到归属：清末本土话语中"警察权"的形成及其影响》，载《公安学研究》，2023年第3期。

④ 何维道、谭传恺：《警察学 警察实务》，上海：政法学社，光绪三十三年（1907年）版；何维道、谭传恺：《警察学 警察实务》，长沙：长沙府正街集成书社，1913年再版。民国时期，湖南省立中山图书馆（1927年由湖南图书馆改称）曾收藏有该书。参见湖南省立中山图书馆编：《湖南省立中山图书馆图书分类目录十卷》（下），长沙：长沙湘鄂印刷公司，1929年版，第59页。

法之方法、国际法之名称、国际法之种别、国际公法之缺点、国际公法行使之范围、国际公法之渊源、国际公法之历史。本论共七章，分别为国际法之主体（国家之要素、种类、承认）、国家之权利（平等权、独立权）、国家之义务、国家权利义务之承继、国家之代表机关（外交官、领事）、条约（种类、效力、要素、解释、履行、消灭、最惠国条款）、国际纷争（弥争诸学说、弥争之组织、处理国际纷争之方法）。[①]事实上，在列强的环伺下，运用国际法来维护主权至关重要，故充分了解国际法，依据国际法融入国际社会，运用国际法处理国际纷争，凭借国际法保障国家利益成为现实需要，故《平时国际公法》同样具有重要意义。

（二）逐步蜚声于律界

自1913年开始，何维道便在长沙寿星街上租房开办律师事务所，挂牌执行律师业务。1927年，何维道的夫人任韵琴去世，他认为不能长期租房居住和办公，决定购置一份固定家产，作为居住和办公之用。当然，律师事务所乃律师的办公场所，是接洽客户、获取案源和探讨案件的重要地方，故律师选择事务所的位置时，要经过仔细考量，一般将地址选在城市的繁华地段，以方便获取案源和接洽客户。这些繁华地段人流量大，公司和商铺较为集中，对法律服务的需求往往较大。于是，何维道便在泰润里附近的繁华街道通泰街买下了一栋宅子。[②]何维道自号颐园，他将这栋宅子亦起名为"颐园"。正因如此，后来去往台湾官至"财政部"次长的何显重，为纪念自己的父亲何维道，就将两个女儿分别取名为何怡颐、何美颐。[③]自此以后，颐园便成为何维道的居住和办公场所，他就在这里接待和处理法律上的人事与公务。

此后，颐园也就成了何家成员的聚集地。在这个大家庭中，即便是雇请五个佣人，仍旧难以应付。据何维道的外孙女许玄回忆，当时她随父母从上海辗转来到长沙落脚，"外公何维道先生是湖南有名的大律师，家道殷实，上上下下有几十口人吃饭，光轿夫、厨子、门房、女佣就要开两桌，自然是不在乎

① 何维道、谭传恺：《平时国际公法》，上海：政法学社，1914年版。

② 邹欠白：《长沙市指南》，长沙：和济印刷公司，1935年版，第217页；长沙市档案馆编：《长沙旧志选刊：民国长沙市指南》，陈先枢校点，长沙：湖南人民出版社，2015年版，第192页。

③ 杨渡：《铁腕金融情：何显重的一生》，台北：商业周刊出版股份有限公司，1999年版，第71页。

女儿、女婿来寄住"[1]。另据何维道的女婿许杰回忆："1931年的暑假，我同显文回湖南长沙。这是我同显文结婚以后，第一次去她家里。……显文家住在长沙通泰街的一座老房子里，房子很大。她的父亲何维道，是当年长沙的名律师，气派也很大，家里有门房、会计、厨师、包车夫及女佣人等等，身边还有一位姨太太。……他们家里吃饭的人很多，开饭时要分几批吃饭。"[2]由此可见，何家的确是一个名副其实的大家庭。

这个大家庭的生活开支离不开何维道这个大家长。好在律师是一个高报酬的职业，正所谓："昔之发财者做官，今之发财者做律师。"[3]据《律师暂行章程》之规定，律师业务收费主要包括"公费"与"谢金"，其最高数额均由各律师公会决定。[4]何维道的公费和谢金收入具体有多少，今人不得而知，但他是湖南鼎鼎有名的大律师，想必收入自然不菲。毕竟，大律师之所以称"大"者，高收入自然是一个重要标志。当时，长沙的律师有上等、中等与下等之分，"上等律师谙熟法理，且与法院推事、检察官相通，他们受理的一般是大案，收入可观，大多家道殷实。中等律师一般能说会道，能帮助打赢官司，收入亦不薄。下等律师大都是未履行登录手续、没有取得正式律师资格而从事律师职业者，一般叫黑律师、土律师以及边经商兼作律师的商人律师"[5]。何维道作为湖南有名的大律师，显然属于这里所说的上等律师，公费和谢金收入自然可观。这亦可从何维道女儿何显文的生活中看出。何显文在赴南洋的船上买罐装香烟，烟价很贵，将近一元，但她毫不犹豫地付了款，这使得同行刚认识不久的许杰十分吃惊。因为许杰在担任小学教员时，三元钱便可以维持一个月的生活。何显文出手阔绰，为一罐香烟竟花去一元钱，这让许杰难以理解。[6]此外，据许杰回忆："我看到他（何维道）轻易不出庭，出庭辩

① 许玄：《绵长清溪水：许杰纪传》，太原：山西人民出版社，1999年版，第135-136页。

② 许杰口述、柯平凭撰写：《坎坷道路上的足迹》，上海：华东师范大学出版社，1997年版，第228-229页。

③ 《大律师好自为之》，载《申报》，1912年12月30日。

④ 《律师暂行章程》，载《政府公报》，1912年9月19日。

⑤ 长沙市地方志编纂委员会编：《长沙市志》（第四卷），长沙：湖南人民出版社，1997年版，第329-330页。关于民国律师等级与类型的具体论述，可参见周太银、刘家谷：《中国律师制度史》，武汉：湖北科学技术出版社，1988年版，第70-71页。

⑥ 许玄：《绵长清溪水：许杰纪传》，太原：山西人民出版社，1999年版，第295页。

护一次起码收费几百元钱。"①许杰是何维道的女婿，他的话应当不假。

当然，在民国时期，绝大多数律师为增加收入，还必须参加一些必要的社交应酬，以拓宽自身的交际范围，保证有稳定的案源。但是，这对何维道这样的大律师而言，社交应酬并不是特别重要，因为他拥有极高的知名度，完全不用担心案源问题，往往是许多人主动找上门来寻求法律帮助。此外，民国时期的律师除执行律师业务外，还经常担任各级政府、商业公司与社会名流的法律顾问，或在法科院系兼任教职，以获取额外收入。何维道亦是如此，他除在法政学校担任教职外，许多大商号都竞相聘请他担任法律顾问，报酬自然不菲。

何维道为人公正、乐善好施，平生不事积蓄。他还将这种理念贯彻到子女的教育中。他常言："与其留钱财与子女，不若施之以良好教育，可让他们终生受用不尽。"②或许正是在这种理念的指导下，何维道的子女大多有所成就。譬如，他的第三子何显重，曾一度成为中国台湾地区财政部门的当家人与金融部门的掌舵者，他的长女何显文是著名文学家和文艺理论家许杰的夫人；他的女儿何显敏则是著名华侨教育家黄润岳的夫人，其他的何氏子女亦多有成就。

在律师执业过程中，何维道始终以主持正义与替人排忧解难为己任，积极帮助贫穷受苦的民众，在当地有很好的声誉。③譬如，1914年4月，何维道与姚生范、王英瀼、贺学海、丁思诚等律师界同仁，发起"义务律师团"，免费为贫困者提供法律服务。何维道等宣称：

> 律师一职，原为保护人权、巩固法律，故受人委托辄负代理辩护之责任，照章征收公费、酬金，固属应得之权利。第诉讼人贫富不均，诉讼事民刑各别，富者虽出巨资莫损毫发，贫者则财力有限，来源甚难。诉讼初起，已乏隔宿之储；诉讼终结，谁为将伯之助。况民事不能指定律师辩护，由当事人择定委任公费、酬金，当然照章收受。刑事虽可指定律师辩护，或因职务过繁未必尽完全之责，或因法院员少不能免疏忽之虞，且限于二等以上徒刑始得指定辩护。该律师等以任职已久，于诉讼人困苦情形久已洞悉，爰发起

---

① 许杰口述、柯平凭撰写：《坎坷道路上的足迹》，上海：华东师范大学出版社，1997年版，第229页。
② 许玄：《绵长清溪水：许杰纪传》，太原：山西人民出版社，1999年版，第292页。
③ 许玄：《绵长清溪水：许杰纪传》，太原：山西人民出版社，1999年版，第292页。

义务律师团。凡属穷而无告、理直被屈者，无论民刑诉讼，皆愿为之代理辩护，绝对不受公费、酬金。其有中人之产，讼累太深，经本团调查属实者，亦愿为之尽相对义务。①

1931年，长沙发生一起轰动远近的大案，妇人杨屈氏涉嫌与奸夫高氏合谋杀害自己儿子杨某元。长沙地方法院检察官经过审讯后，在存有诸多疑点的情况下，认定杨屈氏、高氏的杀人嫌疑实属不足，予以不起诉决定。对于如此之处理结果，死者发妻王氏以及杨姓之亲族戚友与街坊邻居，均打抱不平。他们在杨宅聚集讨论，"决定延请长沙著名的律师何维道，进行上诉"，为死者申冤。②可见，何维道律师在湘人中的声誉。事实上，何维道在近三十年的律师生涯中，一直深受乡梓之敬重，有"道德律师"③之美誉。

何维道的律师业务极为繁忙，白天有诸多纠纷、案件需要处理，有些工作只能推迟到晚上，甚至挑灯夜战到半夜。何维道一生处理过无数的民事和刑事案件，有趣的是，他接案有一个非常重要的原则，即"唯一不受理的案件即是离婚案"④。原因是他持有传统信念，认为家庭是社会中坚，为人父母有义务维系一个和乐的家庭，为下一代营造健康的环境，而离婚对家庭及社会所造成的冲击将难以估计，所以他主张"劝和不劝离"。⑤毕竟，何维道所处的时

① 《发起义务律师团》，载《申报》，1914年4月17日。

② 《长沙杀子疑案四志》，载《大公报》，1931年8月27日。

③ 与"道德律师"相对的是"强盗律师"，在民国律师制度刚建立时，这种律师在全国不止少数。就上海而言，这些律师与各捕房联系密切，他们自己不用为业务奔波，自有各处捕房里的探目自动为他们效力。就连各庭的庭丁，只要肯为之跑腿，就可拿到相当可观的好处。这些律师经办的案件，当事人是死是活，判轻判重一概不管。请这些律师，官司不一定打得赢，不请也未必就输。不论他们的公费定得多高，均必须在签字时将公费一次付清。不过，这种做法虽使律师的业务上去了，但却失去了律师的职业道德。参见陈同：《近代社会变迁中的上海律师》，上海：上海辞书出版社，2008年版，第135-136页。

④ 这非常典型地体现出何维道身上传统与现代的双重性格。我国台湾地区学者杨渡就指出："繁重的工作，使何维道养成了晚睡的习惯，他常常在睡觉之前喝一杯老酒，有时还到中山路上的西餐厅吃牛排或小西点作为宵夜。温和而常常带着孩子吃宵夜的父亲，便是何维道在孩子心中的形象。无疑，何维道的性子，有中国传统乡绅的自在，在地方上排难解纷，又像是一个转型时代的律师、典型中国知识分子，有一种自由主义的家庭教育气氛。在他的身上，体现着交缠现代与传统的两种性格。"参见杨渡：《铁腕金融情：何显重的一生》，台北：商业周刊出版股份有限公司，1999年版，第65-66页。

⑤ 杨渡：《铁腕金融情：何显重的一生》，台北：商业周刊出版股份有限公司，1999年版，第64页。

代，是传统社会向近代社会转型嬗递的过渡时代。在这个过渡时代中，新旧思想、观念等互相杂糅，政治经济和思想文化等各方面均处于新旧交替的转型阶段，个人观念终究难以免受时代特征的影响。因此，在何维道的身上，除具有西方近代法政观念之外，仍可看到中国传统儒家观念的深远影响。

当然，何维道也指出："离婚固可自由，但自由只能在法律范围以内，否则，便失掉自由的真义了，如男女两方面都愿意脱离，法律是不加以干涉的。……如果合于上列情形之一的，固然可以断离，若稍因意见不合，或肚子里另装了其他的恶意思，要想借法律做护符，那是万做不到的，因为法律是要顾全双方的幸福和社会上安宁的。"[①]这也可以看出他对法律上离婚自由之肯定。

（三）成功营救任弼时

在何维道的律师生涯中，最为荣耀的是在安徽成功营救出中共早期领导人任弼时，这已经成为何家人引以为傲的一段家族传奇。据许杰所言："何维道律师在长沙承办的都是要案或大案，一般的案件他不受理。此前他曾去安庆半年，承办了一个任姓亲戚的案子，这个人就是任弼时，是我岳父第二位夫人娘家的亲属。"[②]何维道的外孙女许玄亦指出：

> 继外婆姓任，她的一位本家堂弟，就是我们共和国早期的领导人任弼时同志。1929〔1928〕年任弼时在安庆被捕入狱，当时他未暴露共产党员的身份，地下党曾派人找到外公，请他出面营救。外公立即赶去那里，既雄辩于堂上，又斡旋于庭外，终于以公开合法的手段成功地营救出了任弼时同志。据说，新中国成立后，外公的家人看到刘少奇同志的画像，惊喜地发现这就是那个当年来找过外公的人。当然，这事是否确切，已无从查考，但这一直成为何家人引以为傲的一个家族的传奇。[③]

1928年10月，时任中央委员的任弼时在南陵巡视时，被国民党南陵县党

---

① 何维道：《法律与人民之关系》，周惠连、郭荣龙记，载《明德旬刊》，1932年第1期。
② 许杰口述、柯平凭撰写：《坎坷道路上的足迹》，上海：华东师范大学出版社，1997年版，第229页。
③ 许玄：《绵长清溪水：许杰纪传》，太原：山西人民出版社，1999年版，第293页。

部逮捕，并遭到严刑拷问。几天后，任弼时被当作政治犯押往当时的安徽省会安庆，准备在安庆的特种刑事法庭进行秘密审判。国民党设立的特种刑事法庭，素来被人们称为"铲共法院"或"惩共法院"，是专门用来镇压共产党人和革命群众的，该法庭经常实施严刑拷打、秘密审判。所谓秘密审判，其实就是国民党"采取非常手段来处理政治性事件，在这里已没有法律可言"[①]。在这种情况下，既不准旁听，亦不准辩护，律师连参与的机会都没有。

当然，在这样的时代背景下，从来就不乏正义的进步律师。其实，从国家到社会，从外在期待到自我认同，律师都肩负着维护法治和保障人权的重任。这些肩负重任的进步律师无疑是一股重要的社会力量。当时，任弼时的堂叔任理卿、夫人陈琼英经过紧急商量，准备延请何维道律师对任弼时进行法律营救。毕竟，何维道既是任弼时的远房亲戚，又是湖南有名的大律师，且时常往来于长沙和南京之间承办案件。任理卿、陈琼英急忙赶往通泰街的何维道律师事务所，请求营救任弼时。何维道义不容辞地接受了前往安徽营救任弼时的请求。

由于特种刑事法庭实行的是秘密审判，律师根本就没有辩护的机会。若想从特种刑事法庭直接实施营救，简直难比登天。因此，何维道转变了法律营救的策略。应特别指出的是，当时的律师除在法庭进行辩护外，有时还得运用人脉关系在幕后施力。昔日的同僚，当日的同业，还有同乡、同学等各种关系，均可为律师所用，以达到法律和政治的目标。尤其在办理政治案件的过程中，律师得知难以通过法律手段获得公正审判时，往往也会动用私谊活动。[②]何维道时常往来于长沙和南京，自然不乏各种关系，通过他的斡旋与活动，初步将任弼时的案子由特种刑事法庭转移到了安徽高等法院，将原来的特种刑事案件转变成了普通案件，由此改变了案件的性质，减少了实施法律营救的阻力。

在安徽高等法院开庭审理时，何维道又出庭担任任弼时的辩护律师。法官在询问完被告人的基本情况后，大声喝道："胡少甫（任弼时之化名），你图谋作乱，危害民国，从实招来！"任弼时答道："本人是个安分守法的生意人，何来图谋作乱，危害民国？"此时，何维道也立刻站起反驳道："这图谋

---

① 陈同：《近代社会变迁中的上海律师》，上海：上海辞书出版社，2008年版，第151页。

② 程骞：《历史的潜流：律师风骨与民国春秋》，北京：法律出版社，2015年版，第9页。

作乱，危害民国的罪名何其大，法庭必须出示证据！"他在法庭上据理力争、唇枪舌剑，对南陵县党部滥抓无辜、侵犯人权的非法行为进行了强烈谴责。同时，他请求法院先调查核实被告人的身份，以证明其无罪。何维道辩护说：

> 被告胡少甫，为人诚实，一向忠于店务，此次纸庄派他到南陵催收账款，并无违法行为。南陵公园是民众游乐的场所，被告游览名胜古迹，人情之常，法庭所谓"图谋作乱，危害民国"，事关重大。立案定罪，当以事实为根据，有证据，则量刑有法；无根据，则定罪无效。本律师请法庭出示证据和证人，以维护法律尊严，保障民众权利。至于胡少甫的口供，法庭如有怀疑，可专事派人查核，澄清事实，开释无辜。请法庭明鉴。①

于是，安徽高等法院便派遣调查人员赴长沙查核，而任弼时则被继续关押于饮马塘看守所。此前，未雨绸缪的何维道便已郑重嘱咐陈琮英，让她在长沙做好应对法院查核取证的准备，以统一口径。此时，陈琮英早已经安排妥当，待安徽高等法院的调查人员来查核取证时，她便以长沙伟伦纸庄东家的身份，证明任弼时确实是纸庄的学徒，且向法院出具证明书。1929年3月，在何维道的努力下，此案最终因证据不足，任弼时被宣告无罪释放而结束。

有学者在评价民初律师时说："许多律师因其具有深厚的法学理论功底、高超的辩护艺术，以及忠诚为委托人服务的敬业态度，而成为民初社会中现代律师的典范。"②毫无疑问，何维道正是这种律师的典范，他既具有深厚的法学理论功底，又具有丰富的法律实务经验，堪称法学理论和法律实务兼具的理论家与实务家。何维道营救出被捕的任弼时，践行了进步律师保障人权的职责。

---

① 章学新、蔡庆新：《伟人之初：任弼时》，杭州：浙江人民出版社，1996年版，第107页。
② 吴永明：《民国前期律师制度建构述论》，载《江西社会科学》，2004年第12期。

结 语

然世事难料，随着日寇进逼，抗战期间的长沙经历惨烈的"文夕大火"，这座千年古城几乎化为灰烬。何维道的颐园也被烧毁殆尽，他只得背井离乡举家避难，仓皇迁至湘乡的潭市。何维道是一个注重传统家庭观念的人，因为在战争中有太多意外，他希望全家人不要分离，至少还能相互照应。因此，何维道在此地的杜家塘购置了房屋，暂时安顿了下来。但不幸的是，何维道因咯血而身体日渐虚弱。或许是战争导致的心理创伤，或许是多年律师工作的积劳成疾，亦或许是忧劳国事的心理负担所致，何维道的身体并不见好。尽管全力调理，但效果始终不佳。1941年，何维道因咯血发作，无法停止，竟病殁于他乡，终年五十九岁。临终之际，他仍以国事为念，留下"何时罢听行军曲，把酒枫林驻晚车"的爱国诗句，表现了一个知识分子对国家未来的深切关怀。可见，何维道作为新旧交替时期的法律人，他既受过新式教育之训练，熟知新式法律之精神，又深受传统文化之熏陶，充满救国忧民之情怀。总体而言，纵观何维道的法政活动与人生轨迹，可以说他见证了近代湖南法学教育的产生和发展，参与了近代湖南律师制度的筹建和运行，为推动湖南法律近代化作出了重要贡献，如此一位杰出的近代湖南法政精英值得后人铭记。

第三章　从赴日留学到奠基司法

——洪荣圻法政人生的多维观照

洪荣圻（？—1912年）[①]，字春岩（亦作春台、春崖），湖南宁乡人，他是一位重要的近代湖南法政人物。然而，因历史愈发久远，洪荣圻逐渐成为一位被后人遗忘的法政人物。事实上，他曾是清末湖南留日热潮中的一员，归国后参与发动湖南的辛亥革命，并极力维护共和政权的稳定，还是近代湖南司法的重要奠基者。目前，大多数学者在研究湖南辛亥革命史之际，对洪荣圻往往只是一笔带过，未及深入论述，在某些重要问题上常常是语焉不详。而揆诸学界对洪荣圻之专门论述，则仅有胡菊乔和陈曦两位学者的研究成果，纵观两者之论述，可谓大同小异。[②]诚然，这对我们初步认识洪荣圻具有重要帮助，但两位学者的研究成果篇幅均较为简短，年代亦较为久远，且存在某些史实方面之出入，故仍有进一步探讨之必要。为此，笔者广泛搜集各类资料，拟对洪荣圻及其相关的人物与事件进行系统梳理，以期最大限度地还原这位近代湖南法

---

① 周震鳞修、刘宗向纂：《民国宁乡县志》（第二册），长沙：湖南人民出版社，2009年版，第1267页；长沙市志编纂委员会编：《长沙市志》（第十六卷），长沙：湖南人民出版社，2002年版，第546页。许多资料并未注明洪荣圻的出生年份，据《宣统二年归国留学生史料》中的毕业生履历记载："洪荣圻，年四十二岁，湖南廪贡生，游学日本毕业。"由此推知，洪氏应出生于同治七年（1868年）。但是，《宣统二年归国留学生史料续编》[时间为宣统三年（1911年）]中的毕业生履历却记载："洪荣圻，年三十四岁，湖南廪贡生，法政科举人。"据此推知，洪氏应出生于光绪三年（1877年）。这两种史料记载互相矛盾，故尚难以断定他的出生年份。参见中国第一历史档案馆编：《宣统二年归国留学生史料》，载《历史档案》，1997年第2期；中国第一历史档案馆编：《宣统二年归国留学生史料续编》，载《历史档案》，1997年第4期。

② 胡菊乔：《湖南民主法制的首倡者——洪荣圻》，载中国人民政治协商会议长沙市委员会文史资料研究委员会主编：《长沙文史资料》（第十一辑），内部发行，1991年，第133-136页；湖南省革命烈士传编纂委员会编：《三湘英烈传：旧民主主义革命时期》（第二卷），长沙：国防科技大学出版社，2001年版，第193-196页。

政先贤的人生轨迹与法政事功，并希冀能深化湖南辛亥革命史之研究。

一、负笈东瀛：赴日研习法政的留学生

晚清之际，国家局势倾颓，起义纷起，列强环伺。光绪二十六年十二月初十日（1901年1月29日），因受国内外形势之所迫，尚在西安逃亡路上的慈禧太后，以光绪皇帝的名义颁布"变法上谕"，宣布实施"新政"。[①]其中，兴办法政教育、培养法政人才是新政的重要内容。这主要是因为新政的有效推进，迫切需要大量通晓法政的专门人才。

当然，这些法政专门人才，"绝非仅仅熟谙刑名讼案之辈，而是精习现代政治、法律原理与知识的新进之士"[②]。但是，清代素来不重视法政教育，即便是从事法律相关的职业，也只能通过自修或历练来习得。[③]正如有学者所言："清代正规学校教育和科举考试都不重视法学，当时直接从事法制工作的官吏、书役等人所需的法律知识，大致都由自修、历练而得。这种方法因人而异，不成制度，因而成果也难预测，所以中下层官员都要依赖幕友。"[④]显然，这种传统的培养模式难以造就数量庞大的合格法政人才。鉴于国内法政教育的单薄和落后，难以满足新政的现实需要，故出国学习法政成为当时的必要之举，这在清末湖南体现得尤为明显。

光绪三十一年（1905年），洪荣圻正式投入赴日留学的热潮中。该年11月，他正式进入日本法政大学，就读于法政速成科第四班。众所周知，在留日法政教育中，人数最多、规模最大，且对中国近代法政人才产生较大影响的就是日本法政大学，特别是该校的法政速成科。[⑤]日本法政大学原名日本和法

---

① 赖骏楠编：《宪制道路与中国命运：中国近代宪法文献选编（1840—1949）》（上卷），北京：中央编译出版社，2017年版，第251-252页。

② 程燎原：《清末法政人的世界》，北京：法律出版社，2003年版，第6页。

③ 龚汝富：《明清时期司法官吏的法律教育》，载《江西财经大学学报》，2007年第5期。

④ 张伟仁：《清代的法学教育》，载《台大法学论丛》，1989年第2期；贺卫方编：《中国法律教育之路》，北京：中国政法大学出版社，1997年版，第238页。德国学者马克斯·韦伯（Max Weber）也认为中国"不存在释疑解答的法学家，也没有专门的法律训练"。参见［德］马克斯·韦伯：《经济与社会》（第二卷），阎克文译，上海：上海人民出版社，2020年版，第1153页。

⑤ 李卫东：《专业教育与中国近代律师职业群体的形成》，载章开沅、严昌洪主编：《近代史学刊》（第五辑），武汉：华中师范大学出版社，2009年版，第14页。

（和佛）法律学校，后者是于明治二十三年（1890年）在东京法学校和东京法国学校的基础上组建而成的。明治三十六年（1903年），日本和法（和佛）法律学校改名为日本法政大学，下设有大学部、专门部、高等研究科、大学预科。[①]而法政速成科之设立，主要得益于湖南湘阴籍的留日学生范源濂和同是留日学生的曹汝霖之共同筹划。他们认识到当时中国的法政人才极端紧缺，然日本的常规法政教育又耗时颇长，故计划为中国留日学生专门创办法政速成科。幸运的是，他们的想法得到了中国驻日公使杨枢和日本法政大学校长梅谦次郎的支持。[②]光绪三十年三月二十二日（1904年5月7日），法政速成科在东京麴町区富士见町六丁目十六番地顺利开设。

日本法政大学法政速成科主要以教授中国现代应用之必要学科，如速成法律、行政、理财、外交之有用人才为目的。各科所聘请之教习，均是当时日本有名的法学博士、学士，他们均精通法政之学，并富有实务经验。教学时主要采取通译的方式，即教习先以日语口授，然后再由通译人以华语传述。[③]法政速成科原定的学习期限为一年，共两学期。从第二班开始（1904年10月），将学制改为一年半，分三学期授课。洪荣圻是在法政速成科第四班学习，他每周学习二十四个课时，所学内容主要包括法学通论、国法学、民法、刑法、商法、行政法、国际公法、国际私法、民事诉讼法、刑事诉讼法、裁判所构成法、警察学、监狱学、政治学、经济学、财政学、西洋史、政治地理。[④]这些课程分别由梅谦次郎、清水澄、冈田朝太郎、中村进午、小河滋次郎等著名学者讲授。

---

① 姜朋：《不复过往：中国法学院纪事》，北京：中国民主法制出版社，2021年版，第97页。

② 王健：《中国近代的法律教育》，北京：中国政法大学出版社，2001年版，第97页；侯欣一：《百年法治进程中的人和事》，北京：商务印书馆，2020年版，第299-303页；翟海涛：《日本法政大学速成科与清末的法政教育》，载《社会科学》，2010年第7期；贺跃夫：《清末士大夫留学日本热透视——论法政大学中国留学生速成科》，载《近代史研究》，1993年1期；赵晓华：《清末法制改革中的人才准备》，载《华南师范大学学报（社会科学版）》，2004年第2期；王敏：《关于日本法政大学清国留学生法政速成科与辛亥志士的考察》，载《徐州师范大学学报（哲学社会科学版）》，2012年第2期；朱腾：《清末日本法政大学法政速成科研究》，载《华东政法大学学报》，2012年第6期。

③ 史洪智编：《日本法学博士与近代中国资料辑要（1898—1919）》，上海：上海人民出版社，2014年版，第113-114页。

④ 日本法政大学大学史资料委员会编：《清国留学生法政速成科纪事》，裴敬伟译，李贵连校订，孙家红参订，桂林：广西师范大学出版社，2015年版，第7-9页。

因洪荣圻有幸接受到这些著名学者之教益，故他的法政知识渊博，为其后续的法政人生打下了坚实基础。事实上，当笔者粗略查阅洪荣圻及其同班的湘籍学生，便能感受到学习法政在他们人生中的重要影响力。这些湘籍学生主要有杨树毅、杨德邻、黄敦怿、刘作霖、任绍选、谭传恺、俞峻、胡挹琪、成应琼、宾玉瓒、李汉丞、彭邦栋等人，他们后来均成为颇具作为的法政人物。[①]当然，与洪荣圻不同的是，这些学生多为湖南派遣的官费留学生。如俞峻、成应琼属于官费派遣的"法政科幕类"，而杨树毅、杨德邻、刘作霖、任绍选、李汉丞等人则属于"法政科绅类"。[②]

应指出的是，这些学生在出国之前，大多已在国内取得初级科举功名，大多拥有幕僚或绅士的身份。正如有学者所言："能够踏上留学之路的，一般来说是家道比较殷实的官绅商子弟，也有少数的平民子弟因为学业优秀也获得了官派留学的资格，但人数不会很多。应该说，在清末最先的留学浪潮中，下层绅士占了比较大的比例。"[③]然而，囿于史料之有限，有关洪荣圻的家庭信息、出身背景与教育经历，笔者暂时无从得知。目前所能确定的是，他在出国前便已经获得了"廪生"的资格。廪生属于生员（即秀才）的一种，洪荣圻凭借该资格可以获得由官府发放的廪缮（即膳食津贴），故生活有一定保障。

洪荣圻应是清末自费赴日留学中的一员。而程燎原教授则认为洪荣圻属于"官费"[④]留日学生，笔者并未发现相关的史料依据。笔者曾搜集湖南历次官派留日学生名单，均未发现洪荣圻的名字。故而，可以初步推知他应该是自费留日学生。即便如此，洪荣圻能够与众多官费留学生一起进入日本法政大学，想必实力亦定然不俗。他们进入日本法政大学后，便相互砥砺，发奋学习，即便是寒暑假期亦不停辍，以最大限度地汲取法政新知，探求救国之道。

在这批留日学生中，洪荣圻和俞峻、杨树毅、杨德邻、李汉丞、任绍选等人不负众望，后来均成为湖南近代史上的著名法政人物，在革命、政治、法制、司法等方面贡献颇多。

---

① 日本法政大学大学史资料委员会编：《清国留学生法政速成科纪事》，裴敬伟译，李贵连校订，孙家红参订，桂林：广西师范大学出版社，2015年版，第155-158页。

② 《各省游学汇志》，载《东方杂志》，光绪三十一年九月二十五日（1905年10月23日），第9期。

③ 许顺富：《湖南绅士与晚清政治变迁》，长沙：湖南人民出版社，2004年版，第296页。

④ 程燎原：《清末法政人的世界》，北京：法律出版社，2003年版，第375页。

众所周知，在中国的民主革命运动中，知识分子是首先觉悟的成分。[①]
留日学生既在出国前浸染儒家教育，又在出国后接受与传统教育不同的新
式教育，属于新型知识分子，是推动国家进步的重要力量。[②]美国学者詹逊
（Marius Jansen）指出："因晚清中国留日的潮流，日本发展成了一个中国革
命的基地和吸收新党员的据点。"[③]留日期间，洪荣圻目睹了明治维新后日本
国力之强盛，深刻认识到了腐朽的清政府难以实现国家富强。恰在此时，他又
接触到了孙中山先生的三民主义思想，遂毅然决定加入同盟会，献身于资产阶
级民主革命事业，以推翻清政府的专制统治。

事实上，洪荣圻在留日期间，便曾奉黄兴之命短暂回国参与革命。光绪
三十二年十月十九日（1906年12月4日），萍浏醴起义正式爆发。随后，起义
消息传至东京，在黄兴的派遣下，洪荣圻与谭人凤、周震鳞、何彌虞、宁调
元、胡瑛等人立即回国参加这次起义。[④]据当事者谭人凤所称："居东未久，
即有浏醴起义之一事。时克强挽余与周道腴、洪春岩、何彌虞、宁调元、胡经
武等归谋响应。余慨时势日蹙，亦亟思有机可乘，于是偕同返。周、洪担任驻
省办内应，余与何、宁拟直赴浏醴，胡则留武昌运动军队。"[⑤]但是，当他们
抵达湖南时，起义已经失败，故不得不重返东京。

此后，革命几乎成为洪荣圻一生的主线。尽管在归国之初，他参加了清
政府学部组织的考试，并在民政部任职，但他不久便放弃官职回到了长沙，并
发起组织了多个革命团体，意欲推翻清政府的反动统治。可以说，洪荣圻所秉
持的革命信念是在留日期间形成的。

光绪三十三年三月二十三日（1907年5月5日），洪荣圻从日本法政大学

---

① 毛泽东：《五四运动》，载《毛泽东选集》（第二卷），北京：人民出版社，1991年版，第559页。

② 杨天石：《被推向革命阵营的知识分子》，载《文史参考》，2011年第6期。

③ ［美］詹逊：《中国留日学运与辛亥革命之关系》，载中华书局编辑部编：《纪念辛亥革命七十周年
学术讨论会论文集》（下册），北京：中华书局，1983年版，第2601页。

④ 庄建平、卞修跃：《周震鳞传》，北京：团结出版社，1995年版，第64页；邓江祁：《革命巨子谭人凤
传》，长沙：岳麓书社，2017年版，第45-46页。

⑤ 谭人凤：《石叟牌词》，饶怀民笺注，上海：上海书店出版社，2000年版，第30页；谭人凤：《石叟牌
词叙录》，载中国社会科学院近代史研究所近代史资料编辑部：《近代史资料》（第十册），北京：知识产
权出版社，2006年版，第35页；石芳勤编：《谭人凤集》，长沙：湖南人民出版社，2008年版，第320-321页。

法政速成科毕业。①同年八月，他又进入日本法政大学专法科学习，直至宣统二年（1910年）六月毕业。②

总之，洪荣圻在多年的留学生涯中，遍览西方法政新知，广泛接受资产阶级法政思想，这为他后来回湘投身反清革命和领导司法改革奠定了坚实基础。

二、投身革命：湖南辛亥革命的参与者

洪荣圻从日本学成归国后，旋即参加由清政府学部所组织的留学毕业生考试。③由于他所考之成绩位列"中等"④，遂被授予法政科举人的功名⑤。根据《游学毕业生廷试录用章程》规定："凡在外国高等以上各学堂之毕业生，经学部考试合格奉旨赏给进士、举人出身后，每年在保和殿举行廷试一次。"⑥在廷试中凡考得一等、二等和三等者，均为"及第者"，将被授予官职。洪荣圻参加完学部考试后，又参加在保和殿举行的廷试，并有幸获得"一等"的优异成绩。因此，他被清廷授予七品小京官的官职，并"按照所学科目分部，俟三年俸满后，作为候选主事"⑦。随后，他被分派至民政部。⑧

---

① 《法政大学行卒业式次序及卒业名单》，载《申报》，光绪三十三年四月初三日（1907年5月14日）。

② 程燎原：《清末法政人的世界》，北京：法律出版社，2003年版，第375页。

③ 《学部考取东西洋游学毕业生名单》，载《申报》，宣统二年八月初五日（1910年9月8日）。

④ 《游学毕业生等第名单》，载《申报》，宣统二年八月二十二日（1910年9月25日）；中国第一历史档案馆编：《宣统二年归国留学生史料》，载《历史档案》，1997年第2期。

⑤ 《上谕》，载《申报》，宣统二年九月初四日（1910年10月6日）；《清实录·第六〇册》（附）宣统政纪，北京：中华书局，1987年版，第748页；中国第一历史档案馆编：《宣统帝起居注》（影印本），桂林：广西师范大学出版社，2007年版，第495页；中国第一历史档案馆编：《宣统朝上谕档》（第二册）（影印本），桂林：广西师范大学出版社，2008年版，第343页。

⑥ 陈学恂、田正平编：《中国近代教育史资料汇编·留学教育》，上海：上海教育出版社，2007年版，第70页。

⑦ 《清实录·第六〇册》（附）宣统政纪，北京：中华书局，1987年版，第975页；刘真主编：《留学教育：中国留学教育史料》（第二册），台北："国立"编译馆，1980年版，第931-932页；中国第一历史档案馆编：《宣统二年归国留学生史料续编》，载《历史档案》，1997年第4期；程燎原：《清末法政人的世界》，北京：法律出版社，2003年版，第148页。

⑧ 钟启河：《宣统三年冬季宁乡职官录》，载中国人民政治协商会议湖南省宁乡县委员会学习、文史委员会编：《宁乡文史资料》（第七辑），内部发行，1991年，第191页；程燎原：《清末法政人的世界》，北京：法律出版社，2003年版，第151页；《廷试游学生分部分省掣签名单》，载《申报》，宣统三年六月初四日（1911年6月29日）。

需提及的是，洪荣圻参加清政府所组织的考试和担任官职，并不表明他放弃了革命道路。事实上，他只是采取一种迂回的方式来渗透至清政府内部，以便开展秘密革命，这也是当时许多革命者所选择的方式。[1]在京期间，洪荣圻积极参与立宪派和革命党的相关活动。譬如，宣统二年（1910年）九月，邮传部七品小京官王侃与资政院议员罗杰、汪龙光、陈登山、李素等组织江汉大学期成会，该会"期在汉口成立一完备大学，命名江汉大学"，洪荣圻与石润金、曹广涵等人成为该会会员。[2]同时，洪荣圻还介绍在京师法律学堂就读的同乡胡曜加入同盟会。[3]胡氏后来由京返湘，任职于湖南都督府司法司，成为洪荣圻领导创建近代湖南司法制度的重要助手。

宣统三年（1911年），洪荣圻愤于清政府的腐朽统治，便断然辞去了民政部的京官官职，从京师回到长沙，开始担任宁乡驻省中学堂的监督（即校长），由此全力地投入民主革命事业之中。他在该学堂任教期间，经常"以革命学说灌输诸生"[4]。同时，他还担任景贤法政学堂（后改为湖南公立第二法政专门学校）的教务长。辛亥革命爆发后，他便在学堂召开会议，动员学生响应革命。[5]

事实上，在辛亥革命爆发前，洪荣圻一直在湖南宣传革命思想和开展革命活动。据龙毓峻（字铁元）所言，湖南保路运动兴起后，湖南铁路公司开办铁路学堂，由余肇康担任总理、龙璋担任监督、龙铁元担任教务长，由在湘的同盟会会员曾杰、文斐、洪荣圻、龙养源、吴超征、彭延炽、龙涤英等任教

---

① 王标：《清末廷试留学毕业生群体研究》，东北师范大学硕士学位论文，2014年，第45-46页。

② 中国第一历史档案馆编：《清末结社集会档案》，载《历史档案》，2012年第1期。

③ 胡菊乔：《湖南民主法制的首倡者——洪荣圻》，载中国人民政治协商会议长沙市委员会文史资料研究委员会主编：《长沙文史资料》（第十一辑），内部发行，1991年，第133页。

④ 周震鳞修、刘宗向纂：《民国宁乡县志》（第二册），长沙：湖南人民出版社，2009年版，第1267页。

⑤ 湖南省革命烈士传编纂委员会编：《三湘英烈传：旧民主主义革命时期》（第三卷），长沙：国防科技大学出版社，2003年版，第89页；新田县志编纂委员会编：《新田县志》，北京：新华出版社，1995年版，第538页；翟海涛：《日本法政大学速成科与清末的法政教育》，载《社会科学》，2010年第7期。

员，他们借学堂为掩护，成立同盟会湘支部，以开展革命活动。①但是，据龚业强所称："如同盟会员成邦杰、刘文锦、杨任、李治、吴作霖、洪荣圻、洪本枢等，虽然没有在学堂任职，但经常来往学堂，互通声气。大家常假紫荆街的紫荆阁、福寿楼以小饮为名，从事同盟会的秘密联系活动。"②尽管两者对洪荣圻是否在该学堂任教的说法互相矛盾，但能肯定的是，他确实参与了同盟会的秘密活动。

随着清廷铁路收回国有政策之颁布，激烈的保路运动由此引发。于是，洪荣圻还与洪兰生、龙璋、文经纬、文斐等革命党人和立宪派人士，在长沙贾太傅祠组织湘路协赞会，对保路运动予以声援。正如有学者所言："保路运动使立宪派和革命派的分歧在很大程度上得到弥合，并统一在民族主义的旗帜下。"③湘路协赞会选举李达璋担任会长，粟戡时、周广询担任副会长，洪荣圻与左学谦、文斐、徐特立、易宗羲、谭传恺、文经纬、廖名缙、马续常、杨树毅、姜济寰、龚业强、陈炳焕等人担任干事。④该会成员虽大多属于立宪派

① 龙毓峻：《记湖南铁路学堂》，载中国人民政治协商会议湖南省委员会文史资料研究委员会编：《湖南文史资料选辑（修订合编本）》（第四集），长沙：湖南人民出版社，1982年版，第213页；龙铁元：《光复长沙的前前后后》，载中国人民政治协商会议长沙市委员会文史资料研究委员会主编：《长沙文史资料》（第十一辑），内部发行，1991年，第29页；龙铁元：《长沙光复前见闻录》，载中国人民政治协商会议湖南省委员会文史资料研究委员会编：《湖南文史》（第四十三辑），长沙：湖南文史杂志社，1991年版，第61页；龙铁元：《焦、陈光复长沙前后见闻》，载中国人民政治协商会议浏阳县委员会文史资料研究委员会编：《浏阳文史》（第十辑），内部发行，1991年，第92页；朱有瓛主编：《中国近代学制史料：第二辑》（下册），上海：华东师范大学出版社，1989年版，第206页；湖南省革命烈士传编纂委员会：《三湘英烈传：旧民主主义革命时期》（第四卷），长沙：国防科技大学出版社，2005年版，第326页；杨鹏程、胡忆红编：《湖南辛亥革命史料》（第一册），长沙：湖南人民出版社，2011年版，第618页。

② 龚业强：《记湖南铁路学堂》，载中国人民政治协商委员会湖南省会议文史资料研究委员会编：《湖南文史资料选辑（修订合编本）》（第四集），长沙：湖南人民出版社，1982年版，第215页。

③ 孙立平：《辛亥革命中的地方主义因素》，载《天津社会科学》，1991年第5期。

④ 《湘路协赞会选定会长》，载《申报》，宣统三年四月初三日（1911年5月1日）；《湘省争路之大风潮再志》，载《时报》，辛亥五月二十日（1911年6月16日）；粟戡时，等：《湖南反正追记》，长沙：湖南人民出版社，1981年版，第24-25页；湖南辛亥光复首义团编：《湖南辛亥光复事略》，载《湖南历史资料》（一九八一年第二辑），长沙：湖南人民出版社，1981年版，第9页；长沙市志编纂委员会：《长沙市志》（第十六卷），长沙：湖南人民出版社，2002年版，第109页；湖南史学会编：《辛亥革命在湖南》，长沙：湖南人民出版社，1984年版，第200-205页；何智能：《湖南保路运动研究》，长沙：国防科技大学出版社，2009年版，第124页。

人士，但后来发展成为掩护革命活动的重要机关。[①]该会常以争路为名行革命之实，曾在湖南省教育会会坪组织士绅各界发起保路风潮，宣布清廷的二十六条罪状，大力鼓动反清革命。

宣统三年（1911年）二月，谭人凤偕同刘承烈抵达长沙，在位于路边井的某日本旅馆召集同志开会，到会者计有洪荣圻、文斐、曾杰、邹永成、肖翼鲲、龙铁元、吴超征、何陶等十余人。谭人凤在会上报告说："黄兴鉴于往者以会党、新军或防营谋举事，往往坐失机宜。乃改由吾党同志自行发难，而以防营、新军为应援。"[②]在这次会议上，大家一致拟定焦达峰负责会党事宜，洪荣圻和谢介僧则辅助焦达峰开展工作。关于这次会议的具体分工，据当事者谭人凤所言："因入湘，先有谢介轩[僧]、刘承烈归，同志曾伯兴、龙铁元、龙云墀、洪春岩、文牧希、谢宅中、邹永成、唐镕、周岐及马标队长刘承烈之弟文锦、四十九标之文案吴静庵等，早已闻其事，余到时，约与密议，均颇热心。……绿林方面拟责成焦达峰主任，辅以谢介轩[僧]、洪春岩。"[③]当事者邹永成亦回忆说："决定派焦达峰、杨任、谢介僧、洪春岩联络会党。"[④]可见，洪荣圻积极参与湖南的秘密革命活动。

嗣后，受谭人凤之命，洪荣圻与谢介僧、文经纬、吴孔铎、刘嵩衡、王伯存等革命党人，在长沙水风井胡家花园创建革命组织卷施社。[⑤]同时，他们

---

① 周秋光编：《林增平辑》，北京：民主与建设出版社，2014年版，第123页。

② 邹协勋：《我所知道的谭人凤》，载中国人民政治协商会议湖南省委员会文史资料研究委员会编：《湖南文史资料选辑》（第十辑），内部发行，1978年，第108页；杨世骥：《辛亥革命前后湖南史事》，长沙：湖南人民出版社，1982年版，第197页。

③ 谭人凤：《石叟牌词》，饶怀民笺注，上海：上海书店出版社，2000年版，第67页；谭人凤：《石叟牌词叙录》，载中国社会科学院近代史研究所近代史资料编辑部编：《近代史资料》（十册），北京：知识产权出版社，2006年版，第44页；石芳勤编：《谭人凤集》，长沙：湖南人民出版社，2008年版，第345-346页。

④ 邹永成口述：《邹永成回忆录》，杨思义笔记，载中国社会科学院近代史研究所近代史资料编辑部编：《近代史资料》（第十册），北京：知识产权出版社，2006年版，第95页；杨鹏程、胡忆红编：《湖南辛亥革命史料》（第一册），长沙：湖南人民出版社，2011年版，第55页。

⑤ 阎幼甫：《辛亥湖南光复的片断回忆》，载中国人民政治协商会议湖南省委员会文史资料研究委员会编：《湖南文史资料选辑（修订合编本）》（第一集），长沙：湖南人民出版社，1981年版，第100页；杨鹏程、胡忆红编：《湖南辛亥革命史料》（第一册），长沙：湖南人民出版社，2011年版，第554页。应特别指出的是，有学者将"卷施社"误作为"卷旋社"。湖南省地方志编纂委员会编：《湖南通鉴》（第二册），长沙：湖南人民出版社，2008年版，第845页。

还通过创办富训商业学堂作为掩护，以秘密草拟和印刷革命宣传品和传单，大力鼓吹暴力革命，发展革命党员。于是，这里便成了湖南革命党人的重要据点。据唐乾一（别号子虚子）所言："焦达峰、杨任、谭心休、文斐等，以邵阳中学曾杰处为集议地，是为一党。左学谦、黄翼球、李德群、刘善渥等集合于长沙学宫；吴作霖、常治、黄镆、王猷、曹耀材等集合于贾太傅祠；文经纬、刘嵩衡、洪荣圻、阎鸿翯、阎鸿飞等集合于富训商业学堂；三处为一党。"①湖南保路运动爆发以后，卷施社的革命同志便以湖南保路同志会之名义四处散发传单，大力宣传革命，为革命运动广造舆论。

此外，洪荣圻还参与创建革命组织图强社。据革命党人阎鸿飞（字幼甫）所言："图强社，是文斐、洪荣圻、黄桐陔、李德纯等所组织的，设在长沙府围后。"②该社是湖南革命党人搜集官府情报的重要据点。

宣统三年八月十九日（1911年10月10日），武昌起义爆发。当起义的消息传到湖南后，"长沙的气氛迅速变为高度地政治化和瞬息万变，既紧张，又显著地活跃。大多数学校自动停课，许多学生寻找机会和军队接触，以便协助酝酿军事政变"③。此时，洪荣圻也立即与文经纬、阎鸿飞等革命党人，在水风井秘密商讨响应武昌起义的相关事宜，以谋划在长沙举行起义。④八月二十七日（10月18日），洪荣圻与焦达峰、陈作新、文经纬、易宗羲、成邦杰、粟戡时等一百余人，先后在贾太傅祠、体育学堂召开会议，商讨起义事项，决定由炮兵营李金山负责举火为号，然后各营响应，后因炮兵营防范太严，才选择推迟起义。与此同时，湖南巡抚余诚格亦立即下达手令，欲将焦达峰、陈作新、洪荣圻、阎鸿飞、阎鸿翯、文经纬、谢介僧、邹永成、谭心休、

---

① 粟戡时，等：《湖南反正追记》，长沙：湖南人民出版社，1981年版，第63-64页；田伏隆主编：《辛亥革命在湖南》，长沙：岳麓书社，2001年版，第451页；杨鹏程、胡忆红编：《湖南辛亥革命史料》（第一册），长沙：湖南人民出版社，2011年版，第470页。

② 阎幼甫：《辛亥湖南光复的片断回忆》，载中国人民政治协商会议湖南省委员会文史资料研究委员会编：《湖南文史资料选辑（修订合编本）》（第一集），长沙：湖南人民出版社，1981年版，第100页。

③ ［美］周锡瑞：《改良与革命：辛亥革命在两湖》，杨慎之译，南京：江苏人民出版社，2007年版，第250页。

④ 胡菊乔：《湖南民主法制的首倡者——洪荣圻》，载中国人民政治协商会议长沙市委员会文史资料研究委员会主编：《长沙文史资料》（第十一辑），内部发行，1991年，第134页。

粟戡时、龙璋、易宗羲等三十三人格杀勿论。[1]由此可见，洪荣圻在湖南辛亥革命中的重要地位。故而，有官方志书评价曰："武昌起义，湖南响应，荣圻与有力焉。"[2]

九月初一日（10月22日），湖南革命党人首先响应武昌起义，巡抚余诚格成为革命的首要对象。于是，起义新军分别从小吴门和北门攻入长沙城内，进而合攻巡抚衙门。当革命首领焦达峰率领会党到达巡抚衙门时，余诚格已经慌忙逃遁，其他官员亦纷纷逃散。

当晚，湖南军政府在原咨议局宣告成立，革命党人焦达峰、陈作新分别被推举为正、副都督。而精通法政的洪荣圻，后来则被任命为司法司长。在革命政权尚未稳固之际，洪荣圻广邀各地的革命党人来省城襄助。当时，尚在湖南宁乡修养的革命元老周震鳞，便接到洪荣圻之邀请。据周氏自称："余家居月余，因寒暑奔波，卧病颇剧。长沙光复之第五日，洪春岩、洪兰生之专缄，并焦、陈两督安民布告始至。余扶病到省，告以克强回沪，不日至鄂总领义军。"[3]

九月初十日（10月31日），在旧军官梅馨和立宪派的直接策划下，湖南随即发生了"易都风波"，副都督陈作新被杀害于长沙北门文昌阁，都督焦达峰则被杀害于都督府前坪。[4]惊悉两位革命党领导人被杀，作为同志的洪荣圻内心忧愤深重，顿感湘事日非，他说"非人心纯正，不能安天下"。在给友人

① 湖南辛亥光复首义团编：《湖南辛亥光复事略》，载《湖南历史资料》（一九八一年第二辑），长沙：湖南人民出版社，1981年版，第12-13页；邹永成口述：《邹永成回忆录》，杨思义笔记，载中国社会科学院近代史研究所近代史资料编辑部编：《近代史资料》（第十册），北京：知识产权出版社，2006年版，第109页；杨鹏程、胡忆红编：《湖南辛亥革命史料》（第一册），长沙：湖南人民出版社，2011年版，第68页。

② 周震鳞修、刘宗向纂：《民国宁乡县志》（第二册），长沙：湖南人民出版社，2009年版，第1267页。

③ 周震鳞：《周震鳞自序》，载中国社会科学院近代史研究所近代史资料编辑部编：《近代史资料》（第九十一册），北京：知识产权出版社，2006年版，第253页；周用美、周用宜、周用和编：《周震鳞先生书法选集》，北京：中国社会科学出版社，2010年版，自序，第4页；周用宜主编：《周震鳞墨迹诗文选集》，北京：中国社会科学出版社，2012年版，自序，第5页。关于洪荣圻邀请周震鳞返回长沙的具体论述，可参见庄建平、卞修跃：《周震鳞传》，北京：团结出版社，1995年版，第89页。

④ 阎幼甫：《辛亥湖南光复的片断回忆》，载中国人民政治协商会议湖南省委员会文史资料研究委员会编：《湖南文史资料选辑（修订合编本）》（第一集），长沙：湖南人民出版社，1981年版，第116-117页；林增平、范忠程主编：《湖南近现代史（1840—1949）》，长沙：湖南师范大学出版社，1991年版，第351页；王继平主编：《晚清湖南史》，长沙：湖南人民出版社，2004年版，第368页。

的书信中，更是发出"济世不能，求死不得之语"。①随后，经过立宪派和革命党的紧急磋商，决定拥戴立宪派领袖谭延闿继任湖南都督，以稳住全省的政治局势。

洪荣圻作为早期的同盟会员，积极参与湘省的革命宣传和革命实践，故他在湖南同盟会员中的地位极为崇高。后来，据同盟会北京总部派遣来湘接替洪荣圻工作的仇鳌所言："湖南响应首义比较仓促，同盟会对政治工作的准备不足，干练一些的人当时又都不在湖南。比较有办法的，只有一个原任司法司长的洪春台，隐隐成为湖南同盟会的重心，不幸在这时候死了。湖南方面向北京请示，要求派人回去主持。"②著名史学家张玉法先生亦指出："谭延闿任都督后，湖南的同盟会势力仍然很盛。湖南的同盟会初由司法司长洪春台领导，洪死后，同盟会北京本部派仇鳌回湖南发展党务，筹办国会选举。"③

1912年5月，湖南的同盟会员在湘召开选举大会，公举洪荣圻为同盟会湘支部的支部长。据报道所称：

> 中国同盟会湘省支部，日前开选举大会，莅会者数百人，公推洪荣圻（现充司法司长）为临时主席，报告开会理由及本会发起以来之历史。大旨谓本会夙持民族、民权、民生三大主义，今对于民族、民权，固已收厥效果，而对于民生主义，则发展方始，此后必见诸实行。当由会员举定洪荣圻为支部长，谭延闿、陈强为副长。④

可见，洪荣圻在湘省同盟会员中的重要地位，他在同盟会的地位甚至比湖南都督谭延闿更高。毕竟，洪荣圻担任支部长，而谭延闿则只是担任副支部长。后来，洪荣圻不幸英年早逝，谭延闿才继任为支部长。据报道称："同盟会湘支部部长洪君荣昕病故，……特于十四号召集评议员会议改组方法。由众议决，以前次选举次多数内公推继任，于是推谭都督为支部长，周君震鳞为副

① 周震鳞修、刘宗向纂：《民国宁乡县志》（第二册），长沙：湖南人民出版社，2009年版，第1267页。
② 杨鹏程、胡忆红编：《湖南辛亥革命史料》（第一册），长沙：湖南人民出版社，2011年版，第655页。
③ 张玉法：《民国初年的政党》，长沙：岳麓书社，2004年版，第237-238页。
④ 《同盟会支部选举》，载《时事新报》，1912年5月19日。

部长。"①此间的承继关系，学界极少有人知晓。

民国初年，洪荣圻还被选为统一共和党的"特派交际员"。1912年4月11日，统一共和党正式在南京成立，名义上是除同盟会、共和党外的第三大政党。②事实上，统一共和党"实为中国同盟会之支店"，由蔡锷、王芝祥等人担任总干事，欧阳振声、彭允彝、殷汝骊等人担任常务干事。后来，该党本部由南京移设于北京参议院中，"有议席二十五名，其后并入国民党"③。

总之，洪荣圻自京返湘后，便致力于宣传革命思想和开展革命实践，他作为湖南同盟会中的核心人物，积极参与发起湘路协赞会、卷施社和图强社等革命组织，为湖南辛亥革命的成功奠定了重要基础。

三、稳定大局：湖南革命政权的维护者

宣统三年九月初四日（1911年10月25日），由于立宪派人士提议效仿湖北施行"军民分治"，湖南都督府遂分别设立民政部和军政部。其中，由临时参议院议长谭延闿兼任民政部部长，革命党人阎鸿飞则担任军政部部长。④据亲历者粟戡时称："革命同人，以都督虽定，然政治纷乱，至初四日，乃于都督之下，设军政、民政两部，推谭延闿为民政部部长，民政部下设一院六司。"⑤翌日，湖南都督府本着"司法行政不可与他事混淆"⑥之原则，在前清按察司的旧址上成立司法司。由洪荣圻担任首任司长，刘武担任次长。由

---

① 《同盟会湘支部特别会议》，载《时事新报》，1912年7月26日。

② 陈宁生：《辛亥革命与民初政党政治》，载吴剑杰主编：《辛亥革命研究》，武汉：武汉大学出版社，1991年版，第303-304页。

③ 谢彬：《民国政党史》，上海：学术研究会，1928年版，第39-41页。

④ 阳信生：《地方精英的政治动向与辛亥革命前后湖南政局》，载《湖湘论坛》，2011年第4期。

⑤ 粟戡时，等：《湖南反正追记》，长沙：湖南人民出版社，1981年版，第18页；湖南省文献委员会编：《湖南文献汇编》（第二辑），长沙：湖南省文献委员会，1949年版，第390页；田伏隆主编：《辛亥革命在湖南》，长沙：岳麓书社，2001年版，第476页；杨鹏程、胡忆红编：《湖南辛亥革命史料》（第一册），长沙：湖南人民出版社，2011年版，第456页。

⑥ 湖南省政府秘书处第五科编：《湖南省政治年鉴》（民国二十一年），长沙：湖南省政府秘书处，1932年版，第4页。

此，洪荣圻正式成为名副其实的"省治大吏"①。当然，洪荣圻既是湖南辛亥革命的重要参与者，又拥有出国留学和研习法政的双重背景，担任司法司长可谓实至名归。

在谭延闿控制下的民政部中，主要负责人除洪荣圻之外，其他均为立宪派人士。②曾有学者指出："焦达峰历来以'大同期共进，团结作中坚'为理想，他所领导的军政府，在保持革命派主导地位的前提下，重用了大批立宪派和其他人士。在十二名军政府人员中，革命党四人，即焦达峰、陈作新、阎鸿飞，还有司法司长洪荣圻。"③可见，新成立的湖南都督府由革命党、立宪派和其他人士联合组织而成，且仅有都督焦达峰、副都督陈作新、军政部长阎鸿飞和司法司长洪荣圻等四名革命党人，洪氏在湖南革命党人中的地位可见一斑。

宣统三年九月初十日（1911年10月31日），旧军官梅馨设计先后杀害副都督陈作新和都督焦达峰，立宪派领袖谭延闿随即被推举为湖南都督。尽管立宪派与革命党之间存在着分歧，但因清廷还未被彻底推翻，各省革命仍在继续进行，双方合作的政治基础依然还在。湘军援鄂，这是原来两湖革命党人的预定计划，也是武昌起义后革命形势发展的紧迫需要。谭延闿登上都督宝座之后，为防覆舟之危，他不得不遵循两湖革命党人的援鄂成议，继续派兵驰援战斗在武昌前线的革命军。④此外，为缓解武昌革命党人的压力，谭延闿想方设法促使各省脱离清廷的统治。在他的努力下，广西、福建、甘肃、广东、安徽等省相继宣布独立或起义，初步巩固了共和制度。⑤

就湖南省内的统治而言，作为都督的谭延闿"欲销除焦、陈党人之意见，特剀切示谕：凡焦所委任之人，一概照常办公，即焦身旁名单中之死党，

① 粟戡时，等：《湖南反正追记》，长沙：湖南人民出版社，1981年版，第93页；田伏隆主编：《辛亥革命在湖南》，长沙：岳麓书社，2001年版，第476页；杨鹏程、胡忆红编：《湖南辛亥革命史料》（第一册），长沙：湖南人民出版社，2011年版，第498页。

② 阳信生：《湖南近代绅士阶层研究》，长沙：岳麓书社，2010年版，第273-274页。

③ 刘强伦：《孙武 焦达峰》，北京：团结出版社，2011年版，第217页。

④ 林增平、范忠程主编：《湖南近现代史（1840—1949）》，长沙：湖南师范大学出版社，1991年版，第346页；周秋光编：《林增平辑》，北京：民主与建设出版社，2014年版，第185页。

⑤ 张朋园：《立宪派与辛亥革命》，上海：上海三联书店，2013年版，第123页；夏新华、陈兵：《从立宪派领袖到三主湘政——谭延闿法政人生寻踪》，载刘建武主编：《湘学研究》（第十四辑），北京：社会科学文献出版社，2019年版，第112页。

概不穷其既往"①。因此，除军政部长阎鸿飞被立宪派人士黄鸾鸣替代外，洪荣圻则继续担任司法司长，还增设由革命党人周震鳞担任局长的筹饷局。②洪荣圻是日本法政大学毕业生，司法改革系其所长，谭延闿需要借重其来稳定社会秩序；而周震鳞被任命为筹饷局局长，是出于当时大量扩军迫切需要财政收入的考虑。③有学者指出："坐上都督宝座后的谭延闿，立即改组都督府，组成了以立宪派人士（左学谦、粟戡时等）为主，包括革命党人（如洪荣圻、周震鳞等）和中间派人士（如刘人熙、龙璋等）在内的班底。"④还有学者同样指出："谭延闿主政的军政府，大体承袭了焦、陈时期的政权机构和人员安排，并无很大变化，军政府内仍有相当多的革命党人供职，如洪荣圻任司法司长，周震鳞任新设的筹饷局局长，参谋部长后来也由程潜接任。"⑤由此可见，此时的湖南都督府仍由立宪派与革命党联盟而成。当然，这种联盟是以立宪派为主导的。有学者指出："革命党人完全丧失了军队中的上层领导权，仅在政府机构中占有某些无关大局的部门，如司法司、筹饷局等。"⑥诚如斯言，革命党人确实失去了军事领导权，但若说司法司和筹饷局是"无关大局的部门"，则多少有点不符合事实了。当时，针对周震鳞、洪荣圻等人的革命或改革措施，有人就云："湘省自去岁反正以来，所有各高等机关多为一般强有力者所占据，而其中之最占势力者，则以筹饷总局局长周震鳞、司法司长洪荣圻、参谋部顾问官钱维骥等尤为跋扈。"⑦即便如此，洪荣圻能够在谭延闿政权中继续留职，对湖南革命党人而言，无疑具有重要意义。

其后，谭延闿利用都督的权力与革命派展开合作，在湖南积极推行资产

---

① 郭孝成编：《中国革命纪事本末》，上海：商务印书馆，1912年版，第7页；中国史学会主编：《中国近代史资料丛刊：辛亥革命》（第六册），上海：上海人民出版社、上海书店出版社，2000年版，第140页。

② 刘泱泱：《论焦、陈被杀与谭延闿上台》，载湖北省社会科学联合会编：《辛亥两湖史事新论》，长沙：湖南人民出版社，1988年版，第155-156页。

③ 阳信生：《湖南近代绅士阶层研究》，长沙：岳麓书社，2010年版，第278页。

④ 谭仲池主编：《长沙通史》（近代卷），长沙：湖南教育出版社，2013年版，第810页。

⑤ 霍修勇：《两湖地区辛亥革命新论》，长沙：国防科技大学出版社，2008年版，第280页；王艳玲：《论辛亥革命时期的谭延闿——以第一次督湘期间的活动为中心》，载饶怀民主编：《辛亥人物论集》，兰州：甘肃人民出版社，2001年版，第229页。

⑥ 杨鹏程：《湖南辛亥史论》，北京：中国文史出版社，2007年版，第143页；林增平、范忠程主编：《湖南近现代史（1840—1949）》，长沙：湖南师范大学出版社，1991年版，第352页。

⑦ 《湘省官场现形记》，载《时事新报》，1912年6月30日。

阶级民主政治。当鄂省的革命党人孙武和旅鄂的湖南革命党人对谭延闿处理焦达峰、陈作新的善后事宜表达不满时，洪荣圻、周震鳞、文经纬、阎鸿飞、唐蟒等革命党人对谭延闿给予支持。洪荣圻、周震鳞等回电说：

> 焦、陈二君功绩，湘人洞知，其猝然遇变，实为同人所不及料。前已蒙都督发给恤银，许立铜像，以酬阙功，同人现拟指定地点，趁日兴工，分途筹备。各同志及焦、陈部下，亦咸感谭都督开诚布公、表扬勋德之至意，以前意见靡不化除馨尽。……万乞转告各同志，切勿轻听浮言，自起猜疑，以维秩序，而安英灵，是为至祷。①

洪荣圻、周震鳞等人之所以支持谭延闿，主要是受革命形势之所迫。当时湖北战事吃紧，处在战场后方的湖南不能再有变故。②否则，难保革命成果会前功尽弃。正如有学者所言：“由于推翻清王朝的首要任务尚未完成，革命党人不得不迁就姑息，只求湖南莫扯龙旗归顺清朝，政变后仍有相当一批革命党人如周震鳞、洪荣圻、刘承烈等供职于军政府。”③可以说，湖南局势之稳定，就显得至关重要。当时，尚处在湖北战场前线的黄兴，不仅派程潜、刘揆一等革命党人返回湖南，联络湘省当局，以消除内争，请兵援鄂。④他还在给谭人凤、周震鳞的指示中具体说道：“为了稳定全局，湖南局面不能再乱，如果再乱，湖北将会支持不住，其他各省响应亦恐发生迟疑观望，我们再不能失去这次两湖光复千载一时的机会。既然谭延闿已经被推举为都督，就应权且维

---

① 《湘绅待遇已故都督之满意》，载《申报》，1912年5月7日。

② 黄俊军：《湖南立宪派研究》，长沙：国防科技大学出版社，2009年版，第201-203页；周震鳞：《周震鳞自序》，载中国社会科学院近代史研究所近代史资料编辑部编：《近代史资料》（第九十一册），北京：知识产权出版社，2006年版，第253-254页；阳信生：《地方精英的政治动向与辛亥革命前后湖南政局》，载《湖湘论坛》，2011年第4期。

③ 杨鹏程：《湖南辛亥史论》，北京：中国文史出版社，2007年版，第145页。

④ 程潜：《辛亥革命前后回忆片断》，载中国人民政治协商会议湖南省委员会文史资料研究委员会编：《湖南文史资料选辑（修订合编本）》（第一集），长沙：湖南人民出版社，1981年版，第14页；饶怀民编：《刘揆一集》，武汉：华中师范大学出版社，2011年版，第129页。

持他的威信，共同安定湖南。"①对此，洪荣圻深念时艰，委曲求全，坚持从反清革命的大局出发，有力维护了湖南政局的稳定，有效缓解了湖北前线革命党人的后顾之忧。

洪荣圻还联合周震鳞、谭延闿等人，力劝和声援湘籍革命党人黄钺在甘肃发动起义。据周震鳞所称："当甘陇未光复之初，震鳞与已故湖南司法司长洪君荣圻，知黄君必能因机响应，乃合谭祖庵都督为书，分路派员告之。书未至，而秦州光复之旗帜已光昭于西北矣！"②诚如斯言，1912年3月23日，洪荣圻和周震鳞便致书黄钺，劝说起义，其文曰：

> 项有自甘肃来者，谈我公手握重兵，指挥如意，同志之士莫不欣相告。曰我公平生爱国热心轶出侪类，此番光复祖国千载一时，谅表同情者，乃引领方殷，而捷书迟滞。噫，何故耶？夫时不可失，寇不可长，长寇不祥，失时不知，惟君图之。……伫望我公登高一呼，俾甘肃军民即时反正，则全国之幸福也。岂吾辈一二人之关系哉！临颖匆匆，无任驰系，相时而动，无累后人，惟公毅力实行，毋稍观望。③

事实上，早在1912年3月11日，黄钺便已在秦州发动了起义，并组建起了甘肃临时军政府，革命党人公推黄钺为都督。因甘肃地处西北边陲，交通不便，信息迟滞，黄钺起义的消息并未及时传达至湘省，故才有周震鳞上述所称"书未至，而秦州光复之旗帜已光昭于西北矣"的感叹，但这并不能否认洪荣

---

① 黄兴：《致周震鳞、谭人凤书》，载刘泱泱编：《黄兴集》（第一册），长沙：湖南人民出版社，2008年版，第133页；杨鹏程、胡忆红编：《湖南辛亥革命史料》（第一册），长沙：湖南人民出版社，2011年版，第644页；周用宜主编：《周震鳞墨迹诗文选集》，北京：中国社会科学出版社，2012年版，第242页；金冲及、胡绳武：《辛亥革命史稿：1911年的大起义》（第三卷），上海：上海辞书出版社，2011年版，第984页。

② 周震鳞：《〈陇右光复记〉序》，载张蕊兰主编：《辛亥革命在甘肃》（上册），兰州：甘肃文化出版社，2011年版，第3页；刘绍韬、黄祖同编：《黄钺与秦州起义》，兰州：甘肃人民出版社，1992年版，第25页；周用宜主编：《周震鳞墨迹诗文选集》，北京：中国社会科学出版社，2012年版，第218页。

③ 《洪荣圻、周震鳞等来书》，载刘绍韬、黄祖同编：《黄钺与秦州起义》，兰州：甘肃人民出版社，1992年版，第122-123页；《洪荣圻、周震鳞等〈致黄钺书〉》，载周用宜主编：《周震鳞墨迹诗文选集》，北京：中国社会科学出版社，2012年版，第216页。

圻、谭延闿、周震鳞等人对黄钺起义的支持和声援。

1912年2月3日，谭延闿在致黄钺的电文中就说："公夙怀同志，必有建树，以张吾军，同人皆引企好音，窃以为时不可失也。其所未详，具道腴、春岩书不一，唯深鉴不宣。"[①]此处所言的"道腴"即是周震鳞，而"春岩"则是洪荣圻。周震鳞、洪荣圻、黄钺均为宁乡人，彼此存在交谊。几日后，洪荣圻与谭延闿、周震鳞、袁天锡、钱维骥、洪本枬、袁世铎、杨世杰、彭立群等人，"虑甘肃一隅负固，与陕抗持，非有就甘反正者，无以解陕危而维大局。于是遴委罗韬、廖凯南、江楚枬、黄锡斌等共八人潜行投甘，促钺举义"[②]。

当黄钺在秦州发动起义的消息传至湖南后，洪荣圻、谭延闿、周震鳞、钱维骥等人欢呼雀跃，他们随即致电祝贺黄钺，言称："闻光复功成，具见勇力宏猷，有造民国。从此恢复秩序，建设新业，必能与民咸享幸福，闿等无任欣企。"他们接着向黄钺介绍湖南和全国的政治局势，声称："湘中刻已安谧，南北统一，中央政府亦已完全组成，所望就近联合秦中，共图进行。至满清告退已久，年号自应消灭，想彼升、长二孽，必不敢久抗，不遵民国新元也。"最后，他们还特别提醒黄钺，在革命的关键时期要特别注意用人，其言云："破坏、建设均当慎重用人，方足以镇压人心，而除恶政。"[③]

1912年4月，洪荣圻与谭延闿、周震鳞、钱维骥等人，还联名致电留守在南京的黄兴，请其致电已任临时大总统的袁世凯，对黄钺照加委任。[④]他们在电文中指称："黄钺在秦州组织甘肃军政府，被举为都督，此系延闿等深信其素志革命，同情湘中，反正后互通缄问，遂收结果。……声望无有过于黄

① 《力劝黄钺秦州起义书》，载刘建强：《谭延闿文集·论稿》（上册），湘潭：湘潭大学出版社，2014年版，第59页；刘绍韬、黄祖同编：《黄钺与秦州起义》，兰州：甘肃人民出版社，1992年版，第121页。

② 黄钺：《陇右光复记》，载中国史学会主编：《中国近代史资料丛刊：辛亥革命》（第六册），上海：上海人民出版社、上海书店出版社，2000年版，第58页；黄钺：《反正颠末》，载中国人民政治协商会议甘肃省委员会文史资料研究委员会编：《甘肃文史资料选辑》（第十一辑），兰州：甘肃人民出版社，1981年版，第8页。

③ 《甘新时局谈》，载《申报》，1912年5月25日；《湘都督谭来电》，载张蕊兰主编：《辛亥革命在甘肃》（上册），兰州：甘肃文化出版社，2011年版，第82页。

④ 庄建平、卞修跃：《周震鳞传》，北京：团结出版社，1995年版，第101页；黄祖同：《谭延闿都督事迹拾贝》，载茶陵县政协学习文史委员会编：《茶陵文史》（第十二辑·茶陵籍民国将军录），内部发行，2001年，第35页。

钺者。边陲重地，国防所在，稍有疏虞，即酿成祸端，务恳电达袁总统照加委任。"①由此可见，洪荣圻对革命同志的大力声援与支持。

总之，洪荣圻作为湖南革命政权的重要领导人，在都督焦达峰、副都督陈作新被杀害后，他为稳定大局起见，与谭人凤、周震鳞等革命党人共同维护谭延闿都督的地位，避免湖南再次发生内乱，缓解了湖北前线革命党人的压力。他还与谭延闿、周震鳞等人力劝和支持湘籍革命党人黄钺在甘肃发动反清起义，促推了全国革命形势之发展。

四、筹建司法：近代湖南司法的奠基者

辛亥革命时期的湖南，各派势力暗流涌动，社会局势亦动荡不安，但此时的司法建设却并非乏善可陈。在政治革命之外，湖南的司法改革亦有条不紊地推进。诚如有学者所言："辛亥革命既是一场伟大的政治革命，也是一次深刻的司法变革。"②就湖南的政权建设而言，谭延闿贯彻了资产阶级立法权、行政权和司法权之分立。其中，司法权部分由洪荣圻领导。他主管的司法司下设总务科、民刑科、典狱科、编制科、筹备科与清理词讼处，以具体负责处理全省的司法行政、创建专门的司法机关、构建新式的司法制度等事宜。

洪荣圻担任司法司长后，也就成为都督府中的少数几位革命党领导人。可以说，他在谭延闿政权中发挥着重要作用。对此，有学者评价："在军政府中，同盟会员司法司长洪荣圻、实业司长刘承烈是谭政府改良司法、发展实业的左膀右臂。"③此外，谭延闿在宁乡都总黄石峰的墓志中亦提及："党祸不消，难犹未已。自司法司洪君荣圻物故，届指宁乡人士其肯相助为理者，于君深留意焉，而今已矣。"④这从侧面反映了洪荣圻在民初湖南司法建设中的重要地位。

诚如南京临时政府司法总长伍廷芳所言："中国政治，欲有所进步，须

---

① 《湘都督谭延闿暨同志周震鳞、洪荣圻、钱维骥致留守黄电》，载刘绍韬、黄祖同编：《黄钺与秦州起义》，兰州：甘肃人民出版社，1992年版，第126页；刘建强：《谭延闿文集·论稿》（上册），湘潭：湘潭大学出版社，2014年版，第69页；陈向科：《甘肃临时军政府都督黄钺传》，长沙：岳麓书社，2017年版，第131页。

② 李龙、朱兵强：《论辛亥革命中的司法变革》，载《湖北社会科学》，2011年第9期。

③ 胡绳武、程为坤：《论光复后的湖南政局》，载中南地区辛亥革命史研究会、武昌辛亥革命研究中心编：《辛亥风云与近代中国》，贵阳：贵州人民出版社，1991年版，第118页。

④ 谭延闿：《石峰公墓志》，载黄虎城主修：《湖南宁乡泉塘黄氏九修族谱》，泉源堂，2012年。

先从司法一门入手。"①当湖南政治局势逐渐平稳后，洪荣圻便全心地投入司法事业中，倾力擘画与构建全省的司法组织体系。他先是负责筹组司法司，后来又直接领导创建湖南高等审判厅、高等检察厅和推荐任命各厅的主要负责人。

首先，洪荣圻负责筹组司法司。在百废待兴之际，司法人才无疑是开展司法建设的重要前提。为此，洪荣圻多方延请司法人才，胡曜、朱得森、李润生、李藻璜等人就被招揽至司法司任职。洪荣圻先延请在京师地方审判厅任职的好友胡曜归湘，协助自己开展湖南的司法建设。胡曜（1874—1955年），字良翰，湖南宁乡人，清末廪生，毕业于京师法律学堂，前经洪荣圻介绍加入同盟会，毕业后就在京师地方审判厅任职。胡氏回湘后，洪荣圻相继任命他担任司法司秘书兼科长、湖南高等审判厅推事兼庭长。②洪荣圻再延请江苏高等审判厅推事朱得森来司法司任职。朱得森（1886—1954年），字瑞男，湖南慈利人，亦毕业于京师法律学堂，后担任江宁地方审判厅庭长、江苏高等审判厅推事。朱氏到湘后，负责筹备成立司法机构和起草法制的工作，后又担任湖南高等检察厅检察官，他还在洪荣圻和盛时的介绍下加入同盟会。③洪荣圻还延请李肖聃的族兄李润生佐理司法。李润生曾赴日学习法政，归国后投身湖南的地方自治事业，清末当选为湖南咨议局议员。湖南光复后，他受洪荣圻之请佐

① 伍廷芳：《中华民国图治刍议》，载丁贤俊、喻作凤编：《伍廷芳集》（下册），北京：中华书局，1993年版，第595页。

② 胡曜后来还担任湖南公立法政专门学校教员、广东高等检察厅检察官、贵阳地方审判厅厅长、贵州军法局局长、贵州高等检察厅检察长、贵州高等审判厅厅长、司法部参事、湖南省议会议员、江西省政府民政厅厅长、江西省政府秘书长、上海群治大学校长、湖南省人民政府参事室参事等职。参见黄祖同：《胡曜史料》，载中国人民政治协商会议湖南省宁乡县委员会文史资料研究委员会编：《宁乡文史资料》（第四辑），内部发行，1986年，第50-55页；编写组：《长沙籍辛亥革命人物》，载中国人民政治协商会议长沙市委员会文史资料研究委员会主编：《长沙文史资料》（第十一辑），内部发行，1991年，第46-47页；湖南省参事室编：《湖南省参事传略》（第一册），长沙：湖南人民出版社，2010年版，第29-30页；湖南省宁乡县志编纂委员会编：《宁乡县志》，北京：中国大百科全书出版社，1995年版，第584页；湖南大学校史编委会编：《湖南大学校史（公元976—2000）》，长沙：湖南大学出版社，2003年版，第162页。

③ 朱得森后来还相继担任过广东高等检察厅检察官、北京总检察厅代理检察长、山东高等检察厅检察官、大理院推事、最高法院推事兼庭长、司法院法规研究委员会委员、律师惩戒复审委员会委员、最高法院湘粤分庭庭长、最高法院重庆分庭庭长、湖南人民军政委员会参议等职。参见湖南省参事室编：《湖南省参事传略》（第一册），长沙：湖南人民出版社，2010年版，第152-153页；尚立晰、向延报主编：《张家界市情大辞典》，北京：民族出版社，2001年版，第951页；慈利县志编纂委员会编：《慈利县志》，北京：农业出版社，1990年版，第616-617页。

理司法，不久又被洪荣圻调任为醴陵地方审判厅厅长。[①]洪荣圻还从湖南法政学堂招收到李藻璜等法政毕业生。李藻璜，字尊荪，"毕业湖南法政学堂，入荣圻幕，日与讨论法家言，旋为湖南高等审判厅及检察厅书记官，裁拟多中肯綮，遂以法学名"[②]。胡曜、朱得森等人在民初湖南司法系统的任职经历，为他们后续的法政人生奠定了良好基础。1914年5月3日，经司法总长章宗祥呈请，大总统袁世凯批准将湖南高等审判厅推事胡曜、湖南高等检察厅检察官朱得森，调署为广东高等检察厅检察官。[③]

其次，洪荣圻着手创建各级审判机关和检察机关。其实，早在光绪三十二年（1906年），清廷便仿效欧美国家的司法体制，尝试将司法机关与行政机关相互分离，创设专门的审判机关。然而，直到满清覆灭之际，全国主要在中央设立大理院和在部分省份设立审判厅，还有部分省份的审判机关并未建立起来。就清末湖南而言，各级审判厅的筹建窒碍颇多，进程异常缓慢。因此，学界对清末湖南是否创建起新式审判机关一直存有争议。

据唐乾一所称："湖南司法，在前清时仅设高等审判厅。"[④]我国台湾地区学者张朋园则称："截至清亡，湖南仅有省城的高等审检厅、长沙府的地方审检厅及长沙、善化二县合办的初级审检厅。"[⑤]此外，有湖南官方志书指出："宣统元年（1909年），改按察使司为提法使司，下设民刑、典狱、总务三科，是为省司法独立的起点。又于省城设高等审判厅及检察厅，厅州设地方厅，州县设初级厅，是为省司法制度革新之始。"[⑥]以上观点，虽各有不同，但却都不准确。

事实上，至宣统三年九月初一日（1911年10月22日），当革命势力推翻清廷在湖南的统治之际，本省的审判机关一处也未建立起来。1912年8月，湖南都督谭延闿在致北洋政府司法部的电文中就明确指出："查前法部旧表，

---

① 李肖聃：《李肖聃集》，喻岳衡校点，长沙：岳麓书社，2008年版，第238-239页。

② 周震鳞修、刘宗向纂：《民国宁乡县志》（第二册），长沙：湖南人民出版社，2009年版，第1267页。

③ 《大总统令》，载《司法公报》，1914年第8号。

④ 粟戡时，等：《湖南反正追记》，长沙：湖南人民出版社，1981年版，第94页；杨鹏程、胡忆红编：《湖南辛亥革命史料》（第一册），长沙：湖南人民出版社，2011年版，第500页。

⑤ 张朋园：《湖南现代化的早期进展（1860—1916）》，长沙：岳麓书社，2002年版，第203页。

⑥ 湖南省地方志编纂委员会编：《湖南省志·第一卷·大事记》，长沙：湖南人民出版社，1999年版，第178页；湖南省地方志编纂委员会编：《湖南通鉴》（第二册），长沙：湖南人民出版社，2008年版，第768页。

湖南系设高等审检各一厅，长沙府设地方审检各一厅，长沙、善化两县各设初级审检各一厅，全省共计八厅，均未开办。"①湖南官方志书亦指出："光绪三十二年（1906年），清朝统治者仿效欧美，拟将审判与行政分离，设立专门审判机构，但仅在中央设立全国最高审判机关大理院，各省的各级审判厅未能全部建立。……但湖南因筹设缓慢，审判厅一个也未建立起来。……光绪三十二年至宣统三年，湖南省一个审判厅也未建立起来。"②有学者认为："至1911年10月22日，革命党人发动起义，建立湖南军政府时，湖南各级审判厅尚未建立。"③还有学者同样指出："到宣统三年七月，全国二十二省已有二十一省设立高等审判厅和检察厅。惟湖南一省，并未正式设立高等审判厅和检察厅。"④因此，筹建新式审判机关之任务，便遗留给了新成立的共和政府。

湖南司法司在成立之初，主要任务是负责全省司法机关之筹建工作。于是，洪荣圻在筹组完司法司后，便着手湖南高等审判厅和湖南高等检察厅的筹建工作。他任命胡曜为湖南高等审判厅推事兼庭长、朱得森为湖南高等检察厅检察官，并推荐李藻璜担任湖南高等审判厅书记官。⑤同时，洪荣圻还决定在湖南全省七十余个州县筹设审检机关，"当是时也，国体初更，庶政待理，司法独立，方在萌芽，除省会各级法院均经依法成立外，各县法院尚在计划筹备"⑥。洪荣圻面临的首要难题仍是司法人才之缺乏。为此，他"致力于宣传法律常识"，不辞劳苦地向僚属讲授民法、刑法、诉讼程序等法律知识，以提高他们的法律水平，然后再派遣他们赴各地担任司法官职务。据美国学者周锡瑞（Joseph W. Esherick）所言："司法司长、同盟会在该省的主要忠实份子之一的洪荣圻，精力充沛地试图建立独立的法庭，并选任了各县的司法官

---

① 《湖南省已拟设各级审判检察厅一览表》，载《政府公报》，1912年11月5日。

② 湖南省地方志编纂委员会编：《湖南省志·第六卷·政法志·审判》，长沙：湖南出版社，1995年版，第25-27页。

③ 刘焕峰、郭丽娟：《清末审判厅设置考略》，载《历史档案》，2009年第2期。

④ 周正云、周炜：《湖南近现代法律制度》（第一册），长沙：湖南人民出版社，2012年版，第276页。

⑤ 湖南省革命烈士传编纂委员会编：《三湘英烈传：旧民主主义革命时期》（第二卷），长沙：国防科技大学出版社，2001年版，第195页；湖南省地方志编纂委员会编：《湖南通鉴》（第二册），长沙：湖南人民出版社，2008年版，第817页。

⑥ 葛修键：《民国成立以来湖南司法之概况》，载《大公报十周纪念特刊》，1925年，第122页。

员。"①洪荣圻对于创建基层司法机关的执着，我们能从相关资料中获得直观体认。据称："时司法始独立，选员赴列县，而习法律者赴专门人才，每津津述其所学，以启僚属，终日无倦容，于新政主急进，每讲演持论过激，闻者大哗，亦勿顾。"②另外，据唐乾一所称：

> 洪荣圻为司法司长，议七十余州县同时并建法院，初令各属先立民庭。然法官多新进，无经验，昧于社会情状，往往以听断不明，两造互讧于堂，有即在法庭相殴伤者，其事甚可闵笑。又因缘受贿，颠倒是非，肆无忌惮，法官不法，民且怨矣。③

除此之外，湖南各县的司法人员因缺乏经验，时常受到地方士绅之控制，致使司法丧失应有的独立性和权威性。据周锡瑞所称：

> 在西方，司法独立是为了超出政界官场影响而采取法律裁决设计的，使完善的、公正的审判得以实行。不过，1912年，新的法庭被介绍到湖南时，法官年轻，缺乏经验，又没有足够的权威和社会地位来抵制——即令他们这样希望——上流社会的妄图控制。结果每个县的司法人员都对绅士奉承诌媚，不能维护它的独立。④

由此可见，当时湖南的司法存在着法官"缺乏经验""听断不明""因缘受贿""颠倒是非"和"奉承诌媚"等诸多问题。其实，这是当时全国各地

---

① ［美］周锡瑞：《改良与革命：辛亥革命在两湖》，杨慎之译，南京：江苏人民出版社，2007年版，第307页。

② 周震鳞修、刘宗向纂：《民国宁乡县志》（第二册），长沙：湖南人民出版社，2009年版，第1267页。

③ 粟戡时，等：《湖南反正追记》，长沙：湖南人民出版社，1981年版，第94-95页；田伏隆主编：《辛亥革命在湖南》，长沙：岳麓书社，2001年版，第477页；杨鹏程、胡忆红编：《湖南辛亥革命史料》（第一册），长沙：湖南人民出版社，2011年版，第500页。

④ ［美］周锡瑞：《改良与革命：辛亥革命在两湖》，杨慎之译，南京：江苏人民出版社，2007年版，第311页。

存在的普遍情况。①对于这些司法实践中的问题，洪荣圻颇感懊恼。后来，司法司就此在全省推行法庭巡视制度，以解决上述诸多问题。据报道称："司法司以民国成立，各属司法官署创办伊始，各法官听断勤明、认真筹办者，固不乏人；而援引失实、审理乖方者，亦在所不免。特为整顿裁判起见，拟亲往各法庭巡视，并商请高等审判厅厅长就近调查，徐图改革，以重法权。"②

洪荣圻还指出："司法独立，先进各文明国能行之，若吾国民程度薄弱，非将各种法施行完备，徒假法治国之美名，适滋之乱耳。"③然而，司法独立制度是西方社会发展之产物，而非中国本土社会自发形成。长期以来，中国地方的行政长官有兼理司法之权，行政与司法不分，故他所主张和推行的司法独立，并不为大多数人理解和支持。事实上，这亦是当时整个社会的共同情形。例如，时任司法总长的梁启超就指出："立宪国必以司法独立为第一要件，职此之由，我国之行此制，亦既经年，乃颂声不闻，而怨呼纷起。推原其故，第一由于法规之不适，第二由于法官之乏才。坐此二病，故人民不感司法独立之利，而对于从前陋制，或反觉彼善于此。"④后任司法次长的余绍宋亦称："当时各省新立法院颇多，有数省各县法院亦已成立，用人未尽当，又系初办，弊病自不能免，遂贻旧派人口实，攻击甚烈。"⑤可见，司法改革过程中守旧势力阻碍之大。

正因如此，洪荣圻所强力推行的司法改革，因时人不理解而招致訾议与

---

① 1913年，袁世凯在颁布整顿司法的命令中就指出："今京外法官，其富有学养、忠勤举职者，固不乏人；而昏庸尸位、操守难信者，亦所在多有，往往显拂舆情，玩视民瘼。"热河都统姜桂题会同各省都督、民政长称："溯我国近数年来，效法泰西，各省既设高等审检两厅，更于各属分建地方、初级各厅并审检所，侈谈美备，不惜资财，藉口法权，专工舞弊，甚且审判案件，任意蔑法，数见不鲜。"参见许指严：《民国十周纪事本末》（第三卷），上海：交通图书馆，1922年版，第23-25页。

②《亲巡法庭》，载《湖南司法旬报》，1912年第1卷第3期。

③ 粟戡时，等：《湖南反正追记》，长沙：湖南人民出版社，1981年版，第95页；田伏隆主编：《辛亥革命在湖南》，长沙：岳麓书社，2001年版，第477-478页；杨鹏程、胡忆红编：《湖南辛亥革命史料》（第一册），长沙：湖南人民出版社，2011年版，第500页。

④《政府拟定大政方针宣言书》，载《大公报》，1913年11月28日；《国务员熊希龄等之大政方针宣言书》，载《法政杂志》，1913年第3卷第6号；梁启超：《政府大政方针宣言书》，载《梁启超全集》（第五册），北京：北京出版社，1999年版，第2575页。

⑤ 丁文江、赵丰田编：《梁启超年谱长编》，上海：上海人民出版社，2009年版，第445页。

围攻，他本人甚至落得"跛靥"之名。①然而，事不因难而阻，犹食不因噎而废，洪荣圻依旧顶住舆论压力，继续推进全省的司法改革。可以说，正是在洪荣圻呕心沥血的推动下，近代湖南的司法体系才初具雏形。

最后，洪荣圻主持各项法律的起草工作。为解决湖南司法实践中存在的问题，必先制定完备的法律制度和明确法官的任用标准，前者能够使法官的审判有所依据，后者可以杜绝某些法官滥充职守，这两者均是洪荣圻着力推进的事项。就法律制定而言，民国初立，百废待兴，中央法制未及制定，各省法制亦极为混乱。为使"各种法施行完备"，洪荣圻便开始着手《民法》《刑法》和《诉讼程序》等法律的起草工作。②譬如，洪荣圻当时参照清末沈家本等人制定的《大清新刑律》，起草《湖南现行刑法》，该法共计三百九十条。1912年2月，由湖南都督谭延闿呈请临时大总统孙中山批准。③谭延闿在呈文中指出：

> 民国初建，亡清法律多不适用，《刑法》尤为最著。前嘱司法司人员，依据清法律馆编订未行之《新刑律》，酌加修改，凡不合国体、政体各律，一并删去，并起草时格于顽固党反对未行者，重加采择，都为三百九十条，名曰《湖南现行刑法》。现虽拟定，尚未颁行。以法用统一而论，应俟钧府编订《刑法》，颁布照行。然法院开幕在即，亡清《现行刑律》既不适用，又不能不指示一种法典，使法官有所依据，使人民有所率由。④

① 《湘省官场现形记》，载《时事新报》，1912年6月30日。

② 后来，司法司还将各现行法律通俗化，以使民众周知。据报道称："司法司以中国承数千年专制淫威，一旦改为共和，各人民于新法律多未研究，一遇诉讼，莫不茫然，失所措手。虽司法自有法官，然教导之责，实行政官主之，特拟将各现行新律编成浅近解释，分发各属乡镇，俾众周知。"参见《编改新律》，载《湖南司法旬报》，1912年第1卷第3期。

③ 谭仲池主编：《长沙通史》（近代卷），长沙：湖南教育出版社，2013年版，第815页；胡绳武、程为坤：《论光复后的湖南政局》，载中南地区辛亥革命史研究会、武昌辛亥革命研究中心编：《辛亥风云与近代中国》，贵阳：贵州人民出版社，1991年版，第133页。

④ 《附录》，载《临时政府公报》，1912年2月24日，第21号；《湘都督商用现行刑法》，载《法政杂志》，1912年第10期；周秋光主编：《谭延闿集》（第一册），长沙：湖南人民出版社，2013年版，第327页；刘建强：《谭延闿文集·论稿》（上册），湘潭：湘潭大学出版社，2014年版，第59页。

同时，洪荣圻还主持起草《法官任用暂行章程》，并呈请都督谭延闿颁布施行，以作为全省法官选任之法律依据。该章程规定法官任用的两种情形，即"不经试验"与"经试验"。分别而言，具有下列资格之一者，可不经试验酌量委署为法官：（一）曾以推检分发本省及外省者；（二）曾在国内或外国法律专门学堂及法政学堂三年以上毕业得有文凭或证明书者；（三）在速成法政科毕业得有文凭，曾任州县实缺或署缺确有经验及非州县而在法律或法政学堂充当法律教习三年以上有案可凭者。同时，具有下列资格之一者，经试验及格的，依取录先后委署：（一）曾在外国或国内速成法政班二年以上毕业得有文凭或证明书者；（二）曾在法官养成所毕业得有文凭者；（三）曾充刑幕五年以上确系品端学粹得有司法官或行政官三人以上之印结保送者；（四）曾任州县实缺或署缺及在谳局当差确有经验者。[①]该章程将法官选任摆在重要位置，通过规范法官任用情形，可有效解决司法实践中因法官任用混乱而导致的各种问题。该章程由谭延闿都督颁布后，洪荣圻严格遵照办理。后来，据司法司所发布的公告称：

> 照得法官一职，为人民生命财产所关，非深明法律、富有经验之人，未足胜任而愉快。吾湘反正之始，曾经都督颁布《法官任用暂行章程》，限于中央司法部未举行法官考试以前，俾资遵守。洪前司照办于前，本司遵行于后，数月于兹，尚无流弊。现值省外各属法院开办伊始，需材孔亟，自应照章遴委。[②]

前揭所言之"洪前司"，便是指司法司长洪荣圻，而"本司"则是指继

① 《法官任用暂行章程》，载《湖南政报》，1913年1月13日；周正云、周炜：《湖南近现代法律制度》（第一册），长沙：湖南人民出版社，2012年版，第366-367页。

② 《司法司牌示》，载《湖南政报》，1913年1月13日。

任司法司长的盛时。①应特别提及的是，洪荣圻病逝之后，谭延闿本欲委任贝允昕为司法司长，掌管全省的司法行政事宜。但是，贝允昕却力辞不就，故才由湖南高等审判厅厅长盛时继任司法司长。②从前揭公告可知，湖南所颁布的《法官任用暂行章程》，乃是为选任"深明法律、富有经验之人"而制定，其适用期限为司法部"未举行法官考试以前"。1914年1月，司法部举行首次司法官考试，该章程才停止适用。尤为难得的是，该章程实行数月，"尚无流弊"。

事实上，湖南颁布的《法官任用暂行章程》，不仅完善了本省的法官选任制度，在民国初年的法官选任上亦具有先创性意义。1912年3月26日，临时大总统孙中山虽将法制局拟定的《法官考试委员官职令》与《法官考试令》草案，咨请参议院议决，他指出："司法为独立机关，现在南北统一，所有司法人员，必须应法官考试，合格人员，方能任用。"③但是，因参议院北迁在即，这两部法令均未能公布施行。④故在湖南之前，并未有全国性的法官选任法律出台。

洪荣圻对法律起草工作极为重视，大小事务，他均亲力亲为，由于朝夕筹备，宵旰忧劳，以致积劳成疾，最终卒于任上。他所遗留的"条陈十三

① 盛时（1874—1946），字廉生、莲生，湖南善化人（亦说湘潭人）。早年中秀才，旋补廪生。光绪三十年（1904年），进入日本宏文学院学习。其间，加入由湖南留日学生仇鳌、罗杰、仇亮等在东京组织的新华会。光绪三十一年（1905年），加入同盟会。次年冬，由日归国，适逢萍浏醴起义失败，再次东渡，入日本法政大学学习。宣统二年（1910年），毕业归国，入京授试，存记湖北审判官。辛亥革命后，担任湖南高等审判厅厅长，旋改任湖南都督府司法司长。1912年，担任国民党湖南支部评议员，兼法制副主任。1913年，当选为国会参议院候补参议员，后替补为参议员。长潭公路竣工时，又组建龙骧长途汽车公司。参见湖南省地方志编纂委员会编：《湖南名人志》（第一卷），北京：中国档案出版社，1999年版，第662-663页；湖南省地方志编纂委员会编：《湖南省志·第三十卷·人物志》（上册），长沙：湖南出版社，1992年版，第683-684页；朱有志、郭钦主编：《湖南近现代实业人物传略》，长沙：中南大学出版社，2011年版，第449页；郭汉民主编：《湖南辛亥革命人物传略》，长沙：湖南人民出版社，2011年版，第539页。

② 陈兵：《贝允昕与近代湖南——以法律、教育与报务为考察中心》，载贺培育主编：《湘学研究》（第十五辑），北京：社会科学文献出版社，2020年版，第39页。

③ 《大总统咨参议院请议决法制局拟定〈法官考试委员官职令〉及〈法官考试令〉草案文》，载《临时政府公报》，1912年3月26日，第48号；严昌洪主编：《辛亥革命史事长编》（第九册），武汉：武汉出版社，2011年版，第404页。

④ 房列曙：《中国近现代文官制度》（上册），北京：商务印书馆，2016年版，第129页；秦昊扬：《民国文官考试制度研究（1912—1949）》，北京：国家行政学院出版社，2009年版，第63页。

事，与司法总长梁启超所陈议十条略同。天不永其年，湘人惜之"[1]。在近代湖南司法制度创建初期，洪荣圻所遗留的"条陈十三事"，能够与后来担任司法总长的梁启超之见解略同，实属难能可贵。[2]可以说，洪荣圻的不幸离世，不仅是湖南革命党人的重大损失，更是湖南司法界的重大损失。故而，同侪、僚属和社会各界均为之叹惋，"先后毕业于日本法政大学者有成应琼、钱纪龙，毕业于京师法律学堂者有胡曜、汤子植，皆与荣圻齐名，鼎革后，各展所学，今事功皆未竟，独荣圻握法权不及一期，赍志以逝，时论惜之"[3]。

洪荣圻逝世后，湖南当局给予恤赏，将其安葬于岳麓山，并准入祀大汉烈士祠。据当时的报道称："谭都督以司法司洪君荣圻学识通敏、毅力深宏、提倡革命、备尝辛苦，湘省反正，于军事、行政尤多擘画。不意竟于本月初七溘然长逝，殊堪痛惜，准照上级官阵亡列恤银二千四百元，安葬银一百元，并准安葬岳麓山，入祀大汉烈士祠，以昭功烈，而慰幽魂。"[4]可以说，这是对洪荣圻在湖南从事革命与建设事业的最好肯定。

结 语

洪荣圻作为一名重要的近代湖南法政人物，是湖南留日热潮、辛亥革命与司法改革的重要参与者、领导者。他自清末东赴日本法政大学留学，系统地汲取了西方法政新知，其间还加入了孙中山先生领导的同盟会，为后续的革命实践与法政人生奠立了良好基础。归国之后，他虽然参加了清政府组织的考试，并由此获得法政科举人的功名和七品小京官的官职。但是，他不久便断然辞官返湘，积极投身革命宣传和革命实践，参与发起湘路协赞会、卷施社和图强社等组织，促推了湖南辛亥革命的成功。当副都督陈作新、都督焦达峰先后

---

① 粟戡时，等：《湖南反正追记》，长沙：湖南人民出版社，1981年版，第93-95页；田伏隆主编：《辛亥革命在湖南》，长沙：岳麓书社，2001年版，第478页；杨鹏程、胡忆红编：《湖南辛亥革命史料》（第一册），长沙：湖南人民出版社，2011年版，第500页。

② 梁启超所陈议十条，是指他呈给大总统袁世凯的"司法计划十端"。参见《梁前司法总长呈大总统司法计划十端留备采择文》，载《司法公报》，1914年第8号；梁启超：《呈请改良司法文》，载《梁启超全集》（第五册），北京：北京出版社，1999年版，第2653-2656页。

③ 周震鳞修、刘宗向纂：《民国宁乡县志》（第二册），长沙：湖南人民出版社，2009年版，第1267页。

④ 《司法司死后之恤赏》，载《神州日报》，1912年7月17日。

遇害后，他与其他革命党人坚定维护谭延闿都督的地位，稳定了湘省政局，并为黄钺在甘肃发动起义提供了声援和支持。湖南光复后，洪荣圻担任湖南都督府司法司长，由此一展平生所学，他首先负责筹组司法司，后又领导创建湖南的各级审判和检察机关，还主持各项法律的起草工作，为近代湖南的司法和法制事业作出了突出贡献。

第四章 职领法权与赓续文脉

——陈长簇的司法贡献和文化功绩

陈长簇（1876—1960年），字右钧，号秀松、侨庵，晚年号讷翁，笔名东山行者，湖南平江人。他长期耕耘于司法界，曾在湖北、湖南、安徽等省担任司法长官，和同籍司法界翘楚李芨、酆更有"平江法曹三杰"之美誉。[1]陈长簇虽自幼丧父，但他勤奋好学，博览群书，尤好"刑名之学"。后来，他又负笈省垣城南书院，以谋求科举功名。然而，他不精举业，屡试不第，故一度选择在家中开设学馆，讲述"经史"和"策论"。中日甲午战争后，清廷国势倾颓。尤其是维新变法失败后，列强更是虎视鹰瞵。清廷鉴于统治形势之严峻，故不得不施行新政改革，大力培养法政人才。其间，富有忧患意识和担当精神的湖南人，在经过甲午战败与维新夭折的双重打击后，欲迈出国门寻求救国之道与强国之方。在此背景之下，大批湖湘志士纷纷选择东渡日本留学，湖南成为当时出国留学人数最多的省份之一。在留日学生中，随处可见湘人之身影，随时可闻湘人之言论。

光绪三十一年（1905年）九月，陈长簇亦与同籍好友酆更、李积芳等加入了留学日本的热潮中。[2]据李积芳之子李锐所言："1952年初，六如伯回

---

[1] 李芨（1878—1958年），字苇棠，湖南平江人，相继担任过湖南都督府军法处处长、长沙地方审判厅厅长、湖南高等审判厅厅长、广东高等检察厅检察长、国民政府最高法院庭长和院长、中央公务员惩戒委员会委员长等职。酆更，生卒不详，字子迪，湖南平江人，毕业于日本早稻田大学法科，归国后被清政府授予"法政科举人"的功名和"七品小京官"的官职，随即被分配至外务部，后任湖北高等审判厅民庭长、国民政府最高法院推事，著有《厉期室诗文集》。

[2] 李积芳（1882—1922年），湖南平江人，毕业于日本早稻田大学，与宋教仁是同学，归国后被清政府授予"法政科举人"的功名，清末担任湖南法政学堂教员，辛亥革命后担任湖南法制局参事，旋即参与组建湖湘法政专门学校，并兼任湖南公立法政专门学校教员，1913年当选为国会众议院议员。

119

到阔别二十五年的家乡。……陪客有两位平江人：长沙市委书记曹瑛和民政厅厅长陈再励，他们都是六如伯的老战友；还有一位同乡旧友陈长簇，是父亲的留日同学，旧时多年任湖南高等法院院长，支持程潜起义的。"①但是，陈长簇作为自费留日生，囿于"非官费生禁止学军事"之规定，遂进入日本宏文学院普通科，一年半后完成学业。嗣后，他又进入日本法政大学法政速成科和专法科。②攻读三年之后，进入该校研究科学习一年半，直至完成学业。③据称："那时在日本留学每年需要三四百元的费用，因家中收入有限不能如数接济，他靠替人译书取得稿费才得勉强维持生活。因对前清司法的黑暗紊乱有深刻认识，有志于学好法律，乃潜心钻研法学六年，直至研究科毕业。"④

陈长簇在日留学长达六载，这相对于当时大多数留日学生出国接受"速成教育"而言，他绝对是一个异类，亦绝非一般的泛泛之辈所能比拟。他在留日期间，虽结识孙中山、黄兴等人，交往多为同盟会员，但他自审才非通变，不足以宏济于艰难，故始终未加入同盟会。梁启超在东京创立政闻社，邀之参加，亦辞不就。⑤此后，在漫长的司法生涯中，他始终未加入任何党派与政社，毕生恪守着司法独立之原则。归国以后，他在司法界相继担任推事、庭长、厅长、院长等职，历任湖南、湖北、安徽等省司法长官三十余年，终成一代"法界泰斗"。⑥

---

① 李锐：《忆六如老伯》，载《人物》1986年第2期；李锐：《怀念廿篇》，北京：生活·读书·新知三联书店，1987年版，第286页；凌辉：《李六如》，北京：海潮出版社，1990年版，代序，第11-12页；凌辉、栗树林、金良超：《李六如与六十年的变迁》，北京：中国检察出版社，2006年版，代序，第10页。

② 陈长簇在法政速成科第五班"政治部"学习，该班学生自光绪三十二年八月二十日（1906年10月12日）开学，至光绪三十四年三月二十六日（1908年4月26日）毕业。

③ 刘真主编：《留学教育：中国留学教育史料》（第一册），台北："国立"编译馆，1980年版，第533页；程燎原：《清末法政人的世界》，北京：法律出版社，2003年版，第367页。

④ 湖南省参事室编：《湖南省参事传略》（第二册），长沙：湖南人民出版社，2010年版，第545页。

⑤ 黄曾甫：《记湖南司法界老前辈陈长簇》，载中国人民政治协商会议长沙市北区委员会文史资料研究委员会编：《长沙市北区文史资料》（第四辑），内部发行，1989年，第72页。

⑥ 陈长簇除被誉为"法界泰斗"外，还被尊称为"法曹泰斗""法曹领袖""法界斗山""法界耆英""法界名流""法界名家"。参见陈长簇辑录：《陈母姚太夫人荣哀录》，湖南图书馆藏，民国抄本。

一、湘省任职：先后深耕于湖南司法界十余年

光绪三十二年（1906年），清廷仿效欧美，拟将审判与行政相互分离，创设专门的审判机关。然而，终清之际，全国主要在中央设立了大理院和在部分省份设立了审判厅，还有部分省份的审判机关未能建立起来。就湘省而言，筹建各级审判厅之进程极为缓慢。后来，据唐乾一所称："湖南司法，在前清时仅设高等审判厅。"[①]我国台湾地区学者张朋园指出："截至清亡，湖南仅有省城的高等审检厅、长沙府的地方审检厅及长沙、善化二县合办的初级审检厅。"[②]有的湖南地方志则称："宣统元年（1909年），改按察使司为提法使司，下设民刑、典狱、总务三科，是为省司法独立的起点。又于省城设高等审判厅及检察厅，厅州设地方厅，州县设初级厅，是为省司法制度革新之始。"[③]以上观点虽然各不相同，但均不准确。

至宣统三年九月初一日（1911年10月22日），当革命势力推翻清廷在湖南的统治之际，全省的各级审判厅一个也未建立起来。1912年8月，湖南都督谭延闿在致北洋政府司法部的电文中就指出："查前法部旧表，湖南系设高等审检各一厅，长沙府设地方审检各一厅，长沙、善化两县各设初级审检各一厅，全省共计八厅，均未开办。"[④]有的湖南地方志亦称："光绪三十二年（1906年），清朝统治者仿效欧美，拟将审判与行政分离，设立专门审判机构，但仅在中央设立全国最高审判机关大理院，各省的各级审判厅未能全部建立。……但湖南因筹设缓慢，审判厅一个也未建立起来。……光绪三十二年

---

① 粟戡时，等：《湖南反正追记》，长沙：湖南人民出版社，1981年版，第94页；杨鹏程、胡忆红编：《湖南辛亥革命史料》（第一册），长沙：湖南人民出版社，2011年版，第500页。

② 张朋园：《湖南现代化的早期进展（1860—1916）》，长沙：岳麓书社，2002年版，第203页。吴青山博士亦指出："截至清亡，湖南仅有省城的高等审判厅，长沙府的地方审检厅及长沙、善化二县合办的初级审检厅，离预定的目标相距甚远。"但令人困惑的是，他又矛盾地指出："从宣统二年（1910）秋，湖南开始在省城长沙筹设各级检察厅，后经多次延展，一直到1911年辛亥革命爆发清王朝覆灭时止，仍停留在筹办阶段，没有完全建成。"参见吴青山：《近代湖南检察制度历史变迁及其运作实践研究》，湘潭大学博士论文，2017年，第44页、第47页。

③ 湖南省地方志编纂委员会编：《湖南省志·第一卷·大事记》，长沙：湖南人民出版社，1999年版，第178页；湖南省地方志编纂委员会编：《湖南通鉴》（第二册），长沙：湖南人民出版社，2008年版，第768页。

④ 《湖南省已拟设各级审判检察厅一览表》，载《政府公报》，1912年11月5日。

至宣统三年，湖南省一个审判厅也未建立起来。"①霍修勇指出："1906年清政府命令各省设立高等审判厅。但湖南仅仅做了初步的准备工作，没有成立正式的组织机构。"②刘焕峰和郭丽娟认为："至1911年10月22日革命党人发动起义，建立湖南军政府时，湖南各级审判厅尚未建立。"③周正云和周炜同样指出："到宣统三年七月，全国二十二省已有二十一省设立高等审判厅和检察厅。惟湖南一省，并未正式设立高等审判厅和检察厅。"④民国学者葛修键指出："有清时代，国权未分，惟行政具有至高无上之权力。降逮末叶，始浸假而有三权分立之筹备，京都暨各省省会及各大埠，均以次成立各级法院，设官分职，锐意进行。湖南亦废旧协署为审检厅，鸠工庀建。民国元年，厅署落成。"⑤故而，截至清廷在湖南的统治势力被推翻时，省城各级审判厅并未正式成立，全省的各级审判厅一个也未曾建立起来。因此，筹建新式审判机关之任务，遗留给了新成立的共和政府。

在辛亥革命爆发前夕，陈长簇便已经完成学业，并由日本回湘。湖南光复之后，拥有出国留学和研习法政双重背景的陈长簇，临危受命，与湘乡籍陈尔锡⑥、湘阴籍许逢时⑦等法政人士，开始负责湖南的高等、地方审判厅之筹建工作。至1912年4月，他们在省城建立起湖南高等审判厅与长沙地方审判厅，此乃湖南有两级审判机关之肇始。起初，陈长簇担任长沙地方审判厅庭长，不久即升任厅长。1913年6月13日，经司法总长许世英之呈请，临时大总

---

① 湖南省地方志编纂委员会编：《湖南省志·第六卷·政法志·审判》，长沙：湖南出版社，1995年版，第25-27页。

② 霍修勇：《清末民初湖南省政权机构设置的递嬗》，载《湖南行政学院学报》，2007年第6期。

③ 刘焕峰、郭丽娟：《清末审判厅设置考略》，载《历史档案》，2009年第2期。

④ 周正云、周炜：《湖南近现代法律制度》（第一册），长沙：湖南人民出版社，2012年版，第276页。

⑤ 葛修键：《民国成立以来湖南司法之概况》，载《大公报十周纪念特刊》，1925年，第121-122页。

⑥ 陈尔锡（1878—1936），字杰褰，号壬林，湖南湘乡人。宣统二年（1910年），毕业于日本帝国大学法律系。1912年，任湖南都督府司法司次长。1913年，任湖南高等审判厅厅长。同年9月，东赴日本考察司法。1914年，由日归国，任大理院推事。1927年，任大理院民庭长。参见湖南省地方志编纂委员会编：《湖南名人志》（第一卷），北京：中国档案出版社，1999年版，第689页。

⑦ 许逢时（？—1923），字翅生，湖南湘阴人。1914年，担任湖南高等检察厅检察长。1921年至1923年，担任福建政务厅厅长。参见陈玉堂：《中国近现代人物名号大辞典》（全编增订本），杭州：浙江古籍出版社，2005年版，第319页。

统袁世凯颁发任免令，任命陈长簇署理湖南高等审判厅推事。①不久，陈长簇便升任湖南高等审判厅刑庭长。自1914年始，陈长簇又从湖南调往湖北、北京等地。

1927年，国民革命大兴，北伐军势如破竹。不久，武汉国民政府召开司法会议，决定实施司法改革。于是，通令各省将"审判厅"改称为"法院"，并在省城设立"控诉法院"。②1927年2月，湘省当局遵令将湖南高等审判厅改称为湖南控诉法院。不久，南京国民政府统一全国。同年12月，湘省当局又遵照南京国民政府之命令，解散湖南控诉法院，成立湖南高等法院。1928年1月，由李宗仁、白崇禧所统领的南京国民政府"西征军"进入湖南，唐生智部向湘西和湘南败退。1月26日，西征军在长沙组织湘鄂临时政务委员会，以代行战时政务，由程潜担任主席。③2月18日，该委员会正式委任陈长簇担任湖南高等法院院长。当时的报道称：

> 西征军既忙于征战，一面又须从事建设，现在省政府已组织就绪，昨又继续委任大批机关负责人员，如高等法院院长陈长簇、电政监督刘汴之、市政筹备处长郭之奇、惩共法庭庭长左国雍、省金库主任方荣绍、内地税局局长易堂龄、禁烟总局局长张振武是也，省垣各机关既均有专人负责。④

1928年3月16日，兼代司法部长的蔡元培呈请简任陈长簇署理湖南高等法院院长。3月19日，南京国民政府正式任命陈长簇担任湖南高等法院院长。⑤

---

① 《临时大总统令》，载《政府公报》，1913年6月14日；《命令》，载《时事新报》，1913年6月17日。

② 《新司法制度》，载《国闻周报》，1927年第4卷第9期；湖北政法史志编纂委员会编：《武汉国共联合政府法制文献选编》，北京：农村读物出版社，1987年版，第521-523页；李光灿、宁汉林主编：《中国刑法通史》（第八分册），沈阳：辽宁大学出版社，1987年版，第220-221页；朱勇主编：《中国法制通史》（第九卷），北京：法律出版社，1999年版，第601页。

③ 湖南省档案馆：《"西征军"入湘与湖南政局》，载《湖南档案》，1996年第2期；湖南省地方志编纂委员会编：《湖南省志·第四卷·政务志·政府》，长沙：湖南出版社，1993年版，第145页。

④ 《征湘军捷报频传》，载《时事新报》，1928年2月19日。

⑤ 《国府会议记（四十七次）》，载《新闻报》，1928年3月17日；《国府四十七次会议》，载《民国日报》，1928年3月17日；《中华民国国民政府令》，载《国民政府公报》，1928年第42期。

由此，陈长簇开始掌管湖南高等法院及全省的司法行政事务。①

监狱是司法的重要组成部分，亦是司法改革的重要内容。清末，全国各县旧有监所向极腐败，不足以达到管教兼施，俾人犯改过自新之目的。民国初期，大总统袁世凯便发布命令："凡属省会宜有一完备之新监，以为全省模范，增设必要科目，俾在监人犯全体作工。其各县旧监狱，亦应通饬酌量财力，使之分途渐进，适于卫生。"②至南京国民政府时期，司法院为促狱政之改进，一面斟酌各省财力，督建新监；一面将附近各县旧监，次第修建，改为新监之分监。③

就湖南而言，早在清末法制改革之际，便已开始旧式监狱的改造和新式监狱的筹建工作。宣统二年八月二十六日（1910年9月29日），湖南巡抚杨文鼎指出："又模范监狱购地、建筑费已拨定六万两外，所短尚有二十三、四万之多，均无的款可指。虽饬藩司极力筹划，而财力困难，迄无端绪。"正所谓万事以财为母，必须取用有资，方能刻期集事。因此，"至模范监狱一项，计划虽定，款项尤难，只可俟各厅尽力办成后，赓续筹办，次第观成"。④可见，因司法经费之所限，清末湖南新式监狱之创建，不得不待省城各级审判厅成立后再行筹办。当时的报道称：

> 湘省模范监狱，曾因经费无着，俟省城各级审判厅成立，再行筹办。现值厅工将竣，不日开庭。此项监狱，亟应提前办理。惟基址必须宽大，方敷展布，一时无此相当地址。兹经法使勘定北关外，距城数里之碑园地方官地一所，四围面积三千余方丈，以之改修监狱，尚属相宜。惟该地早经不肖官吏私赁民间，建造屋宇，相沿已久，民间辗转变卖，有已数易其主，并不知为官地者，一旦清查，驱逐民房，收回拨建，恐又不易于着手也。⑤

---

① 《各省高等法院院长办事权限暂行条例》，载《国民政府公报》，1927年第12期。

② 《核准筹建省城新监各节批》，载《司法公报》，1915年第44期。

③ 行政院编：《国民政府年鉴》（第三编），重庆：行政院，1943年版，第10页。

④ 《又奏各级审判检察厅俟工竣再行开庭并筹款等片》，载《政治官报》，宣统二年九月初一日（1910年10月3日）。

⑤ 《湖南司法界近事》，载《法政杂志》，1911年第8期；《湘省司法种种》，载《神州日报》，辛亥年闰六月初三日（1911年7月28日）。

湖南光复后，仍继续开展新式监狱的筹建工作。当时，湖南都督谭延闿特地派典狱官林绍敏前往司法部调查监狱改良事宜，以为湘省筹建新监提供参照。据谭氏所言："湖南现正筹备监狱改良，拟建筑模范监狱，一切布置、设备、规则，均待考察，以为标准。中央为四方所矜式久已，改良监狱，非派专员前来调查，无以为湘省进行之助。"①另司法部统计局声称："湖南之长沙新监，业于四年四月间，由该省高等检察厅详拟售去长沙旧监及狱田、看守所余地等项，计可得价八万余元，以为建筑基本，由部咨准财政部，并饬令进行在案。"②这反映出民初湖南当局在筹建新监方面的某些努力。

但是，湖南新监之筹建，时建时辍，边建边毁，故始终未能建成。③1915年7月28日，司法部就指出："河南、福建、安徽、湖南、黑龙江、甘肃、新疆、热河、绥远、察哈尔等处，对于建设新监一事，或曾经筹议，尚待兴修；或仍率旧观，未遑新制。"④在此背景下，司法部责成湖南赶速筹办，但实际上并无结果。以致后人感叹："在湖南，什么事都得风气之先，只有这改良狱政，却偏偏落人之后。"⑤其中缘由，除地方政局频繁变动以外，还有便是司法经费之异常拮据。譬如，司法院院长王宠惠就指出："民国以来，扩充法院，建筑监狱，当局者未尝无宏大之计划。顾枝枝节节，终不能照预定程序切实进行者，则以经费限之也。"⑥这是各省普遍存在的问题，湖南也自不例外。湖南司法当局声称："伏查湘省新监，在前司法司任内时，固已筹设及

---

① 《都督咨司法部派林绍敏调查改良监狱由》，载《湖南政报》，1912年11月26日。

② 《统计局编行政统计汇报·司法类（续第三百七十二号）》，载《政府公报》，1917年1月23日。

③ 当时的社会调查称："民国成立以来，虽有创建湖南第一监狱之筹备，在长沙市北门外李家大垅地方，从事工作。但因天灾政变，款绌停工，复经军队、灾民先后入驻，非特全功未竟，并已完成之少数部分，亦破坏而不堪适用。"参见中国国民党湖南省执行委员会民众运动指导科编：《湖南全省社会调查》（上编），长沙：中国国民党湖南省执行委员会，1934年版，第148页。

④ 《奉令建设新监扩充作业饬》，载《司法公报》，1915年第38期；《核准筹建省城新监各节批》，载《司法公报》，1915年第44期；赵琛：《监狱学》，上海：上海法学编译社，1931年版，第106-107页；何勤华、姚建龙编：《赵琛法学论著选》，北京：中国政法大学出版社，2006年版，第395页；高艳：《清末民初罪犯作业研究》，北京：中国社会科学出版社，2008年版，第120页；薛梅卿、林乐鸣、楚天舒，等辑：《清末民初监狱法制辑录》，北京：中国政法大学出版社，2017年版，第399页。

⑤ 《湖南模范监狱巡礼》，载《大公报》，1936年7月24日。

⑥ 王宠惠：《今后司法改良之方针》，载《最高法院公报》，1929年第3期；又载《法律评论》，1929年第6卷第21号；张仁善编：《王宠惠法学文集》，北京：法律出版社，2008年版，第288页。

之。惟以工程过大，经费浩繁，初则局于财力，未及兴修，继复困于道谋，遂致中止。"①此外，在20世纪20年代中期，葛修键亦专门提及民国之后湖南新式监狱的筹建情况，他将湖南未能建成新监归咎于司法当局，其言曰：

> 湖南监狱，虽至今犹未改良，遑论各县，此则不能不归咎于历年司法当局。据闻盛君时在司法筹备处长任时，曾筹有现金十余万，预备建筑新监，厥后辗转移交，至民二独立后，此款乃不复有着落。近十年来，省会即设有建筑监狱工程处，靡款不资。时至今日，该工程处依然存在，而新监则犹是空中楼阁。官场作事，往往如是，言之能不痛心？②

与之相反，后来《大公报》在报道中称，湖南狱政未能有效改良，不能归咎于司法当局，而应归咎于天灾人祸。该报指出：

> 湖南狱政之未能及早改良，不能归咎于司法当局的办事不力，只可归咎于天灾、人祸的交迫相乘。原来湖南新监之筹备，已远在二十年前，民国元年，便在省垣北门外鹿洞里购地百余亩。民五开始建筑，无如工未及半，即遭政变，这种建设工作，不得不停顿起来，以后历年人祸、天灾相继，谁复汲汲于这种未竟的事业呢？因而这模范监狱建好了的一部分房屋，遂为军队、难民的栖身之所了。民十七年，高等法院院长陈长簇才又旧事重提。③

直到1934年3月付印的《湖南全省社会调查》，还以湖南无新监为狱政上的一大缺点，其言称：

> 湘省监狱，皆仍前清之旧，沿用既久，窳败日增，加以兵燹频仍，如平江、茶陵、郴、郦等县，均被匪毁，荡然无存，并此因陋就

---

① 《核准筹建省城新监各节批》，载《司法公报》，1915年第44期。
② 葛修键：《民国成立以来湖南司法之概况》，载《大公报十周纪念特刊》，1925年，第123页。
③ 《湖南模范监狱巡礼》，载《大公报》，1936年7月24日。

简之旧观,一时亦难恢复。长沙虽系首善之区,亦复沿用前清臬司旧监,窳败情形,几与省外各监不相上下。全省无一新监,实为狱政上之一大缺点。①

不过,在陈长簇上任后,上述情形逐渐得到改观。陈长簇积极着手湖南的监狱改良工作,他计划在长沙筹建新式监狱,以延续清末民初未竟的司法事业。

1931年冬,他便开始招工投标,重新修建湖南第一监狱,所需工程费三十万零六千五百三十二元一角,除将长沙旧监及分监地皮变卖十万元,以及由湖南省政府补助二万元外,其余所差之款数,均就湖南高等法院历年征存法收项下,呈奉司法行政部核准拨用。开标立约后,因旧监内原有之部分房屋被来自平江和浏阳等处的难民占据,一时无处迁移,故推迟至1932年3月才正式开始动工修建。②由于省政府不能按时拨给修建新监之经费,遂使修建工作几经停顿。为此,陈长簇多次与省政府交涉经费事宜,方使所欠经费陆续拨发到位。

1933年底,在陈长簇的大力推动下,湖南第一监狱之建筑,终于在长沙北门外落成,可容纳八百名犯人,该监级别属于"甲种"。③据后来担任湖南高等法院院长的徐声金所言:

　　湘省向无新监,前经筹划修建第一监狱,已经绘具图说呈部核准,正拟开始修建。惟因经费不能按时发给,致历年征存之法收,已借垫无多。经迭与省政府交涉,陆续拨还旧欠。至二十二

① 中国国民党湖南省执行委员会民众运动指导科编:《湖南全省社会调查》(上编),长沙:中国国民党湖南省执行委员会,1934年版,第148页。

② 中国国民党湖南省执行委员会民众运动指导科编:《湖南全省社会调查》(上编),长沙:中国国民党湖南省执行委员会,1934年版,第148页。

③ 孙雄:《监狱学》,上海:商务印书馆,1936年版,第79页;孙雄:《狱务大全》,上海:商务印书馆,1935年版,第996页。民国初年,该监筹建时原拟定之容额为六百名。参见《统计局编行政统计汇报·司法类(续第三百七十四号)》,载《政府公报》,1917年1月26日。至于各省所建新式监狱之名称,则以其成立之先后,分别冠以第一、第二等字样。参见居正:《十年来的中国司法界》,载中国文化建设协会编:《十年来的中国》(上册),上海:商务印书馆,1937年版,第82页。

年度终，始告落成。即于二十三年七月一日成立第一监狱，共费洋三十四万余元，又由省府拨发开办费三万元，故设备较为完备。①

1934年7月1日，湖南第一监狱正式宣告成立。此后，省内各地旧监中刑期较长之犯人，被提解至该监狱执行。②在组织构造方面，该监狱设有"三科两所"。第一科掌科政与会计，第二科掌戒备与保护，第三科掌作业与庶务；两所则一为教务，一为医务。该监狱致力于改造已决犯人，教授监犯习艺作业，使他们在出狱后能有一技得以营生。其中，第三科所管的作业，计有缝纫、印铸、鞋工、藤木、染织、洗濯、农作等七科。当时，该监狱有隔离式监房附设工厂共十七处，核选劳作之监犯占全监人数的四分之三以上（六百余名）。③

湖南第一监狱作为湘省的模范监狱，除有关押犯人的监房和作业的工厂外，还有办公室、教诲室、陈列室、接见室、膳室、炊场、浴室、库房、行刑场、监视台等设施，其监所设施与整体规模仅次于上海模范监狱，故颇为中外人士所赞誉。例如，时论如是评价："于全国虽较落后，于湘省实为先声""开湘省新监狱之新纪元"。④1936年4月，时任司法院院长的居正来湘视察后，亦给出中肯评价："湘省司法大致不差，模范监狱之建筑及设备尚好。"⑤湖南省政府主席何键在新生活运动促进会上演说："我希望湖南

---

① 《各省司法概况报告（续）》，载《中华法学杂志》，1935年第6卷第11-12号；司法院秘书处编：《各省司法概况报告汇编》，上海图书馆藏，1935年，第55页。

② 据称，该监可容囚犯一千零一十名，湖南判决的罪犯人数比任何省份都要少，全省才二千余人，所以该监只收有囚犯七百名左右，远方的县份，刑期不及三年的罪犯，是不送来的。参见《湖南模范监狱巡礼（续）》，载《大公报》，1936年7月25日。

③ 1936年7月，《大公报》之报道则不同，其言曰："综计全监建筑，共有监房三百六十八间。内男犯成年五人杂居房一百一十二间，独居房一百六十间；幼年犯五人杂居房十二间，独居房七间；女犯五人杂居房二十二间，独居房十五间；病监五人杂居房十三间，三人杂居房三间；隔离病室二十四间。工场方面，男犯杂居监东工场六所，独居监东、南工场各三所；幼年监、女监工场各三所，共十六所，约可容服役人犯七百余名。"参见《湖南模范监狱巡礼》，载《大公报》，1936年7月24日。

④ 湖南省地方志编纂委员会编：《湖南省志·第六卷·政法志·司法行政》，长沙：湖南出版社，1997年版，第451页。

⑤ 《居正赴萍乡视察》，载《时事新报》，1936年4月6日；《居正昨由湘赴萍乡视察》，载《天津益世报》，1936年4月6日。

三千万人民都能够效法湖南第一监狱的囚犯！他们的一切行动无不纪律化，他们一面工作，更一面求学，整齐、清洁、简单、朴素，他们才是真正的实行者。"[1]1934年，南京国民政府颁布《监狱工厂管理法》，当时湘省仅有湖南第一监狱具备条件施行该法。当时在南京举办的第一届监狱出品展览会上，湖南第一监狱生产的产品就荣列"甲等"，获司法行政部"传令嘉奖"和实业部颁发的"奖凭"三种。[2]

　　除修建新式监狱外，陈长簇还在改善旧监、考试狱员、派员视察等方面积极推进全省的狱政改良工作。事实上，湘省各县监狱向来落后。据1932年的报告称："各县监狱，多系旧制，广狭不一，羁押人犯，以未决者为最多。甚至有拖延数月，或一、二年犹未提讯判决者。以致超过容额，拥挤不堪，大有人满之患。"[3]故而，亟有改革之必要。

　　首先，在改善旧监方面。1930年，在陈长簇的督促下，湖南各县旧监业经修建者，就有浏阳、岳阳、衡阳、湘潭、益阳、湘乡、安仁、耒阳、平江等数个县份。[4]其次，在考试狱员方面。陈长簇不仅拟定了《管狱员考试暂行章程》，还于1929年举行了管狱员考试，以成绩来定去留。最后，在派员视察方面。陈长簇每年派员分途出发，视察全省各监狱关于给养、卫生、教诲、作业诸端是否积极办理及有无虐待或敷衍情形，并就视察报告实行奖励，或分别予以惩戒及刑事处分，行之年余，颇收实效。[5]由于陈长簇的积极推动，湖南各县旧监之改良成效较为显著，故而受到司法院的表扬和嘉奖。司法院在报告中指出："复以改良各县旧监所，有赖于地方人士之协助，曾制定《县监所协进委员会暂行章程》，公布施行。各县遵章组织成立者甚多，其成绩较优者，则

<hr>

①《湖南模范监狱巡礼》，载《大公报》，1936年7月24日。

②湖南省地方志编纂委员会编：《湖南省志·第六卷·政法志·司法行政》，长沙：湖南出版社，1997年版，第472-473页。

③湖南省政府秘书处编：《湖南年鉴》（民国二十二年），湖南图书馆藏，1934年，第282页。

④监狱有新型（新监）和旧型（旧监）之分，各县未经改建之监多为旧监。旧监多简陋不堪，犯人拥挤一房，空气不畅，饮食不足，卫生极差。新监则能保证饮食，并能洗澡、剃头、学文化、受教诲、学技术，遇有疾病还能接受治疗。参见常增益：《旧中国的监所》，载中国人民政治协商会议全国委员会文史资料委员会编：《文史资料存稿选编（政府·政党）》，北京：中国文史出版社，2002年版，第483-484页。

⑤中国国民党中央执行委员会统计处编：《各省市各项革新与建设·第五集·湖南省》，上海图书馆藏，1930年，第25页。

为山东、江苏、浙江、福建、湖南等省，或捐款修建监所，或认真剔除积弊，均予分别嘉奖，以资鼓励。"①

应指出的是，尽管陈长簇积极推进湖南的监狱改良工作，但全省的狱政情况仍不容乐观。1934年，时任江苏高等法院第二分院院长的沈家彝，曾随同司法行政部部长罗文干来湘视察司法，他在视察司法报告中指出："湖南各监狱几无作业可言，多数囚人率多坐食。……各县旧监狱管狱员，品流既属猥杂，薪给待遇又微，故大都知识欠缺，操守如常，十九不能令人满意。"②毋庸讳言，沈氏所言的湘省监狱状况，应当是客观之论。但亦应看到，湘省监狱的这些状况，在全国各省均属普遍存在之现象，可谓是近代监狱之通病。

此外，值得一提的是，1930年7月，陈长簇还为著名的湘籍监狱学者孙雄所编的《狱务大全》作序。③陈氏在序言中指称：

> 吾邑孙君拥谋，治狱所至有声，余久耳其名，未曾相识也。余长湖南高等法院之二年，部任拥谋署湖南长沙地方法院看守所所长，以所编《狱务大全》乞叙。余披览一通，其于见今法规暨表式，搜罗无遗，诚可为治狱务者之圭臬也。夫治狱事至繁琐，贵以实心行实政，徒沾沾于规程，抑末也。然非通晓规程，则率由无自孟子所谓不以规矩，不能成方圆也。拥谋任所长，整理罔懈，薪合成规，以实心行实政，其庶几乎？迩者军事突起，巷战、枪炮声震屋瓦，羁押在所者辄暴动图免脱，而卒不能越尺寸，其应变有方又如此，然则拥谋固不仅练习典章矣！余喜此编出，而谈狱政者有所遵循也，于是乎书。④

陈长簇作为湖南高等法院院长，还极力推进法院之整顿工作，这主要包

---

① 司法院编：《司法院工作报告》（民国二十四年十一月），上海图书馆藏，1935年，第9页。

② 沈家彝：《视察湖南司法应行改进事宜》，湖南省档案馆藏，1934年，档案号：29-1-4640。

③ 孙雄（1895—1939年），字拥谋，湖南平江人。他历任长沙监狱管狱员、代理长沙监狱典狱长、宁远县监狱主管、江苏第二监狱分监候补看守长、江苏第四监狱典狱长、江苏第一监狱看守长、上海第二特区监狱典狱长等职，还在震旦大学、东吴大学、持志大学、上海法政学院等校兼任教授。

④ 孙雄编：《狱务大全》，上海：商务印书馆，1935年版，序言，第1页。

括增设各级法院、慎选司法人员、整理司法收支和惩戒司法人员等多个方面。

首先，在增设各级法院方面。陈长簇上任高等法院院长前，湖南原有高等法院和第一分院及长沙和常德两地方法院。陈长簇上任后，便改设高等法院第二分院，并废除邻县上诉制。又在邵阳和衡阳两地增设地方法院，同时在岳阳、湘潭、澧县三地增设县法院，并于第一高等分院内附设沅陵地方分庭，第二高等分院内附设桂阳地方分庭，还于邵阳、衡阳两处地方法院增设看守所。

其次，在慎选司法人员方面。陈长簇认为各级法院司法官和书记官的职责綦重，非有学资兼优之选不足以胜任。因此，在选用这些司法人员时，必须调取凭证，从严考核，非于派代期间确具成绩，决不轻于呈荐任用。在未设立法院之县份，仍实行县长兼理司法制度，并设置承审员处理司法事务，故承审员之任用亦至关重要。1928年5月25日，陈长簇亲自拟定了《湖南各县承审员任用暂行章程》，并呈请司法部鉴核批准。6月27日，该章程由兼代司法部长的蔡元培修改后公布。[①]此后，湖南各县承审员之任用，方逐渐步入法制轨道。1929年，陈长簇在致省政府主席的公函中就指出："年余以来，无论由院直接派委及由县长呈请之员，均经敝院于任用时照章从严考核，以期登进得人，较诸湘省从前各主管官署不加限制、轻予照委者，似已略有统系。"[②]由此可见，制度化、规范化的任用章程，在承审员的选任上确实是卓有成效。

尽管如此，在陈长簇看来，各县承审员的选任制度仍有完善之空间。后续报告称："兼理司法各县承审员，以前系依呈准之《湖南各县承审员任用暂行章程》审查凭证，分别任用。此种办法，虽有标准可循，然仅凭件考核，究属一时权宜。"[③]其实，最主要的原因在于各县承审员多由县长请委，常随县长进退，易滋生流弊。据陈长簇所言：

> 惟是县长兼理司法，久为世所诟病，承审员一职，名义上虽

---

① 笔者发现陈长簇上呈司法部的章程共计九条，但司法部修改后抄发湖南高等法院的章程则有十条。该章程之条文，参见《湖南各县承审员任用暂行章程》，载《司法公报》，1928年第15期；湖南省政府秘书处编：《湖南省现行法规汇编》，湖南图书馆藏，1931年，第731-733页；司法院参事处编：《国民政府司法例规》（上），南京：司法院秘书处公报室，1930年版，第300-301页。

② 陈长簇：《湖南高等法院公函》，载《湖南民政刊要》，1929年第8期。

③ 中国国民党中央执行委员会统计处编：《各省市各项革新与建设·第五集·湖南省》，上海图书馆藏，1930年，第25-26页。

属辅助县长，实际上要为专司审判，其庸鸷滥竽、袤曲尸位者，固不应用之备员其间；而学资兼优、审判公平者，自亦当使之专心所职。迺历来担任斯职者，既多由县长请委，其进退亦往往随县长为转移，推其弊之所极，必至视职守如传舍，匪为驰责任之心，抑恐启奔竞之渐，殊于司法前途影响非浅。①

因此，为慎选各县司法人员，陈长簇又拟定了《湖南各县承审员考试暂行章程》，呈请司法行政部核示。同时，他还致函湖南省政府，呈准举行各县承审员考试，以甄拔合格的司法人员。此外，他明确提出将前湘鄂临时政务委员会议决原案②与《湖南各县承审员任用暂行章程》一律废止。对此，湖南省政府委员会召开了第五十三次常会，就陈长簇之函文进行了核议，最终照案通过。随后，湖南省政府将函文和决议转交民政厅。由民政厅厅长曹伯闻通饬兼理司法各县县长，此后湖南"各县承审员由考试直接委任"。③换言之，此后湖南各县承审员之任用，必须通过考试甄拔，由高等法院直接委任。

1929年7月20日，司法行政部批准陈长簇拟定的《湖南各县承审员考试暂行章程》。④就湖南而言，凡是设有承审员之县份，除现任人员合于定章列举免试资格而又确有成绩者，得准加委留任外，其余不论额设一人或二人，概由高等法院在考试及格与照章具有免试资格人员中，依次直接委任。同年，湖南举行承审员考试，取录及格人员总计二十一名。在兼理司法之县份，县长对承审员只负指挥、监督责任，既不得无故更换，亦不随之而动摇，最大限度地减少了行政对司法之干涉，具有重要的进步意义。

再次，在整理司法收支方面。当时湖南的司法收支比较紊乱。陈长簇到任后，悉依中央法令次第整理，并增订各项单行规章，以资遵守。各级法院、监狱和看守所之经费，概依审定预算，由省库支出。司法收入则照章报解中

---

① 陈长簇：《湖南高等法院公函》，载《湖南民政刊要》，1929年第8期。

② 1928年3月，前湘鄂临时政务委员会处理湖南政务第十六次例会决议："承审员缺额设有两员县份，由高等法院直接派委一员，余由县长遴员呈请高等法院委任。"陈长簇提出将此决议废止。

③ 曹伯闻：《训令各县县长转准高等法院函各县承审员由考试直接委任废止前湘鄂临时政务委员会议决案及各县承审员任用暂行章程由》，载《湖南民政刊要》，1929年第8期。

④ 《湖南各县承审员考试暂行章程》，载《司法公报》，1929年第30号；司法院参事处编：《国民政府司法例规》（上），南京：司法院秘书处公报室，1930年版，第278—280页。

央，并留一部分为本省筹建新监之用。兼理司法各县经费，除以法收四成抵拨外，余亦由省库发放。又为整理各级法院会计事项，力求核实起见，湖南高等法院颁布了《会计规程》及《新簿记》，并对各院、县收支月报从严考核，以杜弊混，就过去情形观察，已属成效渐著。[1]

最后，在惩戒司法人员方面。1928年5月12日，民国政府公布《法官惩戒暂行条例》。该条例规定："凡有违背职务、废弛职务、有失职务上威信之行为，有恶劣之嗜好，均应受惩戒。惩戒分为免职、降等、停职、申诫四种。"[2]为澄清湖南的司法队伍，陈长簇坚持严厉惩戒违法失职的司法人员。譬如，衡阳县县长谭震龙自1928年4月接收衡阳地方法院移交，兼理司法工作之后，"审判既属不良，手续亦多紊乱，承审员勘案分取盈余费用，执行案件多方需索，虽经告发，长官亦置之不理。且谭震龙任用私人谭翼龙、谭耀民、周泳霖等分理司法部分之各项行政事务，经视察员查觉，浮收状价勘费，隐匿罚金，不贴印纸，吞没送达、抄录、解卷判词等费，居心贪枉"[3]。对此，陈长簇将该县承审员陆亨甲、王应韩免职，并以高等法院之名义致函省政府，经省主席提交省政府委员会第五十九次常会议决，将谭震龙县长撤职，并交法院依法惩办。此外，益阳县承审员张骏一年内未结刑事案件高达百起，未结民事案件约四十起，且他还挟妓宿娼，导致该县"人言啧啧"，陈长簇果断将张骏免职。[4]

1934年5月16日，南京国民政府调陈长簇为安徽高等法院院长，湖南高等法院院长之职则由徐声金接任。一年后，陈长簇又向南京国民政府申请调回湘省。当时，恰逢"湖南高等法院院长徐声金氏，近奉司法行政部令调京"，留

---

① 中国国民党中央执行委员会统计处编：《各省市各项革新与建设·第五集·湖南省》，上海图书馆藏，1930年，第26页。

② 《法官惩戒暂行条例》，载《国民政府公报》，1928年第57期；又载《司法公报》，1928年第12期；《最高法院公报》，1928年第2期。

③ 《民国十八年一月十六日湖南高等法院训字第九八号》，湖南省档案馆藏，1929年，档案号：28-1-1151。

④ 湖南省地方志编纂委员会编：《湖南省志·第六卷·政法志·审判》，长沙：湖南出版社，1995年版，第91页。

下院长遗缺，故正好"调派安徽高等法院院长陈长簇氏接充"。[①]1936年2月15日，南京国民政府正式任命陈长簇为湖南高等法院推事兼院长。[②]此后，陈长簇又执掌湖南高等法院及湘省司法行政事务十余年。

1938年，日寇疯狂向湖南推进。在长沙"文夕大火"前夕，陈长簇果断地将湖南高等法院迁至安化梅城，将湖南第一监狱迁至安化蓝田。他事必亲躬，有条不紊，不仅使司法档案得以保存完整，且与当时"陪都"重庆的最高法院保持通邮未断，实非易事。当时，日寇迅猛进犯，沦陷区内的司法机关无不名存实亡，唯独湖南高等法院公务不辍，有效地保障了湘省战时司法系统之有序运行。在避祸安化的这段经历里，我们亦能从陈长簇后来的诗句中感受到他劳身焦思之处境："乱山残雪异乡人，权共梅城寄此身。……何幸蛮夷投陆贾，好随鸡犬事刘安。漏深岁尽频搔首，忐忑心中有万端。"[③]

抗战胜利后，陈长簇因年届古稀，故而坚决向重庆的司法行政部请辞湖南高等法院院长之职。1946年4月，陈长簇正式退休。对此，友人黄俊赋诗云："古贤老致仕，七十正悬车。""早欲挂冠去，今方解组归。"[④]从1912年开始算起，此时七十高龄的陈长簇，已奉职地方司法系统三十余年，可谓是宦海浮沉。但他始终洁身自好，坚守司法独立之原则，故他从未加入国民党或其他政治团体。有趣的是，陈长簇虽非任何政党成员或政社社员，却能在国民党的"党国体制"与"司法党化"下久安其位，笔者认为这是他持法公正、德高望重之使然。

事实上，陈长簇作为湘籍法界之泰斗，时人对他评价颇高："作人权

①《陈长簇调任湘高法院长》，载《法令周刊》，1935年第284期；《皖湘高法院长 法部下令调动》，载《大公报》，1935年12月18日；《湘皖高法院长更调》，载《申报》，1935年12月18日；《法部更调皖湘两高法院长》，载《中央日报》，1935年12月18日。

②《国民政府令》，载《司法公报》，1936年第97号；《国府命令》，载《时事新报》，1936年2月16日。不知何故，《时事新报》和《民报》却报道："新任湖南高等法院院长陈长簇，（一月）十六日上午到院就职。"参见《湘高法院长陈长簇就职》，载《时事新报》，1936年1月18日；《湘高法院长昨就职》，载《民报》，1936年1月17日。此外，《湖南省志》亦云："1936年1月16日，新任湖南高等法院院长陈长簇与首席检察长郑静安同时宣誓就职。"参见湖南省地方志编纂委员会编：《湖南省志·第一卷·大事记》，长沙：湖南人民出版社，1999年版，第408页。

③陈长簇：《和籽谷乙卯除夕有感次韵》，载《东山草堂集》，湖南图书馆藏，民国稿本，第2-3页。

④黄俊：《闻右钧解官寄赠》，载《弈楼诗集》，武汉：华中师范大学出版社，1998年版，第588页。

之保障，望重全湘。""冠服獬豸，权主法曹，听讼总观情，廉正有如宋包拯。""心崇法治，职领法权，声誉早非常，功烈迈范韩以上。""右钧服官垂三十年，声誉盈海内，荆楚人士，尤颂其清正。""操生杀予夺之权，政简刑清，共仰皋陶能执法。"①陈长簇作为一名湘籍法政人物，他任职的大部分时间是在湖南担任最高司法长官。②可以说，他为近代湖南的司法事业作出了突出贡献。

二、外省实践：坚持司法独立与推进司法革新

在陈长簇的整个司法生涯中，其中有部分时间是在外省任职，尤以在鄂、皖两省之任职最具代表性。1914年5月3日，经司法总长章宗祥之呈请，大总统袁世凯颁发任免令，任命陈长簇为湖北高等审判厅推事。③不久，他又升任湖北高等审判厅刑庭长。1919年12月，他还短暂代理湖北高等审判厅厅长。他在鄂省任职期间，因听断公允、刚正不阿，深受民众之欢迎和赞誉，鄂人尊称他为"陈青天"。1920年，陈长簇被调任为京师高等审判厅刑庭长。1924年3月4日，经暂行代理部务的司法次长薛笃弼之呈请，大总统任命陈长簇署理湖北夏口地方审判厅厅长。④至1934年5月16日，南京国民政府又调任陈长簇为安徽高等法院院长。⑤次年，他以奉养年迈的母亲为由，请求调回湘省。其中，陈长簇担任湖北高等审判厅刑庭长、代理厅长时，因敢于抗拒湖北省军阀

---

① 陈长簇辑录：《陈母姚太夫人荣哀录》，湖南图书馆藏，民国抄本。

② 关于陈长簇任职湖南高等法院院长的具体时间，可参见湖南省志编纂委员会编：《湖南省志·第一卷·湖南近百年大事纪述》（第二次修订本），长沙：湖南人民出版社，1980年版，第941-948页；湖南省地方志编纂委员会编：《湖南省志·第六卷·政法志·审判》，长沙：湖南出版社，1995年版，第89页。

③ 同时，还有鄝更、刘钟英、陈道章、雷光曙、石福镜等五人，被大总统袁世凯任命为湖北高等审判厅推事。加上陈长簇，这次被任命者共六人。参见《大总统令》，载《司法公报》，1914年第8号。另据《政府公报》之记载，1915年10月2日，经司法部之呈请，袁世凯任命陈长簇、鄝更、刘钟英、陈道章、雷光曙等五人为湖北高等审判厅推事。参见《大总统策令》，载《政府公报》，1915年10月3日。前揭两者在任命时间和任命人数上均存在出入，可能属于两次不同的任命。

④ 《大总统令》，载《政府公报》，1924年3月5日。据相关报道，在上述任命之前，陈长簇便已经担任湖北夏口地方审判厅厅长了。譬如，1923年2月，时任夏口地方审判厅厅长的陈长簇，与司法界同人公开"反对违法任免法官，质问有无法治诚意"。参见《鄂法界亦力争法权》，载《时事新报》，1923年3月19日。

⑤ 《国民政府令》，载《司法行政公报》，1934年第58号。

非法干预司法而闻名全国法政界。①在担任安徽高等法院院长时，他亦始终坚持维护司法独立与推进司法革新。

（一）湖北任上：抗拒湖北省督军非法干预司法

民国肇建，受西方"三权分立"之影响，新政府在宪法上确立了司法独立之原则。譬如，1912年颁布的《中华民国临时约法》规定："法官独立审判，不受上级官厅之干涉。"②1914年，就连袁世凯一手操纵的《中华民国约法》（亦称"袁记约法"），也明确规定独立审判之原则："法院依法律独立审判民事诉讼、刑事诉讼。"③1916年，北洋政府司法部更是颁发训令："司法独立之意义，谓司法官独立审判，不受行政上之干涉，并不受监督长官之指挥。"④然而，因缺乏强有力的中央政府的支持，各地军阀势力呈现出割据之态。因此，在军阀专权与军政势力干涉司法的乱象下，宪法上规定的司法独立原则难以有效贯彻，致使司法独立在法律形式与具体实践上呈现相互脱离之态。

1919年，时任湖北督军的北洋军阀王占元，更是肆意践踏法治，无视司法独立，竟非法委任亲信代理高等审判厅厅长，以取代代理厅长陈长簇。但是，陈长簇始终据理力争，不为所动。⑤王占元进而以武力"囚官夺印"，上演一场地方军阀破坏司法独立之闹剧，对民国司法之发展造成非常恶劣之影响，以致司法部明确指出："民国八年以来，各省对于司法，虽不尽悉力维持，然从未有明目张胆如该督军此次非法干涉之甚者。"⑥在该事件中，陈长簇捍卫法权，反抗强权，勇于抗拒军阀势力非法干涉司法，使他扬名于全国法政界。对此，有学者曾指出该事件之梗概：

---

① 当然，陈长簇在湖北任职期间，还对该省民事习惯之调查作出过重要贡献。参见前南京国民政府司法行政部编：《民事习惯调查报告录》，胡旭晟、夏新华、李交发点校，北京：中国政法大学出版社，2000年版，第329页、第644页、第944-945页。

② 赖骏楠编：《宪制道路与中国命运：中国近代宪法文献选编（1840—1949）》（上卷），北京：中央编译出版社，2017年版，第359页。

③《中华民国约法》，载《法学会杂志》，1914年第2卷第1-2号；夏新华、胡旭晟，等整理：《近代中国宪政历程：史料荟萃》，北京：中国政法大学出版社，2004年版，第474页。

④《司法部训令》，载《政府公报》，1916年11月1日。

⑤ 对此，友人以诗赞誉云："风骨嶙峋许国身，汉家廷尉不冤民。江湖流誉歌都遍，强暴临兵法自申。"参见黄俊：《寿陈讷翁七十》，载《弈楼诗集》，武汉：华中师范大学出版社，1998年版，第577页。

⑥《本部为湖北督军王占元破坏司法囚官劫印请特派大员查办呈文》，载《司法公报》，1920年第118期。

　　抗战时湖南高等法院院长陈长簇，老一辈的法官都知道他有一桩抗拒军阀干涉审判的故事。约在民国十几年，他任湖北夏口县（即汉口市）地方法院院长，适军阀首领之一的王占元任湖北省督军。某一要案受到干涉，先则不理，继则愈逼愈紧愈凶，这位院长随身带着法院官方大印，闷声不响的搭车上北京政府司法部和最高检察厅投诉去了。结果，原案照判，院长本人并未受到干扰或类似"明升实降"的调查。[①]

　　其实，该事件的具体情形是：1919年12月6日，湖北省省长何佩瑢指称高等审判厅厅长刘豫瑶违法徇私、有亏职守。大总统徐世昌指令将刘豫瑶案交司法部查办，于是司法部派王文豹司长、河南高等审判厅厅长凌士钧分别前往查办。12月21日，在司法部的调查还未完毕时，王占元与何佩瑢竟会衔通电大总统、国务院与司法部，宣布湖北高等审判厅厅长已令委军法课长程定远先行代理。对此，司法部一面电复湖北军政当局，一面呈明大总统请颁明令严禁地方军政长官干涉司法。与此同时，刘豫瑶已请假就医，由高等审判厅刑庭长陈长簇代行厅长职权。

　　针对王占元私自委任亲信代理厅长之行为，陈长簇于12月22日电告北京司法部，控诉湖北军政当局肆意插手司法事务，破坏司法独立，同时呈送督军、省长强迫其交出印信之训令。司法部闻讯后，反应极为强烈，随即对湖北军政当局之越权干涉行为，予以严厉警告。司法部指出："盖司法独立乃法治国常型，行政用人为司法部专责。近来各省对于司法均属循此常轨办理，内外相维，似不可由鄂省首开创例。"[②]

---

　　① 胡经明：《重提几件旧事》，载《宪法司法论文集》，台北：世桦印刷企业有限公司，1987年版，第502-503页。应当指出的是，胡经明先生所言："约在民国十几年，他任湖北夏口县（即汉口市）地方法院院长。"疑似有误。此事发生在"民国八年"，陈长簇当时担任的是湖北高等审判厅刑庭长。至1924年，他才署理湖北夏口地方审判厅厅长。

　　② 《本部致湖北督军省长养电》，载《司法公报》，1920年第118期。

12月26日，司法部收到湖北高等审判厅民庭长酆更[①]之“快邮代电”。酆更将湖北高等审判厅之情形传送到部，据称：“代行厅长职务陈长簇，现被督、省迫令交代，已受看管，更等停公待命。”[②]原来，早在12月22日，军法课长程定远便奉王占元之命到达高等审判厅，迫令陈长簇交出厅印。陈长簇谙熟法律程序，他深知厅长之任免乃司法部之职权，故不敢私相授受。于是，他以需要向司法部请示核准为由，拒绝交出厅印，故王占元之目的并未得逞。12月23日，王占元以讨论要事为借口，诱骗陈长簇赴督军署，陈长簇入署后便被强行收押。当时的具体情形是：

至二十三日午前九时，王督军以商议要事电诱长簇入署。是日，本系冬节，各机关均停止办公，且循例应往军署庆贺。长簇以事属因公，不疑别有危险，遵谕前往，不意督军见面之后，即叱长簇曰：“汝现行高审厅长职务乎？顾谓侍从严加看守，勿令逃逸。”既不容长簇申辩一语，复不问已过情事若何。会客厅门外则军队林立，枪剑相摩；门内则军佐多人，厉声附和。长簇欲略为陈说，督军已退入内室矣。霹雳一声，顿被收押。[③]

陈长簇虽然被强行收押，并在督军署遭受各类恐吓与威胁，但他依然拒绝交出厅印。据称：

长簇于此亦惟有坚忍缄默，以觇其后。约经二小时之久，有县官数人来，谓长簇曰：“督军今日收汝，并无他故，因汝复函程处长云已电部请示，恐汝今日不交厅印，故尔收押，汝可速致函厅

① 酆更是“平江法曹三杰”之一，亦是陈长簇之好友。据陈氏所言，他们曾经“留学日本，互相研讨，出入与偕。辛亥归国，值民邦肇造，同宦法曹，湘鄂八载，共事一庭。既而君（酆更）由天津而北平、而南京，予六迁徙靡定，形影虽隔，书札往返频仍，寇虽作，君随最高法院迁渝，尚迂通长沙见访，情愫可知己”。陈长簇还有诗记述两人之友情：“侪辈何人似子贤，论交犹忆卅年前。远游瀛海行携手，归共衙斋坐并肩。别后屡抛双孔泪，梦中时盼数行笺。烽烟未息关山阻，无复清樽续旧绿。”参见陈长簇：《哭酆子逌四首并序》，载《东山草堂集》，湖南图书馆藏，民国稿本，第51-52页。

② 《湖北高审厅酆更等快邮代电》，载《司法公报》，1920年第118期。

③ 《湖北高等审判厅为法院横被摧残继陈事实恳予主持呈文》，载《司法公报》，1920年第118期。

员，将印信送至督署，于汝一身自无危险。"长簇仍以事经电部请示，不能擅行交代答复。旋又来军佐十余人，军士持枪随入者亦数十人，军佐指挥军士举枪，叱长簇曰："汝如要性命，可速将厅印交出，如必不交厅印，则我等将对汝不住。"长簇默不与语，彼等又尽出其强暴、胁迫之手段，以相凌挟。正汹汹间，程定远派副官鲁某至，必欲长簇交印，长簇仍告以前语。鲁曰："汝无固执，既为刑庭长，须知法律，何得仅认司法部为主管机关，而不遵守本省军、省两署之命令，汝须知监督司法之权省长有之，即王督军亦曾受有监督司法之委任者，今日恐汝不交厅印，故押汝于此，如再抗违，王督军武人也，杀人视若寻常，又何必蹈此罗网，而不一自为计。"长簇突闻斯语，笑既不可辩，又不敢勉持静镇，置之不闻，鲁亦无如何而去。[1]

最后，王占元得知威胁陈长簇并无成效后，便令程定远统率军队直奔高等审判厅，将厅印抢去。直至傍晚，陈长簇才被释放出来，庆幸厅长小印仍在他的手上。为防王占元再次夺取厅长小印，陈长簇于当晚匆忙缒城离开鄂省，并转赴湘省，以向北京司法部请示。据陈长簇致司法部之电文中所言："王不独派人监视电局，即各城门及京汉车站，亦均派人坐守。只得携带湖北高审厅长印信，深夜缒城赴湘电呈，似此非法横行，形同化外，长簇一人不足惜，于司法前途关系匪轻。应如何办理之处，敬乞钧部主持。"[2]离鄂之后，陈长簇之私宅便被王占元派兵把守，禁止自由出入。王占元还扬言："不交出厅长印信，必将拿问家小，危及老母。"[3]此时，独自在湘的陈长簇可谓进退维谷，他既痛恨国家法权之被蹂躏，又惧怕自家眷属之遭凶暴，可以想象处境之艰难。

王占元派兵强令陈长簇交出厅印之行为，充分展现了地方军阀嚣张跋扈之面目。至于此次强令交印之背后原因，据深耕湖北司法系统多年的吴献琛所言："1919年，湖北督军王占元愤其私设之金店在湖北高等审判厅败诉，迁怒于该厅暂代厅长陈长簇，遂一面派其军法处长陈汉卿代该厅长，一面派兵迫

---

① 《湖北高等审判厅为法院横被摧残继陈事实恳予主持呈文》，载《司法公报》，1920年第118期。
② 《长沙陈庭长敬电》，载《司法公报》，1920年第118期。
③ 《湖北高等审判厅为法院横被摧残继陈事实恳予主持呈文》，载《司法公报》，1920年第118期。

陈长簇交印。陈长簇不敢私相授受,逃往南京转赴北京司法部请示。"①吴氏的上述说法,虽在细节上有多处不准确的地方,但基本上反映了当时的大致情形,亦可见王占元有滥用权力公报私仇之嫌疑。相较而言,湖北高等审判厅敢于判处本省最高军政长官败诉,从侧面反映出该高等审判厅判决之公正。

当时,在政局不稳与军阀割据之形势下,各省司法除受司法部之监督外,还在事实上受到地方军政长官之干涉。对此,有学者便评价道:"司法部本应监督地方司法行政,然实际上对于省长、督军之处置,处于莫可如何之境。不惟实际上如此,即就法律上言之,亦复如是。如《省官制》规定省长监督其地方司法行政,得自行干涉司法。此明示中国司法组织之一弱点。"②是故,司法部对王占元非法干涉司法的行为亦无可奈何,最后只得电请王占元另选一人,由该部加以委任了事。1920年初,时任江西高等检察厅检察长的范之杰,被调任为湖北高等审判厅厅长,而陈长簇则被另调至京师高等审判厅担任刑庭长。尽管陈长簇被另调,但他秉公执法,敢于抗拒军阀非法干涉司法之行为,堪称司法界之楷模。

(二)安徽任上:抵制司法党化与推进司法革新

1934年5月16日,陈长簇由湖南高等法院院长调任为安徽高等法院院长,此后他在安徽任职一年有余。在安徽任职期间,陈长簇一方面抵制国民党之司法党化,另一方面积极推进司法革新。

一方面,陈长簇坚决抵制国民党推行的司法党化行为。民国初期,为贯彻司法独立制度,司法当局曾有"司法不党"之命令,即禁止司法人员加入政党或政社。第一次国共合作期间,孙中山坚持"以俄为师",提出"以党治国"的著名主张。至1928年,国民党取得全国统治权之后,开始进入"训政"时期,批评司法不党之声音亦逐渐兴起。司法当局逐步改变清末以降确立之司

---

① 吴献琛:《旧中国所谓"司法独立"三例》,载中国人民政治协商会议全国委员会文史资料研究委员会编:《文史资料选辑(合订本)》(第二十七册),北京:中国文史出版社,1986年版,第139页;熊月之主编:《西制东渐:近代制度的嬗变》,长春:长春出版社,2005年版,第72页。

② [日]三宅正太郎:《中国民刑诉讼之实际》,载王健编:《西法东渐:外国人与中国法的近代变革》,南京:译林出版社,2020年版,第604页。

法不党，大力倡行"司法党化"（亦作"党化司法"）①。司法党化是国民党政府改革司法的指导原则，强调司法实践应服从三民主义和其他国民党党义。

当时，司法院院长王宠惠认为今后司法改良之方针的第一条便是"司法官要党化"，他指出："以党治国，无所不赅，法官职司审判，尤有密切之关系。……为法官者，对于党义，苟无明澈之体验，坚固之信仰，恐不能得适当之裁判。是以法官党化，实为目前首应注意之点。"②后来，继任司法院院长的居正，发表了《司法党化问题》的长文，他提出司法人员要一律党化，适用法律必须注意党义之运用，甚至激进地喊出："在以党治国一个大原则统治着的国家，司法党化应该视作家常便饭。在那里一切政治制度都应该党化。"③

于是，在司法党化的口号下，众多的国民党员纷纷涌进司法队伍，"尤其是在1934年底国民党CC系骨干洪兰友担任法官训练所所长后，司法当局利用这一训练机构，把司法人员拉入国民党组织中"④。同时，国民党当局又将党员派赴司法系统。国民党的党务人员无须经过考试，便可被送入法官训练所学习，期满后可直接获得司法实职，美其名曰"在使党务工作人员，充分取得服务于司法界之机会，成为党治之下之良好司法人才"⑤。有些人员原本并无法官资格，因为系国民党员，有国民党高层要人之援引和提拔，便可一跃成为高等法院院长。⑥在此种背景之下，许多非法律专业出身的国民党员进入司法

① 有亲历者指出："所谓司法党化，揭穿说就是要使党棍、特务渗透法曹。"参见金沛仁：《国民党法官的训练、使用与司法党化》，载中国人民政治协商会议全国委员会文史资料研究委员会编：《文史资料选辑（合订本）》（第二十七册），北京：中国文史出版社，1986年版，第104页。还有学者指出："司法党化主张的是在独裁倾向不断增长的党国体制下，以国民党党义指导司法。"参见［美］周锡瑞、李皓天主编：《1943：中国在十字路口》，陈骁译，北京：社会科学文献出版社，2016年版，第136页。

② 王宠惠：《今后司法改良之方针》，载《法律评论》，1929年第6卷第21号；张仁善编：《王宠惠法学文集》，北京：法律出版社，2008年版，第285页。

③ 居正：《司法党化问题》，载《东方杂志》，1935年第32卷第10号；范忠信、尤陈俊、龚先砦选编：《为什么要重建中国法系：居正法政文选》，北京：中国政法大学出版社，2009年版，第167页。

④ 李在全：《法治与党治：国民党政权的司法党化（1923—1948）》，北京：社会科学文献出版社，2012年版，第151页；李在全：《抗战时期的战区检察官——以国民党特务人员从事司法工作为中心》，载《抗日战争研究》，2019年第1期。

⑤ 《第四届法官训练班学员受训办法》，载《法律评论》，1935年第12卷第18期。

⑥ 胡绩：《旧司法制度的一些回忆》，载中国人民政治协商会议河南省委员会文史资料研究委员会编：《河南文史资料》（第四辑），郑州：河南人民出版社，1987年版，第161页。

系统，致使司法之专业化大为减退。对此，有学者就严厉指出："国民党要求司法人员入党，试图以国民党的意识形态主导司法事务，甚至利用司法手段整肃异议人士的做法，都与司法现代化运动中的司法独立理念背道而驰，可说是司法现代化运动中的一股重大逆流。"[1]

同时，司法党化还要求法官在审判案件之际，要充分发挥国民党党义的指导作用，故极易导致"以党代法"之弊端。无疑，作为司法界人士的陈长簇，对上述弊端早有预料，若司法审判由国民党员依党义而为，必然使司法丧失自身之中立性与公正性，从而成为扫除异己之工具。故将党义置于法律之上，必将对国家法治建设造成消极影响。此外，陈长簇作为清末的留学法政人物，深受西方司法独立思想之影响，难以认同司法党化之主张。司法独立是十八世纪后在西方国家所形成之观念，这种观念的要件之一便是司法官不得卷入政党之纷争。故而，许多西方国家都在法律上明确规定司法官不得加入任何政党，受此影响的法政人物多反对司法党化。正如著名法学家杨兆龙所言：

> 我国于清末变法之初，以模仿西洋制度为急务，把西洋司法独立的观念也整个地搬来。因此，《法院编制法》也有了禁止推事及检察官在职中为政党党员或政社社员的规定。……这种司法官不得参加"政党"的思想可谓深入人心。"加入政党"这句话固然为大家所怕说，就是"党"这个字也为许多人所不乐闻。结果，不但有许多服务司法界的人不愿谈"党"，就是社会上一般关心司法的人，也不希望他们与"党"有何关系。所以，有许多人一听见"党化司法"这几个字，便觉得刺耳。[2]

基于上述原因，针对国民党当局在全国推进司法党化之行为，陈长簇主

---

[1] 孙慧敏：《清末民初的司法改革》，载《"中央研究院"近代史研究所集刊》，2009年第65期。
[2] 杨兆龙：《党化司法之意义与价值》，载《经世》，1937年第1卷第5期。

管的安徽省司法界要么极力抵制，要么敷衍了事。①据时人所言：

> 从安徽高等法院成立起，就有一个国民党区分部，但没有三
> 青团组织。区分部成员不多，而且活动极少。因为法界人员思想守
> 旧，不爱活动，在司法独立的标榜下，对国民党不那么重视。皖高
> 法院院长陈长簇、首席检察官王树荣，皆是无党派人士，甚至对国
> 民党不满。……在抗战时期，重庆政府派出一批所谓战区检察官，
> 这种人就负有相当于特务的使命，因湘籍高院院长陈长簇是无党派
> 人士，有一战区检察官要陈申请加入国民党，被陈大骂一顿，不了
> 了之。②

其实，陈长簇拒绝的这些所谓的"战区检察官"，就是"特务人员从事
司法"政策之产物，即在司法机关中招收"军统"或"中统"的特务人员，
让他们成为战区检察官，开展国民党所谓的"锄奸肃反"活动，以便将矛头
直接指向共产党人与民主人士。③故而，这些战区检察官被人们称为"特务检

---

① 与陈长簇所主管的安徽司法界不同，由CC系核心人物郑文礼所控制的浙江司法界，则厉行司法党
化。在浙江各级法院的推事和检察官中，原本只有一部分人参加国民党，但自厉行司法党化后，郑文礼就
要求未参加者集体入党，故浙江全省的司法人员，几乎无一不是国民党员。参见金沛仁：《郑文礼与浙江
旧司法界》，载中国人民政治协商会议浙江省委员会文史资料研究委员会编：《浙江文史资料选辑》（第二
辑），内部发行，1962年，第110页。

② 朱其珍：《解放前安徽司法情况点滴》，载方兆本主编：《安徽文史资料全书》（安庆卷），合肥：安
徽人民出版社，2007年版，第567-568页；朱其珍：《我所知道的解放前安徽司法部门的一些情况》，载政协
安庆市文史资料研究委员会、安庆市编史修志办公室、安庆市档案馆编：《安庆文史资料》（第五辑），内
部发行，1983年，第113页。

③ 金沛仁：《略谈谢冠生与国民党司法界》，载中国人民政治协商会议全国委员会文史资料研究委
员会编：《文史资料选辑（合订本）》（第二十七册），北京：中国文史出版社，1986年版，第84页；金沛仁：
《国民党法官的训练、使用与司法党化》，载中国人民政治协商会议全国委员会文史资料研究委员会编：
《文史资料选辑（合订本）》（第二十七册），北京：中国文史出版社，1986年版，第109-110页。

察官"或"党法官"。①当代学者李在全亦指出："在战区检察官诸多职权与活动中，锄奸肃反是重点，反共则是重中之重。"②他还提及："在二十世纪三四十年代，尤其在抗日战争的非常时期里，司法党化衍异成为司法人员特务化，这不仅破坏了司法人员专业化和职业化的努力，也与国民党司法当局的预期相距甚远。"③更有学者直言："如果以特务人员从事司法调查工作是国民党党化司法的具体表现，此举无异宣告党化司法的死亡，与国民政府成立以来，建立司法制度以昭公信、争取法权独立的努力背道而驰。"④事实上，这些战区检察官在地方上大多飞扬跋扈、耀武扬威，将本来就不清朗的地方司法弄得更加乌烟瘴气。由此可见，由司法党化衍生而来的战区检察官制度，无疑是法治建设之退化。陈长簇抵制特务人员渗透司法之行为，体现了他对司法独立之坚守与司法公正之追求。

另一方面，陈长簇致力于推进司法革新。为确保司法独立制度的贯彻实施，陈长簇在安徽大力推进法院的筹设和改组工作。譬如，他将"阜阳地方分院改组为地方法院，又于蚌埠筹建凤怀地方法院暨看守所"。此外，他还"添设高三（芜湖）、高四（阜阳）两分院暨宣城、凤怀、歙县各地方法院，改组桐城地方法院"。截至1935年7月1日，算上"原有之高一（凤阳）、高二（歙县）两分院及怀宁、芜湖、合肥各地方法院"，安徽高等法院"计共辖有高等分院四处，地方法院八处"。陈长簇还积极开展新式监狱的筹建工作，以改变旧监犯人拥挤、环境恶劣之局面。此前，安徽全境的"新监狱为第一（怀

---

① 陈哲嗣：《1912年至1949年我国司法界概况》，载中国人民政治协商会议全国委员会文史资料委员会编：《文史资料存稿选编（政府·政党）》，北京：中国文史出版社，2002年版，第459页；郑大纶：《中统向司法部门渗透点滴》，载中国人民政治协商会议全国委员会文史资料委员会编：《文史资料存稿选编（特工组织）》（上），北京：中国文史出版社，2002年版，第62-63页；程尊汉：《我所知道的国民党司法行政部的情况》，载政协隆昌县委员会文史资料研究委员会编：《隆昌文史资料选辑》（第六辑），内部发行，1985年，第43-44页。

② 李在全：《抗战时期的战区检察官——以国民党特务人员从事司法工作为中心》，载《抗日战争研究》，2019年第1期；邓庆平主编：《多元视域下的近世法律与中国社会》，北京：中国政法大学出版社，2020年版，第293-294页。

③ 李在全：《法治与党治：国民党政权的司法党化（1923—1948）》，北京：社会科学文献出版社，2012年版，第159页。

④ 罗久蓉：《从1938年甄审看国民党对司法的"渗透"》，载黄自进、潘光哲主编：《蒋介石与现代中国的形塑》（第二册），台北："中央研究院"近代史研究所，2013年版，第87页。

宁）、第二（芜湖）、第三（阜阳）三处"。在此基础上，陈长簇又"于凤阳增设第三监狱分监，并新设凤怀、宣城两地院看守所"，当他至宣城视察司法时，"见原拟筹建之第四监狱围墙坚实，地面合用"，于是又集款补建，"以为疏通他监容量之助"。①

民国之后，中央相继出台《暂行新刑律》和《监狱规则》，在法律上明确规定"监犯劳役制度"。②然而，在地方各省份却仅有极少数新式监狱能实施该项制度，县级监狱大多仍以"禁锢"为主要形式，故作业人数受到极大限制。据曾任司法行政部常务次长的汪楫宝所言："自民元以来，逐渐建筑新监狱，为数无多。而各县旧监狱，又均简陋湫隘，无不有人满为患。政府为疏散人犯，并配合环境起见，迭经制颁单行法令，以资依据。二十一年三月，公布《监犯保外服役暂行办法》。"③但是，监犯劳役制度却受到诸多限制，未能有效实施。④故进一步贯彻该制度势在必行。

1935年9月16日，司法院在南京举行全国司法会议，以"合各省司法机关负责人员及法律专门人员"，共同讨论司法改革的相关事宜，"藉收集思广益之效"。受邀参会者主要包括"京内外各司法机关长官及重要职员、各大学法学院代表、全国律师代表及专家"。⑤其中，陈长簇则代表安徽高等法院出席了该次会议，并向大会提交《励行监犯外役案》。他明确主张应在司法系统倡行"监犯外役制度"，"以免人犯坐食"。该年12月，安徽高等法院曾奉令抄发此项提案，并转饬送办。在该提案中，陈长簇指出施行监犯外役之理由与办法：

　　①《各省司法状况（司法会议各省高等法院报告）》，载《法律评论》，1935年第12卷第50期；司法院秘书处编：《各省司法概况报告汇编》，上海图书馆藏，1935年，第21-22页。

　　②司法部监狱司编：《监狱法令》，上海图书馆藏，1916年，第10-12页；中华人民共和国司法部编：《中国监狱史料汇编》（下册），北京：群众出版社，1988年版，第4-5页；吴士元、赵树荣主编：《民国监狱法规选编》，北京：中国书店，1990年版，第4-5页；薛梅卿、林乐鸣、楚天舒，等辑：《清末民初监狱法制辑录》，北京：中国政法大学出版社，2017年版，第372-373页。

　　③汪楫宝：《民国司法志》，北京：商务印书馆，2013年版，第89页。

　　④张东平：《近代中国监狱的感化教育研究》，北京：中国法制出版社，2012年版，第98-100页。

　　⑤《全国司法会议宣言》，载《全国司法会议汇编》，上海图书馆藏，1935年，第1页；司法院编：《司法院工作报告》（民国二十四年十一月），上海图书馆藏，1935年，第16页；居正：《十年来的中国司法界》，载中国文化建设协会编：《十年来的中国》（上册），上海：商务印书馆，1937年版，第89-90页。

理由：我国以农立国，在监人以农为生者，十居六七，连年水旱频仍，农村经济破产，匪氛未靖，在监人数加多欲谋生产。关于监犯外役制度，允宜于浚河、筑路、建筑等项之外，就国营或公营之农事试验场，森林局，棉业、蚕业各试验场，励行外役农事工作。因此项场所均有一定范围，管理方面，可视工作人数之多寡，酌拨相当看守驻场照料，即足以资戒护，较诸浚河、筑路等事，尚觉轻而易举。办法：应由中央最高机关通令国营及各省、县、市地方公营之农林场所，尽先协商就近监狱订立工作办法，选派在监人前往工作。是否有当，敬请公决。①

正是在陈长簇的倡行下，安徽全省司法系统之"新监"及其"分监"的工场数量提升至三十七个，监犯日均作业人数近七百人，极大地促进了监狱生产之发展，在一定程度上增加了全省的司法财政收入。同时，陈长簇还"移禁旧监狱老犯，藉杜桄头积弊"，对"督修监所房屋，稽核囚粮、存款等项，莫不严加考核，明示限制"。此外，陈长簇还在清理积案、提高司法效率等方面推进革新，这可从《安徽省司法概况报告》中管窥一二：

查皖省司法机关，向来风纪欠佳，积案不少。近一年来叠令告诫，各县司法人员专心任事，砥砺廉隅。并限制请假，照章扣俸。遇有人地不宜、操守难信者，立予呈请调换。一面限令清结案件以减讼累，二十三年度统核各法院收结件数，尚能相抵（未结民事仅百分之一，刑事百分之二）。……并先后增订各种单行规章七种，以增进各院、县办事效率，及于法院门首添装案件进行牌，使当事人一望而知其诉讼进行之程度，行之经年，亦皆有相当成效。②

---

① 《全国司法会议议案分类表第三组》，载《全国司法会议汇编》，上海图书馆藏，1935年，第70-71页；安徽省地方志编纂委员会编：《安徽省志·司法志》，合肥：安徽人民出版社，1997年版，第513页。

② 《各省司法状况（司法会议各省高等法院报告）》，载《法律评论》，1935年第12卷第50期；司法院秘书处编：《各省司法概况报告汇编》，上海图书馆藏，1935年，第21-22页。

可以说，陈长簇在安徽高等法院院长的任期上，对该省的司法积案进行了积极清理，对司法人员进行了有效整顿，在一定程度上改变了以往全省司法系统的不良作风。

三、司法之外：致力于湖湘文化之保护与传承

陈长簇不仅埋头于案牍，在司法职业之外，他还致力于湖湘文化之保护与传承。陈长簇平时喜好收藏，是湖南有名的藏书家，其所在长沙市北区佘家塘1号的"陈长簇公馆"，藏品甚为丰富，尤多古玩文物。抗战以前，湖南省政府欲用重金购买陈长簇所藏的一方珍贵端砚，作为呈送予蒋介石的生日礼物，但因陈长簇执意不从而未果。然而，陈长簇却乐于将自身藏品赠给好友，李锐曾言："我将收集的几十本有关近现代的历史书，包括同盟会在日本出版的《民报》全套原本（这是我父亲在日本留学时的同乡好友陈长簇送我的，陈是湖南和平解放时的民主人士），全部送给田家英。"[1]关于陈长簇公馆之收藏，据地方志书所称："陈长簇服官三十余年，然自奉俭约，酷爱收藏地方志及近代湘人著作。一生积蓄，全注于此。佘家塘所有藏书楼，海内外很有声名。死后，藏书除一部分赠予湖南师范大学及省图书馆外，悉毁'文革'之火。"[2]作为陈长簇藏书楼之亲历者，著名"七月派"代表诗人彭燕郊曾言：

> 我见到的够得上理想藏书处，是陈长簇先生的家。进门就是一连两进宽敞的书库，一行又一行排列得整整齐齐的高高的书架，十分壮观，最后一进才是住所。那时，陈先生已去世了，陈夫人让我去楼上的小书房里坐了一会，有一张很大的书桌，上面铺着绿呢，一只大柜上有个长方形小书箱，上面雕着"渊鉴类函"四个字。我想，这该是陈先生最后的藏书了。书库里的那许多书架都空着，陈先生多年担任湖南的高等法院院长，和程潜先生一同起义。书，早已捐献、变卖掉了。[3]

---

① 李锐：《黎澍十年祭》，载《李锐诗文自选集》，北京：中国文联出版公司，1999年版，第371页。

② 湖南省平江县志编纂委员会编：《平江县志》，北京：国防大学出版社，1994年版，第733页。

③ 彭燕郊：《纸墨飘香》，长沙：岳麓书社，2005年版，第20页。

　　事实上，陈长簇这座有名的藏书楼，在抗战期间曾遭受过日本侵略者之野蛮洗劫。①对此，黄俊曾有诗证史："兵劫数间馀破屋，宦囊几卷剩残书。"②1944年6月18日，日寇攻占长沙，便窃据佘家塘1号的陈长簇公馆，在此建立湖南境内的最高特务机关"中支派遣部"。由于日寇进攻猖獗，陈长簇藏书楼之藏品未及时转移至后方。于是，日寇在其藏书楼中窃取了诸多珍贵的古书、字画、文物，所受损失难以估量。据当时的见证者苏时松所称：

　　　　陈长簇是湖南藏书家，其佘家塘1号私邸，藏有不少原版古书、名人字画、古玩文物等，均未及疏散。中支派遣部占据此私宅作其办公所后，将他所有古书、字画、文物除精选其中一部分运往日本外，剩余部分悉交集中商店陈列出售。我曾发现有一部曾国藩手书日记影印本，共四十本，是陈长簇最珍贵的藏书。③

　　当然，陈长簇的藏书楼之所以有名，主要在于他平时孜孜不倦地进行湖湘本土文献之搜集。在司法工作之余，陈长簇极为注重搜集与整理乡邦文献。譬如，他对同乡李元度④诗集的搜集与整理便是典型例证。1928年，李元度之旧宅被兵燹战火所毁，李氏生前之遗稿大多散佚。为此，陈长簇遍访知交，从李氏之子李蠡岑以及亲朋故旧处广搜遗诗残稿，所幸获得十之一二。他将所得李元度之遗诗残稿加以整理和编辑，命名为《天岳山馆诗存》。他在1938年冬为该书所作之序言中称：

---

　　① 当然，对陈长簇的藏书楼是否遭受劫掠，亦有不同观点。据胡壮谦先生所言："1944年6月长沙沦陷，陈长簇公馆成了日军驻长司令部。驻长日军司令在陈右钧先生家翻出了一本同学录，得知房主陈右钧先生在日本留学时曾与其父是同学，即令将其家产保护起来。故此，陈右钧先生的家产在抗战期间丝毫无损。"胡先生直到1953年才迁居到陈长簇公馆，且仅凭一本同学录就使陈氏众多家产免遭日寇劫掠，笔者认为这种说法可信度不高。

　　② 黄俊：《闻讷翁归，先以一诗讯之》，载《弈楼诗集》，武汉：华中师范大学出版社，1998年版，第593页。

　　③ 苏时松：《抗战时期长沙沦陷区见闻》，载中国人民政治协商会议长沙市北区委员会文史资料研究委员会编：《长沙市北区文史资料》（第四辑），内部发行，1989年，第23页。

　　④ 李元度（1821—1887年），字次青、笏庭，晚年号超然老人、爽溪老人，湖南平江人。咸丰二年（1852年），入曾国藩幕，后历任浙江按察使、云南按察使、贵州按察使、贵州布政使等职。参见湖南省地方志编纂委员会编：《湖南省志·第三十卷·人物志》（上册），长沙：湖南出版社，1992年版，第402-403页。

有清咸同之际，以文学士预戡乱之功，而不废铅椠之业者，吾邑爽溪老人其最著者也。……老人之诗集若干卷，遂于是时同罗劫火焉。烟销灰冷，空呕长吉之心肝；简断编残，莫识匡君之面目。呜呼，酷矣！余以枌乡后进，麦秀多悲，遍访知交，广收馀烬，穷数年之力，尚幸得十一二焉。以来人之文早已刊行，名曰《天岳山馆文钞》，因命之曰《天岳山馆诗存》，爰付手民，用供同好。……是则老人之诗之巨丽，后之人自有能辨之者，余固不敢妄赞一词云。①

陈长簇将《天岳山馆诗存》整理与编辑完毕后，遂邀请当时的湘籍名流、著名教育家曹典球为之作序。曹氏在序中谈道：

戊寅之冬，避地安化，陈子右钧亦侨寓于此，一日谓余曰："先生（李元度）自知不精于诗，临终属其子桂岑，遗集勿许以诗羼入之。予以与先生生同里闬，景怀先德，辄从其子蠡岑处得遗诗若干首，并益以亲旧间所搜集钞之，颜曰《天岳山馆诗存》。"……兹闻右钧所述先生勿许刊诗遗事，知清季湘人之成功一时，未始非其虚心谦抑之所致也。既念先生翼翼之诚，又敬右钧之笃于故旧也，爰叙其巅末于此，为来者告焉。②

此后，陈长簇又陆续搜获李元度之遗诗数十首，因无法纳入原有的诗存中，便另册登之，并将其命名为《天岳山馆诗存补》。据陈氏在该书的"序述"中所言："爽溪老人诗集遭世变乱，悉付焚如。余于烬后搜得若干篇，以意分为二卷，命名曰《天岳山馆诗存》。既竟事，复得数十首，无法羼入，另册登之，即颜曰《天岳山馆诗存补》。"③对此，有学者指出："李氏诗文荡然无存，以不能不为我湖湘学界之憾事，陈氏抄本虽不及原作十之一二，然吉

---

① ［清］李元度：《天岳山馆文钞 诗存》，王澧华点校，长沙：岳麓书社，2009年版，第874-875页。
② ［清］李元度：《天岳山馆文钞 诗存》，王澧华点校，长沙：岳麓书社，2009年版，第873页。
③ ［清］李元度：《天岳山馆文钞 诗存》，王澧华点校，长沙：岳麓书社，2009年版，第993页。

光片羽，亦甚为珍贵。"①至今，湖南图书馆仍藏有陈长簇手抄的《天岳山馆诗存》和《天岳山馆诗存补》。然遗憾的是，笔者至今未见两书之刻本，原因可能是"此时抗战初起，陈氏逃难于安化一隅，刊刻之举，或即中辍"②。1996年，由颜震潮先生点校的《天岳山馆诗存》，便是和陈长簇之抄本"校对补正"而成。③2009年，"湖湘文库"丛书中由王澧华教授点校的《天岳山馆文钞 诗存》，其"诗存"之点校即以陈长簇之抄本为底本。④由此可见，陈长簇对湖湘本土文献保护与传承之重要贡献。

陈长簇还撰述、辑录有《讷翁诗存》《东山草堂集》《陈母姚太夫人荣哀录》等作品。其中，《讷翁诗存》是陈长簇之诗集，遗憾的是，笔者虽然经过多方找寻，但亦未见其踪迹。《东山草堂集》是陈长簇之文集，其内容主要是记述亲朋之生平事迹与为友朋所作之寿词，该文集还收录了陈长簇的部分诗作以及为浏阳、临澧陈氏和安化龙氏族谱所作之序。⑤需特别指出的是，该文集所收录的陈长簇在1940年为陈克贻《刑法论理纲要》所作之序中，阐明了法律之重要性：

> 商君有言，法详则刑繁，法简则刑省，法律之重纲要，由来尚矣。自汉以后，刑律虽代有变更，而大凡仍以帝典，所谓"象以典刑，流宥五刑，鞭作官刑，扑作教刑，金作赎刑。眚灾肆赦，怙终贼刑"为依据。徒以律文古质简奥，难猝了解；多不肯冥心体察，逐一深究。迨身为刑官，乃勉强检按，取办一时，故常有一案之误，动累多人；一例之差，贻害数世。陈君克贻有鉴于此，就现今刑法，沿流以讨源，援古以证今，章分句析，诂谊采谛，钩索其隐深之旨，而别白其词之介于疑似者，俾归诸至当，纂著《刑法论理纲要》一书，出以示余。余嘉其用力之劬，爰为一言，以介绍于国人。⑥

---

① 寻霖：《李元度〈天岳山馆诗存〉的抄本》，载《文史拾遗》，1991年第3期。
② ［清］李元度：《天岳山馆文钞 诗存》，王澧华点校，长沙：岳麓书社，2009年版，前言，第5页。
③ ［清］李元度：《天岳山馆诗存》，颜震潮点校，北京：中国旅游出版社，1996年版，第177页。
④ ［清］李元度：《天岳山馆文钞 诗存》，王澧华点校，长沙：岳麓书社，2009年版，前言，第6页。
⑤ 陈长簇：《东山草堂集》，湖南图书馆藏，民国稿本。
⑥ 陈长簇：《〈刑法论理纲要〉序》，载《东山草堂集》，湖南图书馆藏，民国稿本，第9-10页。

而《陈母姚太夫人荣哀录》则是由陈长簇所辑录的，主要内容有亲朋好友对其母姚太夫人之像赞、祭文、挽诗、挽联、墓志铭、墓表。其中，所致挽联者包括赵恒惕、陈渠珍、朱经农、胡子靖、李肖聃、曹典球、郑家溉、萧仲祁、李芳、鄞更等政界、学界与法界名流。据时人所称，陈母姚太夫人有古贤母之遗风，陈长簇"读书成名，文章卓异，政治淳良，宦游数千里，扬历三十年，民情休戚，无不洞悉于中怀，尚德缓刑之意，与路温舒后先一辙，知得力于母教者多矣"①。

此外，陈长簇还善诗联，精书法，造诣颇高，能写一手遒劲有力的行书，是湖南有名的书法家。1944年，陈长簇在安化躲避日寇时，曾为该县小花溪清风亭撰书对联，其联曰："莽乾坤能有几人闲，看他车马长征，都为名缰利锁；好风月不用一钱买，到此亭台小歇，自然心旷神怡。"②此联书就后，便立即受到众人之围观和赞赏。在陈长簇现存的诗联中，笔者发现其内容多与抗战时势相关，体现出浓浓的家国情怀。譬如，1938年6月，湘省各界为抗日阵亡的李必藩师长举行公祭大会，陈长簇与蒋介石、张治中、刘建绪、鲁荡平、曹典球等向大会致挽联。陈氏之联曰："死到沙场是今终，但遗恨吞吴，知在九原犹裂眦；拼向孤城完大节，看后贤破虏，踏平三岛慰忠魂。"③1944年6月30日，年过花甲的湘乡籍将领吴剑学因拒绝出任伪职，被日军开枪射杀。作为挚友的陈长簇闻之，悲痛至极，并呈致挽联一副，强烈地表达了对当局懦怯之愤慨与对英烈殉国之感怀，其联曰："是谁任豺狼横行，残害忠良，伤国家元气；使我叹风云失色，感怀良友，恨天地无情。"④当日军被驱逐出长沙后，陈长簇又作诗云："闻道长沙围已解，洞庭衡岳各回春。且看妇孺交欢悦，休向亲朋话苦辛。有酒黄龙长夜饮，相思红豆美人嚵。何当狐鼠妖氛靖，不作秦时避乱民。"⑤而陈长簇最为著名的对联，曾题于长沙天心阁，该联感慨古今兴亡之事，后世流传甚广，遂在此摘录之："瞰城郭人民，禁不住

---

① 陈长簇辑录：《陈母姚太夫人荣哀录》，湖南图书馆藏，民国抄本。

② 黄弗同：《流年不似水：补拙书屋随想录》，武汉：华中师范大学出版社，2009年版，第25页。

③ 《挽词选录》，载《湖南通俗日报》，1938年6月5日；刘苏华、李长林选编：《湖南近现代社会事件史料选编》，长沙：湖南师范大学出版社，2013年版，第924页。

④ 湖南省革命烈士传编纂委员会编：《三湘英烈传：旧民主主义革命时期》（第四卷），长沙：国防科技大学出版社，2005年版，第344页。

⑤ 陈长簇：《闻围攻长沙敌寇溃退》，载《东山草堂集》，湖南图书馆藏，民国稿本，第35页。

兴亡感慨，定王安在？贾傅何之？说甚么帝佐皇孙，片土空留千古迹；问天心月色，照过了多少繁华？湘水南来，麓山西峙，莫孤负良辰美景，一樽倾尽百年愁。"①

　　1924年1月1日，傅熊湘在长沙发起组织以提倡气节、发扬国学、演进文化为宗旨的"南社湘集"。陈长簇与仇鳌、曹典球、张平子、萧仲祁、罗元鲲、任凯南、马续常等湘籍名流常有会集，赋诗作对。②因此，陈长簇与众多的湘籍名流私交甚笃。譬如，在抗战期间，皮宗石由鄂抵湘出任湖南大学校长，就有好友陈长簇的劝导之功。当时，湖南大学代理校长黄士衡辞职，校长一席，难得人选。湖南各界认为由皮宗石接任校长最为理想，因为他是本省人，在学界久负盛名，又与教育部部长王世杰是朋友，好打交道。因此，推定陈长簇致信皮宗石，劝他回湘接任湖南大学校长一职。③据皮宗石之子皮公亮所言："1936年冬，省立湖南大学校长黄士衡提出辞职，湖南省在研究继任人选时，提出由时任国立武汉大学教务长的皮宗石来继任。湖南各界公推当时的湖南高等法院院长陈长簇给皮宗石写信，劝其来接任湖南大学校长。陈长簇与皮宗石在清政府时，同榜考取到日本留学，在日本一同参加同盟会，私交很好。"④此处所言，陈长簇加入同盟会虽不属实，但他们的私交很好却是事实。

　　在湖南解放前夕，已退休的陈长簇深感战祸殃民和国民党政权之腐败，便以在野之身与仇鳌、曹典球、左学谦等湘籍社会名流，奔走呼吁，力促湖南之和平解放。当时，陈长簇与曹国枢、肖敏颂、李芨、赵恒等人士，拜访程潜之私人顾问方叔章，希望方氏能敦促程潜走湖南和平解放的道路，他还与曹典球、胡道、贺贵严、唐星、刘裴、周午奕、程星龄等国民党中上层军政界人士建立联系，这些人后来均在《拥护湖南和平解放宣言》上签了字。1949年8月，长沙各界迎接解放联合会成立。同时，成立顾问委员会，由陈长簇与唐生

　　① 樊明芳、熊松华、唐少豪，等：《名胜古迹楹联选》，长沙：岳麓书社，1984年版，第104页。
　　② 陶晋圭：《南社湘集》，载中国人民政治协商会议长沙市北区委员会文史资料研究委员会编：《长沙市北区文史资料》（第六辑），内部发行，1992年，第148-152页。南社湘集之成员，参见《南社湘集姓氏录》，上海图书馆藏，1934年，第1-32页；郭建鹏、陈颖：《南社社友录》（第四册），上海：上海大学出版社，2017年版，第2220-2221页。
　　③ 易祖洛、刘吉元：《皮宗石传略》，载中国人民政治协商会议长沙县委员会文史资料研究委员会主编：《长沙县文史资料》（第四辑），内部发行，1987年，第97页。
　　④ 皮公亮：《我的父亲皮宗石》，载《文史拾遗》，2013年第4期。

智、程星龄、张以藩、仇鳌、曹伯闻、曹典球等三十余人组成。[①]

1946年5月，湖南省文献委员会在长沙成立。该会由省政府委员仇鳌担任主任委员，陈长簇与曹典球、任凯南、李祖荫、曾约农、廖维藩、康和声、陈天倪、罗元鲲、王凤喈、曹孟其、王啸苏、张平子等人担任委员。[②]该会的任务除纂修省志、导修县志外，凡文物的征集、保管、宣扬以及政制、礼俗、人物、特产与人民生活状况的调查均属其工作范围。[③]此外，"为使古籍可遍州间，孤本不至泯灭，示后生以轨范，启学海之津梁。爰拟编印《湖南丛书》及分门别类翻印普通书籍，力求精当，不务恢张"[④]。当时，陈长簇参与《湖南省志·司法志》的编纂，并具体负责"民初司法篇及监狱篇"的编纂工作。[⑤]湖南省文献委员会是湖南历史上第一个由省政府组织成立的专职文献征集、整理与编纂机构，对战后劫余文献的保存起到了积极作用。当然，其中亦有陈长簇的贡献。

新中国成立后，陈长簇受聘担任湖南人民军政委员会顾问、湖南省人民政府参事室参事等职。在此前后，他仍不遗余力地襄助湖南省文物保管委员会，从事古旧书籍的鉴定工作，为保护传统文化尤其是湖湘文化作出了应有贡献。据黄曾甫先生回忆："建国前后，住在北区余家塘有位八十老人，家中藏书很多，还经常到天伦造纸厂去为省文物保管委员会收集鉴定古旧书籍，为保存祖国传统文化作出过不少贡献。他就是湖南司法界的老前辈陈长簇老先生。"[⑥]这项工作，一直持续到他去世。1960年2月8日，陈长簇因病逝世，享年八十四岁，葬于长沙南门外金盆岭。

① 刘晴波：《长沙市各界迎接解放联合会始末》，载张海蒲主编：《第二条战线：解放战争时期湖南学生运动》，长沙：岳麓书社，1997年版，第335页。

② 《湖南文献会重要决议》，载《民国日报》，1946年12月22日。

③ 湖南图书馆：《湖南文献概论》，长沙：岳麓书社，2016年版，第286页。

④ 陈迪光：《湖南省文献委员会印书计划及目录》，载湖南省文献委员会编：《湖南文献汇编》（第二辑），长沙：湖南省文献委员会，1949年版，第423页。

⑤ 陈介石：《湖南省志司法志编纂计划》，载湖南省文献委员会编：《湖南文献汇编》（第二辑），长沙：湖南省文献委员会，1949年版，第67页。

⑥ 黄曾甫：《记湖南司法界老前辈陈长簇》，载中国人民政治协商会议长沙市北区委员会文史资料研究委员会编：《长沙市北区文史资料》（第四辑），内部发行，1989年，第71页。

结　语

陈长簇作为从清末成长起来的湖南第一批新式司法人员，他是一位兼具旧学根底与新学思想之法政人物。与同时代众多知识分子一样，他早年深受中国传统文化之熏陶，具有较为扎实的中学功底；在严峻的民族危机面前，复踏上出国留学之征途，接受较为先进的西学新知。然而，不同于其他留学生，他在日本留学长达六年之久，在赴日接受"速成教育"以作为镀金之资和猎官之途的时代潮流中，实属罕见。在留日期间，他深研法政之学，深得西方法政思想之精髓。归湘之后，他受命领导创建高等、地方两级审判厅，这在当时从"封建专制"转向"民主共和"的湖南，亦属破天荒之举。此后，尽管他辗转于全国多省担任司法领导职务，但始终秉持司法独立与司法公正之立场，故他能在湖北任上敢于抗拒督军干涉司法，在安徽任上坚决抵制司法党化与推进司法革新，为近代司法事业作出了重要贡献。然而，他并非只埋头于案牍。在司法之外，他不仅从事诗文撰述事宜，还专注于搜集地方文献与湘人著述，尤其是对同乡李元度的遗诗残稿之搜集与整理着力甚巨，为湖湘文化之保护与传承作出了卓越贡献。因此，陈长簇的司法贡献与文化功绩值得后人关注与铭记。

第五章　近代女子参政运动中的个人际遇

——以湖湘女杰王昌国为考察中心

　　王昌国（1880—1954年），湖南醴陵人，她是我国近代卓越的女权领袖。相较于秋瑾、唐群英、张汉英等著名的革命或女权领袖，王昌国其人其事早已被时代湮没和被世人遗忘。其实，王昌国的女权活动与参政实践，在近代中国亦极富传奇色彩。她在留日期间就参加了同盟会与组织了中国留日女学生会。归国后，她又创建了湖南女子国民会，积极争取男女教育平等和支援辛亥革命；还与唐群英、张汉英等发起成立全国性的女子参政同盟会，极力争取女子参政权。她为争取女子参政权，先后引发大闹参议院、扭打宋教仁与反对袁世凯等震惊全国的大事件。1922年，她更是破天荒地竞选成为中国第一个女省议员，极大地推进了我国近代女权事业之发展。可以说，探讨王昌国在近代女子参政运动中的个人际遇，不仅是全面揭橥她个人法政事功之必然要求，亦是深入认识近代女子参政运动之客观需要。故此，笔者拟重点探讨王昌国在近代女子参政运动中的领导地位和重要作用，还原她在追求女权与参政过程中的不朽事迹，最后还将探究以王昌国等为代表的民初女权领袖，缘何会在民国后期退出女权事业之领导舞台。

一、接触女权：中国首批官费女学生在日本

　　日本自明治维新后，迅速崛起为东方强国。中日甲午之役，晚清局势进一步恶化。尤其是维新变法失败后，列强更是虎视眈眈。清廷当局鉴于国内外形势之严峻，不得不实行新政改革，以求存图强。其间，富有忧患意识和担当精神的湖南人，经过甲午战败与维新夭折之双重打击后，欲迈出国门寻求救国之道与强国之方。中国学生东赴日本留学，不但路近费省，而且文字相通，便

于通晓。正所谓："留学地最便利者，则莫如日本。日本距离近、文字同、费用少，一切均甚便利。"①可以说，日本不仅是学习西洋文化的成功典型，更是中国学子学习西洋文化的捷径所在。

在此背景下，湖南多次派遣学生远赴东洋学习，成为当时出国留学人数最多的省份之一。光绪三十年（1904年）底，"驻日杨星使与中国志士范源濂、杨度氏等十八名共议教育妇女之事，即新由本国招女学生二十名，请实践女学堂督办下田歌子女史以为教督，共受熏陶"②。事实上，范源濂在此之前便已经得知，有"两名中国女生于1904年7月从实践女子学校毕业，于是请求下田1905年接纳二十名湖南年轻女子。下田表示同意，并为中国学生制定了一个培训计划"③。

光绪三十一年（1905年），经过严格遴选，湖南巡抚端方奏准派遣本省第一批官费女学生共二十人赴日留学。④这也是近代中国最早的官派女留学生，可谓"开女生留学之先河"。她们在长沙影珠女学堂创办者黄萱祐的领队下，毅然跋涉万里，远涉重洋，东赴日本进入东京青山实践女校。⑤这二十人

① 《留东学生与日本人》，载《顺天时报》，1919年6月1日。

② 《中国留东女学生》，载《顺天时报》，光绪三十一年七月初四日（1905年8月4日）。

③ ［美］季家珍：《历史宝筏：过去、西方与中国妇女问题》，杨可译，南京：江苏人民出版社，2011年版，第232-233页。

④ 当时有报道称："湘中近派速成女子师范二十名赴东，定三月底动身，并闻尚拟添派女学生留学完全师范云。"参见《选派速成女子师范生赴东》，载《时报》，乙巳三月十一日（1905年4月15日）；《派习师范》，载《女子世界》，1904年第12期。

⑤ 璩鑫圭、童富勇编：《中国近代教育史资料汇编：教育思想》，上海：上海教育出版社，2007年版，第757页；舒新城：《近代中国留学史》，上海：中华书局，1929年版，第130页。有学者认为王昌国是在1910年1月进入实践女校学习，显然这种说法是错误的。参见霍修勇：《两湖地区辛亥革命新论》，长沙：国防科技大学出版社，2008年版，第389页。

中就有王昌国、张汉英、黄国厚等人后来成为著名的女权领袖和女教育家。[①]当时，同行赴日的黄尊三称赞曰："同行者，尚有女生杨庄、吴珊、胡济、王昌国、黄瑞等五人，年龄二十上下，活泼大雅，无畏缩娇羞态，可谓得女界风气之先者。"[②]应指出的是，当时的观念认为女子应养在深闺，无须知识与才华。因此，这些赴日留学的女学生，无疑对当时男权占主导之社会产生了巨大震撼。同时，她们既需要打破封建传统之束缚，又需要面对世人之偏见与嘲讽，这必然要有莫大的勇气和决心。

王昌国进入的实践女校，乃由日本著名女教育家下田歌子创办。早在光绪二十八年（1902年），就有八名中国女学生随父兄到日本读书，其中便有四名学生入读实践女校，成为该校最早留有记录的留学生。不过，王昌国所在的这批女学生与此前的女学生不同，她们是经过官方选拔后自愿来到日本留学的。当时，实践女校除"汉文教员"章士钊（善化籍）、"经济协商"刘颂虞（善化籍）、"口译"范源濂（湘阴籍）、吴家驹（湘潭籍）、胡迈（湘潭籍）等是中国人外，其余教员均是日本人。

实践女校为这批女留学生专门设立速成的"师范科"与"工艺科"，学制为一年，使她们"以短少之时日，得能尽其天职之智能"。[③]在这二十人中，有十三人选读师范科，七人选读工艺科，王昌国所读为工艺科。她们与自费留日的秋瑾、唐群英等女杰一起在该女校学习。所学科目包括教育、理科、历史、地理、日语、游戏、体操、唱歌、算术、编物、图画、制花、修身、演

---

①　这批女学生的名单与介绍，可参见《中国女留学生之调查》，载《时报》，乙巳六月二十九日（1905年7月31日）；黄曾甫：《长沙女子教育史话》，载中国人民政治协商会议长沙市委员会文史资料研究委员会编：《长沙文史资料》（第八辑），内部发行，1989年，第166-168页；许珮琅：《辛亥革命前的女子教育》，载中国人民政治协商会议湖南省委员会文史资料研究委员会编：《湖南文史资料选辑》（第十辑），内部发行，1978年，第63页；陆承裕：《同盟会女志士张汉英传略》，载中国人民政治协商会议湖南省委员会文史资料研究委员会编：《湖南文史》（第43辑），长沙：湖南文史杂志社，1991年版，第168页；雷良波、陈阳凤、熊贤军：《中国女子教育史》，武汉：武汉出版社，1993年版，第259页；谢长法：《中国留学教育史》，太原：山西教育出版社，2006年版，第58页；潘崇：《端方与清末女子留学教育》，载《文史知识》，2010年第1期。这批女学生到达东京的情况，参见［日］阿部洋：《中国の近代教育と明治日本》，东京：福村出版株式会社，1990年版，第100-101页。

②　黄尊三：《黄尊三日记》（上册），谭徐锋整理，南京：凤凰出版社，2019年版，第3页。

③　《实践女学校附属清国女子师范工艺速成科规则》，载《女子世界》，1905年第1号；《日本实践女学校附属中国女子留学生师范工艺速成科规则》，载《东方杂志》，1905年第6期。

文等，但师范科不学制花，工艺科不学地理、历史。

王昌国等留日女学生受到实践女校的高度重视，该校专门为她们在"赤坂区桧町十番地"设置分教场。当时，下田歌子校长和青木文造副校长"几乎每天到分教场视察"①。同时，日本教育界、政治界和妇女界的名流，如前田舍松、神尾光臣、宫崎滔天、近卫文麿、远山稻子、远藤清子、柳原白莲等纷纷前来实践女校了解王昌国等女留学生的学习情况。此外，当时的大多数报纸，均对这批女留学生进行了非常正面的报道。譬如，有中国报纸经过调查后，报道这批湖南女留学生称："彼等皆抱有将来归国振兴女学之志，且与从前来日女生不同，汉文均极明通，至于身体则有矫健之概，而无柔弱之气，均甚热心向学，进步实大有可观。"②日本的报纸同样报道称："杨枢及范源濂、杨度等十六人为发展本国妇女教育，募集二十人赴实践女学校留学。留学生均为官宦子女，即为儒家。……与过去留学生不同，她们有较高汉文素养，动作敏捷，没有清国妇女的柔弱风俗，能够严守时间，热心学术研究。"③这些报道反映了王昌国等人的优秀特质。

留日期间，王昌国在东京参加了黄兴、宋教仁等组织欢迎孙中山先生的大会，并倾听孙中山之演讲，极为赞同民主革命思想。由于孙中山倡导男女平等，并支持女子参政之主张，其所领导之同盟会亦明确赞成"男女平权"。为推翻清廷和追求女权，王昌国遂在1905年选择参加同盟会，成为该会的早期女会员。

当时，中国留日学生之革命情绪与反清活动日趋活跃，这令清政府极度恐慌。为此，清政府便要求日本当局采取措施，限制留日学生之革命活动。明治三十八年（1905年）十一月，日本文部省借口国内各类学校和中国留日学生良莠不齐，颁布了《关于许清国人入学之公私立学校之规程》。这个规程通常被称作"取缔规则"，其旨在取缔不合格的日本学校以及整顿、限制中国人留

---

① ［日］藤村善吉：《下田歌子先生传》，东京：故下田歌子校长先生传记编纂所，1943年版，第403页。然而，当时中国的报道则称："下田歌子所设实践女学校之分校，原为欢迎中国女子起见，此校开创以来，下田歌子于每周内必往此校三、四次，而往本校仅二、三次。"参见《日女感情》，载《女子世界》，1905年第3期。

② 《中国女留学生之调查》，载《时报》，乙巳六月二十九日（1905年7月31日）。

③ 《師範科研究の清國女學生》，载［东京］《朝日新闻》，1905年7月24日。

学。①此举引发了广大中国留日学生之愤慨，其中一部分学生主张回国，以示抗议，如秋瑾等人；另一部分学生主张罢课，抗争到底，如王昌国、何香凝、张汉英等人。两方相互争执，分歧严重。②王昌国主张罢课，她认为异国虽好，终非久恋之乡，但也提醒大家不应该忘记为学业而来之目的，倘若在未完成学业之前便贸然回国，明显牺牲太大。最终，大家同意罢课，并向日本当局表示抗议，要求立即取消《关于许清国人入学之公私立学校之规程》。

有学者指出："留日女学生是一个非常活跃的力量。日本明治维新后，妇女运动兴起，福泽谕吉和森有礼诸人提倡女权，主张人类皆有自由自主权利，展开了争取女权运动。怀着寻求救国救民的要求解放的青年妇女到了日本，受到明治遗风的刺激，她们迫切要求把这种新风移植到灾难深重的祖国。"③明治三十九年（1906年），王昌国以优异的成绩在日本完成学业。为发展家乡的女子教育和女权事业，她回到湖南省醴陵县，创办了该县历史上最早的女子学堂——醴陵女子实业学堂。④

但是，未过多久，王昌国便于光绪三十三年（1907年）再次东赴日本留学，与唐群英一并进入东京成女高等学校。此时，她们认为中国女子未能独立于社会主要存在两方面之原因，即"一曰无教育，二曰无团体"，"无教育则无智识，无团体则无公义"。故而，她们认为："是非普及教育不可，非结大团体不可。然准登高自卑、求远自迩之理，则当自先结留东团体始。"⑤

于是，为联络情谊、交换智识与推广公益，王昌国和唐群英等人发起成

---

① 陈潮：《近代留学生》，北京：中华书局，2010年版，第50页；［美］詹逊：《中国留日学运与辛亥革命之关系》，载中华书局编辑部编：《纪念辛亥革命七十周年学术讨论会论文集》（下册），北京：中华书局，1983年版，第2609页。

② 独立苍茫子：《东京学界公愤始末告乡人父老兴学书》，载中国史学会主编：《中国近代史资料丛刊：辛亥革命》（第二册），上海：上海人民出版社、上海书店出版社，2000年版，第217-234页。

③ 荣铁生：《辛亥革命前后的中国妇女运动》，载中华书局编辑部编：《纪念辛亥革命七十周年学术讨论会论文集》（上册），北京：中华书局，1983年版，第656页。

④ 陈丽霞：《傲雪红梅：株洲革命女杰传略》，长沙：湖南人民出版社，2017年版，第23页。除王昌国外，这些留日女学生回国后，亦大多成为女子教育事业之先驱者，是诸多女校之创始人。譬如，黄萱佑创立隐储女子师范学校，黄国厚创立衡粹女子职业学校，张汉英创立醴陵女子学堂，唐群英创立岳北女子职业学校。同时，她们也是社会活动家，是近代中国妇女解放事业之先驱。

⑤ 燕斌：《中国留日女学生会成立通告书》，载《中国新女界杂志》，1907年第2期；谈社英：《中国妇女运动通史》，南京：妇女共鸣社，1936年版，第13页。

立中国留日女学生会。其中，唐群英和燕斌担任中国留日女学生会书记，王昌国和李瑛则担任弹正（均系该会领导成员）。王昌国的主要职责是维护和整理会中秩序。中国留日女学生会以互相帮助的方式解决"远渡重洋、游学异国"的女留学生之实际困难，还竭力呼吁国内女同胞"发挥学术，推阐公理，增长人权，速求进境"。中国留日女学生会作为统一女留学生界和争取女子权利之组织，其促推着女性留学教育之开展，加强了留日女学生之联系，提高了留日女学生之女权思想，在近代中国妇女解放运动中发挥过重大作用。王昌国作为该会之领导成员，在日本较为广泛地接受了西方民主与女权思想之洗礼，这为她日后归国争取民主自由、男女平等、女性权利和女子参政等方面的事业奠定了重要基础。

二、转向参政：从女子国民会到参政同盟会

1911年10月10日，辛亥革命爆发，女界亦投入革命浪潮。民国肇建，女界不断以结社、集会、上书、面谒等具体方式，要求当局落实男女平等，赋予女子以参政之权利。王昌国在辛亥革命发生后毅然返国，并亲身参与到近代中国的女权事业中。她先在长沙主持创立全省性的妇女团体，以争取女性之教育平等权。嗣后，她又将目标转向参政权，与唐群英、张汉英等女杰在南京发起组织全国性的女子参政团体，并参与领导了近代中国第一次女子参政运动。

（一）成立湖南女子国民会争取教育平等权

辛亥之际是中国女权主义运动的高涨时期，伴随着欧风东渐潮流，西方的男女平等思想亦逐步传入，女权斗争日趋激烈，中国传统的"男尊女卑"观念逐渐式微。在这一段时期里，"妇女被排斥在能给予她们正式教育资历的学校教育之外，激进的妇女活动家们认为这种明显的做法是她们实现政治理想的主要障碍。为了解决这个问题，她们应该具有同等机会获得教育，那么两性之间获得政治权利的差异才会被消除"[1]。民国成立前，便有人指出："独我中国女子，五千多年来沉沦于柔脆、怯弱、黑暗、惨酷之世界，是何故哉？吾一言蔽之曰：女学不兴之害也。"[2]时人还指出："复权乎？建国乎？此二问

---

① ［澳］李木兰：《性别、政治与民主：近代中国的妇女参政》，方小平译，南京：江苏人民出版社，2014年版，第64页。

② 竹庄：《论中国女学不兴之害》，载《女子世界》，1904年第3期。

题于何解决之，亦曰解决之于教育而已。今者女子教育之议案，殆为国民所公认，天下健者，攘臂以图之者，殆有人矣。"[①]当时，有人在谈及女学界之障碍时亦指出：

> 因为女子不曾与男子受平等的教育，被男子的压制，数千余年，所以女界黑暗到了这个地步，现在准备实力与男子竞争，除却从教育上着手，实在没有的法子。……现在民国成立，不但是男子要养成独立的人格，就是女子也要养成独立的人格。所以女子要与男子受平等的教育。……我们女子想做民国完全女国民，必先研究完全的女教育，与其专靠男子扶助我们，不若靠自家较真切些。[②]

简言之，要兴女权，就必须使女子有受教育权。事实上，早在光绪二十九年（1903年）就有女权主义者指出"教育"与"女权"两者之紧密关系，其认为：

> 我国女子之失权也已数千年于兹矣！洞耳缠足，不出户庭，不读诗书，见闻浅陋，唯知奴颜婢膝，依赖他人……。中国女子之无权，实由于无学，既以无学而无权，则欲倡女权，必先兴女学。盖女子若无学问，虽畀以权利，亦不能保，学问充足，品位自高，权利将不求而自至。……吾愿同胞之有志恢复女权者，必先以兴女学为事，而勿侈言女权也可。[③]

由此可见，该女权主义者认为女子只有先具备学问、学识，然后才可以言女权。而学问和学识之取得，无疑离不开教育，故女子教育和女学便成为时人关注之焦点。时人竹庄指出："夫惟有自治之学识之道德之女子，而后可以言女权。"[④]丹忱亦认为："欲女子之有学识与道德，舍教育其奚从。盖教育

[①] 安如：《论女界之前途》，载《女子世界》，1905年第1号。
[②] 《女学界之障碍》，载《女子白话旬报》，1912年第3-4期。
[③] 方君笋：《兴女学以复女权说》，载《江苏》，1903年第3期。
[④] 竹庄：《女权说》，载《女子世界》，1904年第5期。

者，女权之复之预备也。"①鉴于多数国人动辄以女子之学问、见识、能力等程度不够，来作为拒绝女子享有各项权利之挡箭牌，当时的女权主义者遂将教育视为女子取得各项权利之预备，这甚至成为一项重要共识。

当时，秋瑾在致湖南第一女学堂的书中指出："欲脱男子之范围，非自立不可。欲自立，非求学艺不可，非合群不可。"②时人亦指出："学问既不能与男子平等，自然一切权利都不能平等了。所以现在咱们女同胞们，要争那平等的权利，非先从学问上下手不可。若要学问平等，又非从教育上下手不可。"③还有人则指出："女子者，全国生命之机关也；女学者，全国教育之机关也。女子强，则种强；女学兴，则国兴。"④这种使女性"获得教育"以"促进女权"之思想，在女权主义者中造成了长足影响。因此，女权主义者始终相信"自强之道，须以开女智、兴女权为根本"⑤。这表明当时的女子已经有较大之觉醒。而觉醒的重要标志便是"女国民"概念之提出。⑥这主要是因为，在"国民"两字的统合之下，并非仅有男子，亦应涵括女子。故此，强调发展女子教育，使女子"养成国民资格"和"做完全国民"，成为当时国民思潮的重要组成部分。⑦

1911年12月，王昌国从日本返归湘省，并在省垣长沙主持创立湖南女子国民会，会址就设在长沙烈士祠内。由王昌国全权主持日常会务。湖南女子国民会初期以主张男女教育平等为宗旨，争取女子和男子享有同等受教育的机会。⑧王昌国等人认为："知识是人类共有的，不能只给男子不给女子"，因而"妇女要求恢复的权利首先是上学的权利"。她们还明确指出："但求万众之幸福，莫计一身之牺牲"，从而"使后人心目中不复有重男轻女之念"。同

---

① 丹忱：《论复女权必以教育为预备》，载《女子世界》，1905年第3期。

② 《留学日本秋女士瑾致湖南第一女学堂书》，载《女子世界》，1905年第1号。

③ 《男女教育平等之确证》，载《女子白话旬报》，1912年第7期。

④ 铁公：《述湖南之女子教育》，载《新民丛报》，1904年第3号。

⑤ 《论提倡女学之宗旨》，载《女子世界》，1907年第4-5期。

⑥ 邓庆平主编：《中国社会史十讲》，北京：光明日报出版社，2022年版，第209页。

⑦ 陈永森：《告别臣民的尝试：清末民初的公民意识与公民行为》，北京：中国人民大学出版社，2004年版，第169页。

⑧ 湖南省地方志编纂委员会编：《湖南省志·第三卷·党派群团志·妇女团体》，北京：五洲传播出版社，2002年版，第24页。

时，她们还认为："女子教育的目的，不是培养贤妻良母，而是使她们成为反抗压迫、独立自由、品质高尚、体魄健强、献身革命的人。"[1]

在王昌国的领导下，湖南女子国民会还投入民主革命之浪潮，积极支援辛亥革命，为前线各路革命军"劝捐助饷"和"宣传联络"。其中，该会在发布的《敬告女同胞》中，就明确阐述了女界劝捐助饷的三项理由："一是要先担负责任，方能改变歧视妇女之传统；二是女同胞们都是汉人，就应该担负责任；三是只有先尽义务，方可享权利。"[2]由此可见，王昌国等人此时已经将"女权革命"与"政治革命"融为一体，希望以投身"政治革命"之潮流来取得与男子之平权。[3]她们劝捐助饷的实际行动，为革命军筹措到了部分军饷，有效匡助了武昌前线的抗清斗争，为辛亥革命作出了湖南女界应有之贡献。

1912年1月1日，南京临时政府正式宣告成立。此后，中国女权运动之重心，已从劝捐助饷的"军事斗争"转变成争取参政权的"政治斗争"。有学者就指出："这种从'尽义务'到'享权利'的思想转变，昭示了以湘籍女杰为代表的民初知识女性自身权利意识的觉醒。"[4]如前所述，湖南女子国民会最初主要关注男女教育平等之问题。后来，王昌国认为该会关注之范围较为狭隘，遂决定采取措施扩大男女平等之权利，以增强女权运动之影响。于是，以王昌国为代表的女杰们明确提出自身之权利诉求，将女权斗争之目标从争取"教育平等权"转向谋求"参政权"。在这种参政意识下，王昌国便投入筹设全国性的女子参政团体中。直到女子参政同盟会成立后，湖南女子国民会才正式终止活动。

（二）发起女子参政同盟会争取女子参政权

中国几千年的政制、礼教、风俗、习惯，使得女子只能在男子的统治下

---

① 《湖南女国民会宣言书》，载《天铎报》，1912年3月1日。

② 《敬告女同胞》，载《天铎报》，1912年2月8日-12日。这种先尽义务、后享权利之观点，此前早就有人提出："义务者，权利之代价。吾告吾女子曰：女子居国民一部分，欲期他日同享权利，即目前不当放弃义务。"参见《女国民捐之兴起》，载《女子世界》，1907年第4-5期。

③ 赵立彬、李瑾：《从"国民之母"到"女国民"——辛亥革命时期妇女解放思潮及其激进化》，载《亚洲研究》，2006年第53期。

④ 万琼华：《从"尽义务"到"享权利"——以辛亥革命时期湘籍四女杰为中心的考察》，载《湖南社会科学》，2011年第5期。

管理家事，不得与闻政治。①为打破几千年来禁锢女性之传统，近代女权运动有推翻封建专制和追求男女平权的双重目标。对此，我国台湾地区的著名学者王家俭就明确指出："我国近代的女权运动，含有双重的远大目标：一为政治上的反满革命，一为社会上的男女平等。当满清未曾推翻以前，君主专制盛行，男子尚无参政之权，更不论女子，自以进行反满革命为优先。可是一旦将满清推翻，男子获得参政权，妇女便应同样的享有，以期打破过去的男女不平等。故女子新军甫经解散，女子参政团体随即接踵而起。"②随着革命政权之建立，封建政权之垮台，女子参政运动亦逐步兴起。

民国初定，女子开始积极谋求参政权。有学者指出："南京临时政府成立前后，军事活动逐步为政治活动所替代，锋芒所指，转向女子参政。……她们纷纷将原有的军事、救护等团体改组为要求女子参政的组织。"③诚如斯言，当时许多革命女杰，如唐群英、王昌国与张汉英等人转而投入参政热潮中，将原有的女革命军改组为具有政治意识的妇女团体。她们向共和政府呼吁，要求女子直接参政议政。④这些女杰普遍认为："就军事而论，女子之有功民国，未尝稍逊于男子。同尽义务，即宜同享权利。"⑤换言之，女子既为国民一分子，国民所有责任是应该承担的，国民所有权利也是应该享受的。女子在革命时期已经尽到国民之义务，革命成功后理应享受参政权。⑥这正如王昌国等人所宣称的那样："像那同盟会五大政纲，本有'男女平权'一条，女

① 向警予：《国民会议与妇女》，载《妇女周报》，1924年12月14日。毛泽东同志指出，中国的女子受到政权、族权、神权与夫权之束缚和压迫。参见毛泽东：《毛泽东选集》（第一卷），北京：人民出版社，1991年版，第31页。

② 王家俭：《民初的女子参政运动》，载《台湾师范大学历史学报》，1983年第11期。

③ 荣铁生：《辛亥革命前后的中国妇女运动》，载中华书局编辑部编：《纪念辛亥革命七十周年学术讨论会论文集》（上册），北京：中华书局，1983年版，第664-665页。

④ 近代著名报人陶菊隐指出：伴随着辛亥革命的政治大风暴，全国某些地区出现了风起云涌的女权运动，领导这个运动的有湖南的唐群英、丁佩兰、王昌国，浙江的沈佩贞、尹志锐，江西的吴木兰，广东的徐宗汉等。她们大声地疾呼男女平权，在议会和政府部门力争女子名额，学校要规定男女同校，反对家庭包办婚姻，提倡女子剪发、放足等。她们出入官衙，开会演说，印发传单，无人敢加以非难，甚至大总统、大都督之流还得礼聘为顾问、参议，以示尊重女权。参见陶菊隐：《记者生活三十年：亲历民国重大事件》，北京：中华书局，2005年版，第5-6页。

⑤ 江纫兰：《说女子参政之理由》，载《妇女时报》，1912年第8号。

⑥ 邓庆平主编：《中国社会史十讲》，北京：光明日报出版社，2022年版，第212页。

子既然尽了革命义务，就应当享了参政的权利，在公理上才讲得过去。"①事实上，王昌国等人也已经认识到只有获得参政权，女子的其余各项权利才能得到切实保障。②对此，正如时人江纫兰所言："今日女界同侪，其为社会效力者，亦不一其人。学务之创兴也，工艺之振作也，慈善事业之扩充也，多不赖男子之提倡。然无参政权，则组织之方，进行之策，或苦于前途阻力，不能收圆满效果。"③同时，王昌国等人也开始意识到，各地名目繁多的女子参政团体，力量极为分散，故难以收参政之实效。

当时，王昌国代表湖南女子国民会前往南京开会，她表示："愿欲与各处女界联络向中央政府要求教育平等，现以此事范围太狭，甚愿扩充其会主义。"④欲扩张女权，必先要参政。于是，为有效谋求"女子参政权"与"男女平权"，王昌国极力主张与南京、上海等地的妇女团体联合采取行动。

1912年4月8日，王昌国与唐群英、张汉英、林宗素、吴木兰、沈佩贞等诸位女界领袖，代表女子国民会、女子参政同志会、女子同盟会、女子后援会和女子尚武会等数个女权团体，在南京四象桥"湘军公所"联合创立全国性的女子参政同盟会。⑤在这次会议上，"首由唐女士群英报告开会宗旨。次由张女士汉英宣布政纲及解释会章条文。次王女士昌国演说，主张教育平等，于家庭之习惯尤三致意"⑥。最后再由王昌国宣布女子参政同盟会闭会。这次会议选举唐群英担任"总理"，张汉英担任"总务部长"，王昌国担任"教育部长"。王昌国主要负责"普及女子法政智识及一切普通教育等事"。这些女杰一起主持女子参政同盟会工作，并共同领导了近代中国第一次女子参政运动。这次会议还通过了《女子参政同盟会简章草案》，规定女子参政同盟会以"实行男女平等"和"实行参政"为宗旨。⑦最后，会议还发布了《宣言书》，明确阐述女子参政之主张，要求还给女子之参政权。该宣言称：

---

① 《女子参政同盟始末记》，载《女子白话旬报》，1912年第1期。

② 陈永森：《告别臣民的尝试：清末民初的公民意识与公民行为》，北京：中国人民大学出版社，2004年版，第256页。

③ 江纫兰：《说女子参政之理由》，载《妇女时报》，1912年第8号。

④ 《女界参政同盟会纪事》，载《天铎报》，1912年3月2日-6日。

⑤ 《女子参政同盟会启事》，载《民立报》，1912年4月2日。

⑥ 《女子参政同盟会纪事》，载《民立报》，1912年4月12日。

⑦ 《女子参政同盟会简章草案》，载《女子白话旬报》，1912年第3期。

今兹革命，吾国异族专横之毒，已划削销磨，建立民国，将以公民团体组织议会，以为政府监督机关。吾女子即居全国公民之半，则吾党今日冲决网罗，扫除障碍，其第一步之事业，即在争此公民之地位耳。……政治上之不平等，即吾女子最先受病之处也。吾侪今日之进行，惟先求得此政治上之地位。……迺者，民国宪法将付表决，吾侪欲争得此公民之地位，即当于此宪法上求之。宪法者，万法之原，人民自由权利所恃以为长城之障也。吾诸姑姨妹，其投袂以兴。①

女子参政同盟会明确表示："此会之成立，必须达到女子参政之目的而后止。"②换而言之，女子参政同盟会呼吁在《临时约法》上明确规定女子和男子享有平等的参政权，即选举权、被选举权与充任官吏权等，要求实现真正的"民主政治"，以替代现有的"男主政治"。③女子参政同盟会从创立伊始，就全面投入追求参政权的运动中，并成为近代中国第一次女子参政运动的实际领导力量，这既表明近代中国女界冲破封建之罗网与打破纲常之束缚终于拥有了自己的组织，亦标志着女界的政治实践已由追求民族、国家利益向女子自身利益转换。而湘籍女杰王昌国作为女子参政同盟会的领导成员，在其中发挥着重要作用。

三、争取参政：从大闹参议院到反对袁世凯

女子参政同盟会曾旗帜鲜明地要求在根本法中确立女子享有参政权，即女子应享有选举权与被选举权。王昌国作为女子参政同盟会的领导成员，她与各位女权领袖多次采取激烈之方式争取参政权，先后引发"大闹参议院""扭打宋教仁"与"反对袁世凯"等政治风波。

---

① 《女子参政同盟会宣言书》，载《女子白话旬报》，1912年第3期。
② 《女子参政同盟会纪事》，载《民立报》，1912年4月12日。
③ 李又宁：《孙中山先生与清末民元的妇女运动》，载孙中山先生与近代中国学术讨论集编辑委员会编：《孙中山先生与近代中国学术讨论集 第一册：孙中山先生思想学说》，台北：孙中山先生与近代中国学术讨论集编辑委员会，1985年版，第256页。

（一）大闹参议院：力将女子参政写入约法

南京临时政府成立后，临时参议院即着手起草《临时约法》。于是，筹组中的女子参政同盟会，便力争将"女子参政"与"男女平权"之内容写进《临时约法》。她们深信一旦女子有参政权，通过修改现存法律，确立在法律面前男女平等的原则，女子受压迫的状况就能改变。[①]因此，她们公开声称参政权"为还我所固有"，故"值此宪法改订之际，吾人须从根本上要求解决"。[②]随后，女界推举唐群英、王昌国等二十人向参议院上书。她们明确指出：

> 兹幸神州光复，专制变为共和，政治革命既举于前，社会革命将踵于后。欲弭社会革命之惨剧，必先求社会之平等；欲求社会之平等，必先求男女之平权；欲求男女之平权，非先与女子以参政权不可。……上书贵院执事诸公，请于宪法正文之内，订明无论男女，一律平等，均有选举权及被选举权；或不须订明，即将本国人民一语，申明系包括男女而言，另以正式公文解释宣布，以为女子得有参政权之证据。[③]

然而，1912年3月11日公布的《临时约法》中对"女子参政"则只字未提，遂激起整个女界之强烈愤懑。可以想象，民国肇造，女子之参政权便被完全排除在"根本法"的制度规划外，这对当时的女权领袖而言，无疑是一个重大打击。3月19日，她们又上书参议院。但是，参议院却认为这"事体重大"，不能够"仓促速定"，必须等到国会正式召开后，方能"解决此等问题"。[④]此时，她们已经忍无可忍，遂决意赶赴参议院进行质问。

3月20日，唐群英和王昌国等女权领袖动员女界同胞围住参议院，继而打碎参议院的玻璃，暴力踢翻值班卫兵，强行闯入会议现场，与男性议员就女权条款展开激烈辩论。[⑤]针对某些男性议员贬低甚至侮辱女子参政之言行，王昌

---

① 潘敏：《评近代中国女权主义运动观》，载《妇女研究论丛》，2001年第4期。

② 《女界参政同盟会纪事》，载《天铎报》，1912年3月2日-6日。

③ 《中华民国女界代表上参议院书》，载《时报》，1912年2月27日。

④ 《要求女子参政权之武力》，载《时报》，1912年3月23日。

⑤ 《要求女子参政权之武力》，载《时报》，1912年3月23日。

国明确反驳道："推翻帝制，建立民国，民不分男女，都应平等，女子参政天经地义。"并接着说道："你们口口声声讲民国，但谈到女子参政，就不以女子为国民。"①她们强烈抗议和严厉谴责男性议员忽视女权之行径，造成轰动一时的"大闹参议院事件"。

此外，针对《临时约法》第五条之规定："中华民国人民一律平等，无种族、阶级、宗教之区别。"②王昌国、唐群英、张汉英等女界代表转而向临时大总统孙中山上书，宣称：

> 吾女子之要求参政权也，既已一再上书参议院，求其将女子与男子权利一律平等、明白规定于《临时约法》之中。今观此项条文，不独不为积极的规定，反为积极的取消。是参议院显与吾侪女子为意气之争，而不暇求义理之正。吾党宁能默然？吾党之意，仅以闻于吾女子者，对于约法第五条，或请删去"无种族、阶级、宗教之区别"一语，以为将来解释上捐除障碍；或即请于"种族、阶级、宗教"之间，添入男女二字，以昭平允。③

4月8日，女子参政同盟会甫经成立，便立即致电各省都督，对参议院剥夺女子参政权之行径表示抗议。女子参政同盟会声称：

> 乃南京参议院派充之议员，规定《临时约法》，剥夺女权。群英等迭次上书要求改附条件，诸议员纯以专制手段欺我同胞，意欲将二万万之聪颖黄裔，永远沉沦于黑暗世界，忍心害理，一至于此！不图民国成立之日，犹有压制之毒焰。所有南京参议院所布之《临时约法》，我女界绝不承认。特此声明。④

---

① 衡阳市妇女联合会编：《唐群英史料集萃》，内部发行，2006年，第17-18页。

② 赖骏楠编：《宪制道路与中国命运：中国近代宪法文献选编（1840—1949）》（上卷），北京：中央编译出版社，2017年版，第355页。

③ 《女子参政会上孙中山书》，载《时报》，1912年3月23日；张莲波编：《辛亥革命时期的妇女社团》，郑州：河南大学出版社，2016年版，第250页。

④ 《女子参政同盟会致各省都督等电》，载《民声日报》，1912年4月12日。

遗憾的是，当时由男性公开把持、暗地操控与实际支配的中国政界，多置男女平等、男女平权于不顾。女界虽然誓死力争，但最终亦未取得参政权。对此，女界同人亦无可奈何，她们质问道："民主共和，实行平等主义，男女平等即男女平权、参政者平权之确据也。男子为国民，女子亦为国民，同为国民，而不许同参国政，焉得谓之平权。"①尽管如此，以王昌国等为代表的女界领袖，仍未放弃或动摇追求女子参政权之努力。

（二）扭打宋教仁：反对删除男女平权政纲

继大闹参议院后不久，王昌国等女权领袖随即又引发了震惊全国的"扭打宋教仁事件"。

随着南北议和成功，孙中山宣布下野，黄兴则留守南京。革命党人宋教仁认为不扩大党势，难以争夺议席，更难以组织责任内阁，故必须联合其他小党，以组织更为强大的政党。1912年7月，在宋教仁等人的强力主导下，同盟会计划联合统一共和党、国民公党、共和实进会与国民共进会等政治组织，组建成党势更为强大的国民党。他们意欲凭借"政党政治"和"责任内阁"，来阻抑袁世凯之个人独裁。②本来，"同盟会之政纲，采用国家社会主义，主张男女平权，较其他政党为急进"③。在商讨合并的过程中，以岑春煊为首领的国民公党虽愿意与同盟会合并，但条件是要取消"男女平权"之规定。④

宋教仁等同盟会领导人为寻求其他党派之合作与支持，故决定删除"男女平权"之政纲，以示妥协。将国民党之政纲定为保持政治统一、发展地方自治、励行种族同化、采用民生政策、维持国际和平。⑤由于政纲中取消男女平权、社会政策等规定，国民党的革命性大为消解。⑥显然，宋教仁等人努力推进众党之合并，却无辜累及女界。随即引发女界之极度愤懑，并遭到王昌国、唐群英等同盟会女会员之强烈反对。令人始料未及，曾经并肩作战的革命同志，此时俨然已转变成为尖锐对立的敌我双方。8月14日，深感被革命同志背

---

① 江纫兰：《说女子参政之理由》，载《妇女时报》，1912年第8号。

② 邹鲁：《中国国民党史稿》（上册），上海：东方出版中心，2011年版，第121页；张国淦《中华民国国会篇》，载庄建平主编：《近代史资料文库》（第二卷），上海：上海书店出版社，2009年版，第82页。

③ 杨幼炯：《中国政党史》，上海：商务印书馆，1937年版，第50页。

④ 刘景泉：《北京民国政府议会政治研究》，天津：天津教育出版社，2006年版，第169页。

⑤ 《政党消息》，载《法政杂志》，1912年第2卷第3号。

⑥ 张国福：《中华民国法制简史》，北京：北京大学出版社，1986年版，第105页。

叛的同盟会女会员，大兴问罪之师。王昌国更是大骂道："同盟会为无数同胞血泪构成，汝辈丧心病狂若此。语毕，仍痛骂不置。"她们还质问：

> 此次同盟会合并，何以不知会女会员，擅由一般男会员作主？且合并之后，何以擅将党纲中"男女平权"一条删去？显系蔑视女会员，独行专断。此等合并，吾辈女会员绝不承认。又谓宋教仁受人愚骗，甘心卖党，大骂不已，且欲以武力对待。一般男会员垂头丧气，无敢争辩。①

8月25日，国民党在北京"湖广会馆"②举行成立大会。王昌国、唐群英等女杰又亲临会场，并严厉质问为何把"男女平权"之政纲删去。同时，她们再次要求在政纲中重新写上"男女平权"。经由张继出面，草就"男女平权"四个大字，提议赞成入政纲者举手。但是，会场真正赞成此要求之议员寥寥无几，因而该提议未能通过。③随后，孙中山出面解释删去"男女平权"政纲之原因是各党不尽赞同，劝女会员们要以国事为重，"勿徒执细小意见"。孙中山还称："男女平权本同盟会所主张之政纲，将来男女平权亦必当然之事。惟现在当以国事为重，如国家不保，不但女子不能自由，男子亦不能自由，故现在当以保国为重。"④王昌国、唐群英等女会员严厉指责"男子挟私把持，压抑女性"，并批评孙中山"其言终不得要领"。

在抗议未果后，刚好听到宋教仁宣布删除"男女平权"之政纲。此时，她们已然怒不可遏。唐群英、王昌国与沈佩贞等飞速冲向主席台，在大会上公然扭打了宋教仁，以致会场秩序大乱，与会诸公皆哗然。⑤王昌国还在主席台上严厉指责宋教仁："谓此次改组政纲，何以删去男女平权一条。太看女人不

---

① 《同盟会女会员之愤激》，载《大公报》，1912年8月16日。

② 湖广会馆是湖南和湖北两省的会馆，前清时凡京官宴会大都于此举行，以联络同乡情谊。

③ 事实上，当时多数革命党人不赞成女子享有参政权。汪精卫、吴稚晖、蔡元培、李石曾等发起进德会，倡导不作官、不作议员，王宠惠就批评道："女子参政，男子进德，国家将亡，必有妖孽。"参见张殿兴编：《胡汉民自述》，北京：人民出版社，2014年版，第105页。

④ 《二十五日之湖广馆》，载《申报》，1912年8月31日。

⑤ 也有学者认为当时上台扭打宋教仁者，仅有唐群英和王昌国两人，这疑似有误。参见叶曙明：《国会现场（1911—1928）》，杭州：浙江人民出版社，2013年版，第57-58页。

起，今日为二万万女同胞出气。"宋教仁则答曰："此系全体会员决议，非主席一人所得而私！"王昌国又大骂："尔等会员孰非女子所生？非用手枪打死尔辈不可。"[1]关于当时的会议情形，报道称："忽唐等行至宋教仁坐地，遽举手抓其额，扭其胡，而以纤手乱批宋颊，清脆之声，震于屋瓦。众大哗，斥其无礼。"[2]此时，甚至就连准备上前调解的林森，还未及开口，一巴掌便已扇到脸上，整个会场更是一片混乱。

外国学者李木兰（Louise Edwards）指出："王昌国能够对如此声名显赫的国民党领导人进行肢体攻击，这说明了她对自己所隶属的这个政党，为了政治上的权宜之计而背叛性别平等原则感到绝望。"[3]尽管王昌国、唐群英等女权领袖极度愤慨，甚至全然不顾个人形象，以暴力争取女权，但终因赞同"男女平权"之男性党员极少，她们力争女权之行动再次遭受失败。对此，有学者评价道："民初妇女参政权争取受挫，其中因素虽然相当复杂，但当时政坛上权力在握的诸男子，排斥妇女参与国家大事，则是显见的事实。从清末到民初，女权运动虽然有所推进，妇女想要获得参与国家或公众事务的合法权利，仍是功亏一篑。"[4]这种评价，可谓颇中肯綮。

（三）反对袁世凯：刚烈争取女子参政权利

在女子参政同盟会极力谋求参政权之际，袁世凯窃夺了革命果实。1912年3月10日，袁世凯在北京就任临时大总统。3月18日，袁世凯致电各省速派参议员莅会。4月8日，南京参议院通告休会，宣布迁往北京。[5]女子参政同盟会的代表"亦拟伴同议员北上，继续要求，以期必达完全之目的"[6]。袁世凯在得知她们意欲北上之目的后，顿感颇为棘手。于是，他立即给尚在南京的参议

---

① 中华民国史事纪要编辑委员会编：《中华民国史事纪要（初稿）：中华民国元年（一九一二）七至十二月份》，台北：中华民国史料研究中心，1971年版，第118页。

② 《国民党成立大会纪事》，载《神州日报》，1912年8月28日。

③ ［澳］李木兰：《性别、政治与民主：近代中国的妇女参政》，方小平译，南京：江苏人民出版社，2014年版，第111页。

④ 黄锦珠：《"妇言"的跨界与移动——以清末民初妇女报刊为观察重心》，载《汉学研究》，2018年第4期。

⑤ 张国福：《中华民国法制简史》，北京：北京大学出版社，1986年版，第100页。

⑥ 《女子团亦有北上消息》，载《大公报》，1912年4月10日。

院发去密电，声明绝不能给予女子参政之权利。①嗣后，他又致电国务总理唐绍仪，在电文中提出："应准其举定代表一二人来京，不得令其全体北上，以免种种窒碍。"②但是，女界全然不理会袁世凯之反对与阻遏，毅然派出唐群英、王昌国等"联袂北上"，以联合"北方女界"之力量，继续谋求女子参政权。

1912年7月，她们探知到参议院草拟的《国会选举法》，并未规定女子享有参政权，认为"此乃切肤之利害"，必须"出死力以争之"，并与北方女界商讨应付之法。于是，南北女界推举王昌国等人去面见参议院议长吴景濂，表示参议院之意见，"本会万难接受"。当时，激进的女界代表沈佩贞更是明言："如参议院不赞成其议，即以兵戎从事"，她们"代表女界欲以革命要求参政权之意见，大有不达目的不肯干休之势"，而吴景濂议长则"只得含糊敷衍，并不敢表示赞否之主见"。③此后，女界代表又多次前赴参议院，但吴景濂议长均避而不见，只派招待员出来敷衍应付。④

8月10日，北京临时政府公布《国会组织法》《参议院议员选举法》与《众议院议员选举法》。⑤关于国会议员资格问题，仍然只是规定男子才拥有选举权与被选举权，基本延续了南京参议院对女子参政的态度与倾向。⑥为加快争取参政权之步伐，10月20日，女子参政同盟会又与北方女界在中央蒙养院组织"女子参政同盟会本部"。会上推举唐群英为总理，王昌国与继识一则担任协理。同时，女界还创立了中央女校、女子法政学校和《女子白话旬

---

① 《大总统慎重女子参政问题》，载《大公报》，1912年4月6日。

② 《袁世凯电阻女子团北上》，载《大公报》，1912年4月14日。

③ 《女子要求参政权》，载《天平洋报》，1912年8月7日。

④ 《参议院之黑暗》，载《女子白话旬报》，1912年第3-4期。

⑤ 张国淦：《中华民国国会篇》，载庄建平主编：《近代史资料文库》（第二卷），上海：上海书店出版社，2009年版，第98页；张国福：《中华民国法制简史》，北京：北京大学出版社，1986年版，第102页；李学智：《民国初年的法治思潮与法制建设：以国会立法活动为中心的研究》，北京：中国社会科学出版社，2004年版，第170页。

⑥ 李细珠：《性别冲突与民初政治民主化的限度——以民初女子参政权案为例》，载《历史研究》，2005年第4期。

报》。①其中，中央女校是由王昌国一手创办的，当时有报道称，王氏之学问与毅力，"真正是我女同胞中绝无仅有的，去年到北京时，原想办一座女子大学，因为欲求参政，必先从教育平等上着手。后因经费不足，只得改办女工传习所"。后来，女工传习所又改为中央女校，内分为补习科、工艺科、初等班和蒙学班。该校各科教习"均名誉素隆、学识兼备，且又热心讲授，循循善诱"。"王君于每日上课时间，必亲身到讲堂内观察，各班学生，无一个不欣悦的，据这样看来，那中央女学校的学生，将来一定要占优胜了，何愁不能参政呢？"报道还称："我中国女权不振，皆因女学不兴的缘故，像王君这样的热心，这样的教育，真是难得！"②可见，在王昌国之主持下，中央女校"成绩甚优"。然而，王昌国等女权领袖争取女子参政权的道路却充满着荆棘。

袁世凯对女权运动和女子参政本就极为反感，而参议院当时亦唯袁氏马首是瞻，自然不敢违逆袁氏之意愿。故而，参议院自然继续否决了女界要求参政权之请求。因是之故，王昌国等女界领袖不但公然视参议院为"女界公敌"，甚至还公开反对袁世凯。她们强硬地宣称：

> 议员亦女子所生，当民军起义时代，女子充任秘密侦探，组织炸弹队，种种危险，女子等牺牲性命、财产，与男子同功，何以革命成功，竟弃女子于不顾？女子亦组织中华民国之重要分子，二万万女同胞，当然与男子立于平等之地位。凡反对女子参政者，将来必有最后之对待方法。即袁大总统不赞成女子有参政权，亦必不承认袁为大总统。三日后，当复来参议院，为最后之解决。将来中华民国之民法，凡关于女子之能力，若不采用德国制，女子等必用武力解决此问题。③

---

① 其实，这些女权领袖办报和办学之目的，仍是为参政做准备。她们普遍认为："至若我们的参政权，想完全达到目的，必先预备实力，一件是要有参政的知识，一件是要有独立生活的能力。这两件事便是从教育上着手，多开些法政学校与那实业学校，令那常识的女子讲求政治、练习实业。"参见《女子参政同盟会成立志盛》，载《女子白话旬报》，1912年第2期。

② 《王昌国之教育热》，载《女子白话旬报》，1913年第10期。

③ 《女士大骂参议员》，载《爱国报》，1912年12月11日。

对此，袁世凯自然是恼羞成怒，故决意解散女子参政同盟会。1913年11月13日，内务部以"法律无允许明文"为由，解散女子参政同盟会，名噪寰中的民初女子参政运动初步结束。[1]同时，女子法政学校和《女子白话旬报》亦相继停办。1914年3月2日，北洋政府颁布《治安警察条例》，限制女子的政治权利与政治活动。该条例第八条和第十二条规定，女子既"不得加入政治结社"，亦"不得加入政谈集会"。[2]至此，王昌国全程参与领导的近代中国第一次女子参政运动，从最初的"和平请愿""舆论反击"到后期的"暴力抗争"，最终以失败收场。此后，由王昌国主持的中央女校，在艰难地维持若干年后，最终因为经费困窘而被迫停办。据女子参政同盟会庶务沙慕新回忆："只有中央女校，在王昌国的主持下埋头于办学，学校维持了若干年，但最后还是因为校址和经费困窘，无力支持而停办。后来王昌国郁郁不得志，回湖南醴陵办学去了。"[3]

应指出的是，以往学界多将女子参政运动之失败，归结于袁世凯对女权运动之敌视与破坏。事实上，革命党人对女权之看法在思想上亦存在着严重局限，男性占主导地位的革命党人对女权采取"整体排斥"之态度，亦是以王昌国为代表的民初女杰争取参政权失败之重要原因。[4]在同盟会主要成员中，除孙中山、蔡元培、柳亚子等少数人同情女子参政运动外，其他人多持漠不关心的态度。有些革命党人虽在革命中表示支持，但革命胜利后又采取置之不理的态度。[5]

虽然女子参政运动以失败告终，但它第一次以"语言暴力"和"行为暴

---

① 何黎萍：《西方浪潮影响下的民国妇女权利》，北京：九州出版社，2009年版，第296页。

② 《治安警察条例》，载《政府公报》，1914年3月3日。

③ 沙慕新：《辛亥革命前后我参加妇运的回忆》，载沈俊鸿编：《江阴名人自述》，上海：上海古籍出版社，2008年版，第64页。

④ 有学者较为准确地概括了第一次女子参政运动失败的原因：第一，没有得到多数男性的支持。当时绝大多数男性，包括同盟会中的男性，还没有真正的男女平等意识。第二，没有得到广大妇女的支持。参政运动仅仅是以唐群英、张汉英、王昌国等同盟会女会员率领的极少数妇女所为，并未得到广大妇女的响应。第三，袁世凯政府的压制。袁世凯将纲常道德视为救世法宝，对女子参政极为蔑视。参见陈永森：《告别臣民的尝试：清末民初的公民意识与公民行为》，北京：中国人民大学出版社，2004年版，第259-261页。

⑤ 荣铁生：《辛亥革命前后的中国妇女运动》，载中华书局编辑部编：《纪念辛亥革命七十周年学术讨论会论文集》（上册），北京：中华书局，1983年版，第670页。

力"的方式要求国家政府向女性赋权，这其中所蕴含的女性自我拯救的意义是重大的。[①]第一次女子参政运动失败后，女子参政同盟会认真吸取教训，决意转换斗争之策略，由中央转战地方，以谋取女权运动在地方获得更好的发展。

四、成功参政：首位女省议员最先在湘产生

在湖南女界之不懈斗争下，1922年1月1日通过的《湖南省宪法》率全国之先，明确规定女子享有选举权和被选举权，近代女界希望参政之夙愿最早在湖南得以实现。当时，王昌国由北京返回湘省，投入湖南省议员的竞选活动中，经过艰难的竞选，她最终成功当选为中国历史上第一位女性省议员。

（一）女权契机：湖南率先规定女子参政

20世纪20年代，直系军阀曹锟、吴佩孚在全国大力推行"武力统一"之政策，各地方军阀为抵御直系军阀之侵吞，高唱"地方自治"和"联省自治"之口号。有些省的地方自治搞得颇具声色，有的甚至组建"自治政府"，召开省县议会，制定省宪法。在全国各省中，湖南督军谭延闿率先宣布本省实施自治，这客观上为女界争取参政权提供了重要契机。是故，湘省女界又投入这场新的参政运动中。有学者指出："参政运动在20年代初再度兴起，乃是辛亥时期女子参政运动的直接继承和延续。"[②]在这场再度兴起的参政运动中，以湖南最为成熟。经历过新文化运动影响的湘省女界，开始借助"自治"与"制宪"之良机，谋求女子参政权。

1921年初，在《湖南省宪法》草案的审查阶段，为谋求女子参政，实现男女平权，湖南知识界妇女便动员广大女性同胞创建湖南女界联合会。该会之宗旨是"发展女子能力"和"力争人权平等"。湖南女界联合会在第一次宣言中指出：

---

① 李奇志：《清末民初思想和文学中的"英雌"话语》，武汉：湖北教育出版社，2006年版，第189页。亦正如有些学者所言："尽管她们打碎玻璃，踢倒卫兵，强行闯入议院，殴打宋教仁，乃至宣布不与男人结婚……，其方式成为时人的笑谈。但她们能够冲破传统的道德规范，顶住社会的各种压力，其勇气确实可钦可敬。"参见陈永森：《告别臣民的尝试：清末民初的公民意识与公民行为》，北京：中国人民大学出版社，2004年版，第261页。

② 郑新蓉、杜芳琴主编：《社会性别与妇女发展》，西安：陕西人民教育出版社，2000年版，第73页。

　　这是同人等恢复女子人权的决心，却也根据有四种理由：（一）确信人权由于天性，女子具有天性，应有人权；（二）确信人权是人类生活，女子有生活，即有人权；（三）确信人权平等，中国男女权利不平等，所以要恢复女子人权；（四）确信人权互相维系，现在讲求社会协助，所以要运动恢复女子人权。根据上项理由，以求达到恢复女子人权的唯一目的。这个问题，本来重大，应该要做的事很多，撮取大纲，约有数类：须取得"财产匀分权"，不受经济的压迫；须取得"公民选举权、被选举权"，得参政法的创造；须取得"教育同等权"，以求知能的发达；须取得"职业对等权"，减少依赖的生活；须取得"婚姻自决权"，破除专制的陋习。要把以上的事实，一概办好，不特同人等自信薄弱。……现在应该急于要做的事，就是"匀分财产"和"参与选举"两事。这两件事如果做到，以后教育、职业、婚姻等事，就容易着手了，这是同人等决定的方针。恰好目前湖南全省人民有个制定"宪法"的运动，同人等预备从这"宪法"上着手运动，也就算是女子人权运动的起点了。[①]

　　其后，湖南女界联合会又公开发布了《自治根本法意见书》，在上述"五项权利"的基础上，又向当时的省宪法起草委员会提起了"六项权利"主张，并希望写入《湖南省宪法》草案。这六项权利分别是："一、女子须有选举权与被选举权；二、女子教育当与男子同等；三、女子职业须与男子同视，不得歧异；四、女子有婚姻自主权；五、女子须有承受父母遗业，保管财产权；六、男子须实行一夫一妻制度。"[②]

　　5月14日，省宪法审查委员会召开会议。资兴籍审查员程子枢和湘乡籍审查员程希洛强烈抵制女子参政。省宪法起草委员黄士衡指出："程子枢、程希洛两人头脑冬烘，思想顽固，反对妇女参政和妇女继承财产之权，尤为激烈。

---

① 《湖南女界联合会宣言书》，载《时事新报》，1921年1月26日。

② 《自治根本法意见书（续）》，载《大公报》，1921年4月11日；李铁明主编：《湖南自治运动史料选编》，长沙：湖南师范大学出版社，2012年版，第307-308页。

时人讽刺他们，呼为'二程'。"①他们甚至主张将省宪中涉及"男女平等"之条款一概删除，公开指出："男子三妻四妾是天经地义，女子只能从事膳食等家务，今女子欲求参政，是为千古奇谈。"②针对此种论调，湖南女界联合会以长沙的《大公报》作为言论与思想阵地，广造社会舆论。5月16日，湖南女界联合会又在省城发起组织大请愿、大示威、大游行。一千多名妇女，手擎写有各种警语的纸旗，沿途分发传单，包围省宪法审查委员会，与审查员进行辩论和争议。③这些女界同胞们，"自晨至午，围守不去，终由副审查长仇鳌负责承认容纳要求"④。省宪法审查委员会"对于女界的要求，决不致漠视"。仇鳌还郑重声明："代表全会意见，对于女界要求的教育平等权、财产继承权、参政权等，都表示赞成。"⑤当时的亲历者称："几千的妇女包围审查会，甚至于还有身怀手枪谋以武力对付审查员的。结果关于女权很多的重要议案虽被否决，但是女子参政等案毕竟通过。"⑥针对程子枢、程希洛这两个顽固分子，女界用坚决之手段取得了完胜。黄士衡指出："第一女师范、蚕业讲习所和其他女校的师生都游行、示威、请愿、宣传，并扬言要以尿罐了作武器痛打'二程'，吓得他两人不敢外出，因此关于妇女参政和妇女继承财产权的原文仍得通过。妇女们取得很大的胜利。"⑦6月1日，湖南省宪法审查会最终以多数票议决，将女子参政权纳入省宪草案。

1922年1月1日，湖南率全国之先颁行中国历史上第一部省宪法《湖南省宪法》。该法是全面吸收当时美国、英国、法国、德国、瑞士等西方国家最先进的制宪经验制定而成的，代表着当时最为先进的宪制理念，这在规定女子

---

① 黄士衡：《赵恒惕的省宪活动》，载中国人民政治协商会议全国委员会文史资料研究委员会编：《文史资料选辑》（第三十辑），北京：文史资料出版社，1962年版，第167页。

② 黄灿坤：《建党至大革命时期的湖南省女界联合会及其活动》，载长沙市妇女联合会编：《长沙巾帼：新民主主义革命时期长沙妇女运动史资料选编》，内部发行，1990年，第32页。

③《全体女界请愿审查会纪事》，载《大公报》，1921年5月17日。

④ 谈社英：《中国妇女运动通史》，南京：妇女共鸣社，1936年版，第107页。

⑤ 吴剑：《湖南女权运动小史》，载《大公报十周纪念特刊》，1925年，第128页。

⑥ 毓明：《湖南妇女运动之过去与将来》，载湖南省妇女联合会、湖南省档案馆合编：《湖南妇运料选编》（二），内部发行，1988年，第48页。

⑦ 黄士衡：《赵恒惕的省宪活动》，载中国人民政治协商会议全国委员会文史资料研究委员会编：《文史资料选辑》（第三十辑），北京：文史资料出版社，1962年版，第168页。

参政权方面体现得尤为明显。该法第二十条、第三十条与第三十一条分别规定女子享有选举权与被选举权。其中，第二十条规定："人民依法律有选举、被选举、提案、总投票及任受公职之权。"第三十条规定："有中华民国国籍之男女，年满二十一岁以上，于调查选举人资格以前，在湖南继续住居满二年以上，有法定住址，无下列情事之一者，皆有选举省议员之权。"第三十一条则规定："公民年满二十五岁以上，无下列情事之一者，皆有被选为省议员之权。"①

于是，湖南成为近代中国最早在法律上确立女子参政之省份。②当时有评论称："湖南此次把女子参政规定在省宪法上，是'东方破天荒的举动'，是中国的光荣，更是湖南的光荣，要唤醒全国女界，大家争得这种权利。"③这些关于女子参政权的法律规定，在当时中国确实属于破天荒之举。也正是湘省女界之不断争取和反复斗争，湖南才率全国之先规定女子享有参政权，故辛亥革命以来女界之参政夙愿最先在湖南得以实现。

（二）艰难竞选：终成中国首位女省议员

据《湖南省宪法》之规定，湖南对省议会和七十五个县议会的议员进行了民主选举。此时，湘省女界亦积极投入议员的竞选活动中，从而出现了"各县妇女团体多应时而起，男女竞选激烈"④之盛况。同时，旅京醴陵同乡女界致电醴陵各界，极力推戴在北京的王昌国回湘参选省议员，其文曰：

> 吾湘省宪法规定女子有参政权。此次省议会选举，闻西南两路均经推定被选女议员。长郡为首善之区，全省观瞻所系，似应推定被选女议员一、二人，以昭公允。吾邑王昌国女士，自东瀛毕业归国后，服务社会、主办教育有十余年，坚苦卓绝，资望素著，且学识宏富，议论通达，尤为同辈所推重。民国元年，南京政府时代，

---

① 《湖南省宪法》，载《东方杂志》，1922年第19卷第22号。

② 即便是女权运动较为活跃的广东省，当时也未争取到女子参政权。1921年，广东起草省宪。3月29日，六百名妇女举行示威运动，要求参政权，结果未遂。参见姚舜生：《中国妇女大事年表》，上海：女子书店，1932年版，第155页。

③ 湖南省地方志编纂委员会编：《湖南省志·第三卷·党派群团志·妇女团体》，北京：五洲传播出版社，2002年版，第129页。

④ 谈社英：《中国妇女运动通史》，南京：妇女共鸣社，1936年版，第107页。

王女士曾为女子参政同盟会领袖。主张女子参政，王女士实为最先提倡之一人。此次以之充当省会议员，实属不可多得之选。旅京同乡公拟劝其回湘，为此次省议员被选候补人。兹特电达台端，如何荷回，即请诸公鼎力主张。于吾醴应出省议员名额内，提出王女士一名，非惟女界之幸事，实为醴邑之光荣。素仰诸公主持正谊，赞襄公益，尚希玉成此举。

窃维吾湘首创省宪，尊重人权，顺世界之新潮，许女子以参政，风声所树，遐迩同钦。吾醴女界自清末以迄如今，十余年来风气日新，人才辈出，较诸各县初无逊色。以学问程度言之，则海外留学毕业者有人，内地各女校毕业者更有人；以政治关系言之，则奔走革新事业者有人，要求女子参政权者亦有人。……王昌国女子前经旅京同乡男界公推回醴为候补被选省会议员，电达台端，谅邀寄览。王女子自东瀛毕业归国后，主办京师暨湖南、湖北、江西各处女学十余载，造就女生成才者数千人，学识优长，资望卓著，男界既经推重，女界尤表欢迎。同人为维持女权、促成湘宪起见，以为此次吾醴应出省议员名额内，纵或不能男女平分，亦应选出女议员一名，以昭公允，而免偏枯。同人集议公决，敦劝王女士即日回醴，预备应选。伏望我同县父老伯叔兄弟诸姑姊妹鼎力主张，玉成斯举。本平等之精神，以为女权之先导，勋名永著。①

不久，王昌国从北京返回醴陵参加竞选，并立刻受到醴陵女界的热烈欢迎与极力拥戴。醴陵女界还调派众多的"宣讲员"，前赴城乡各个投票点进行演讲拉票，并发动选民积极支援女界代表。嗣后，王昌国遂全心投入至议员的竞选活动中。王昌国等呈称："准将醴邑女子之有学识资望者，一律发充事务所职员，并于区团调查证时加派女员会同办理，以重选政等情。"②3月17日，醴陵女界联合会正式成立。该会邀请男界代表二百余人，要求他们在支持

---

① 《醴人推举女议员之两电》，载《大公报》，1922年3月10日。

② 《女员参预选政之电令》，载《大公报》，1922年3月14日。

王昌国竞选省议员一事上签字，以昭信用。但是，此举遭到多数男界代表之强烈反对。湖南《大公报》报道称：

> 当有多数人反对，谓本县议员三人，早经拟定，不能更变。各女士则谓本县共有票六十六万，女界应分一半，至少亦须分三分之一，至于分得票数，任举何人，男界可不过问。彼此由口角，继而争斗，并打伤女生七人，现在该县女界已向法庭正式提起刑讼矣。①

此举令醴陵女界异常激愤，她们纷纷前往县署进行请愿斗争。对此，《大公报》继续追踪报道：

> 醴陵女界运动选举极为激烈，日前在县中开会，陈说女子有争选之必要，娓娓动听，男界无以难之，竟至饷以老拳，女生被殴伤七人，已见前报。兹悉女界提起诉讼，县知事搁置不理。选举期迫，女界奋斗精神再接再厉，连日在各处演说，并要求委管理员及监察员男女各半，县知事初未允可，各区境董复从中把持，迄无办法。自前日起，女界千余人结队面谒县知事，与之力争，三日不食，夜则露坐庭中。外间復时以危词恐吓，谓男界将不利于女子，女界屹不为动。县校女生尤告奋勇，每人手握一纸，条写"自愿打死"字样，谓如果有不测，各家长不得埋怨，校长、教员未阻止云云。延至昨二十三日下午三句钟，县知事及省派来之委员睹此情形，知女权不可过事压抑，乃与区境董协商，准如所请。女界得此结果，始整队离署。说者谓此次王昌国女士大有当选希望云。②

在醴陵女界的努力下，王昌国相继当选为醴陵县议员和湖南省议员，成为中国历史上第一位女性省议员。③在中国近代史上，这无疑属于破天荒

---

① 《醴陵选举之大风潮》，载《大公报》，1922年3月21日。
② 《醴陵女界被殴后之选举运动》，载《大公报》，1922年3月25日。
③ 王昌国是三名醴陵籍省议员之一，另外两名男性省议员为廖汉瀛、朱侣雲。参见陈鲲修、刘谦纂：《醴陵县志》（影印本），长沙：湖南人民出版社，2009年版，第159页。

之举。醴陵女界为女权而斗争之行动，立即引起湘潭、宁乡等十余地女界之效仿，促推了近代湖南女权事业之进展。[①]针对王昌国之当选，当时就有学者指出："这证明中国妇女有参与政治的能力，并且政治舞台上也能容纳女子。"[②]在这次大规模的民主选举中，湖南总计选举产生一百六十六位省议员，王昌国是其中唯一的女省议员，亦是当时中国唯一的女省议员。时人有诗称赞曰：

> 议席能推女丈夫，美欧而外几人乎；吾华今忽君膺选，应许东西并驾驱。
>
> 女学提倡近廿年，春风四座共称贤；邑中弟子皆高足，十万雄狮奏凯旋。
>
> 湘院人才亦众多，独君一出似悬河；席终试向诸公问，巾帼须眉果若何。
>
> 宣圣当年感叹频，才难一语岂无因；尼山此去知亲谒，应说今犹有妇人。[③]

这几句诗反映了王昌国在当选为省议员后，当时中国的女权达到与西方并驾齐驱之地位；[④]也反映了王昌国办学成绩甚优，在选举时邑中女学生共投十万票助她当选之情形；还反映了王昌国在出席省议会时，常有鼓掌欢迎之盛况；

---

① 除醴陵之外，长沙、宁乡、湘潭、湘乡、桃源、衡阳、郴县、益阳、宝庆、浏阳、祁阳、平江、保靖等十余县，均有女性当选成为县议员。其中，湘潭县当选的女议员最多，有万毓珍、文自谋、黄伦、黄文竣、陈光耿、徐舒、易庚吾等七人。除王昌国之外，湘乡的吴家瑛、长沙的周天璞亦参加了省议员的竞选，吴家瑛顺利当选成为候补省议员。参见湖南省地方志编纂委员会编：《湖南省志·第三卷·党派群团志·妇女团体》，北京：五洲传播出版社，2002年版，第129页；魏桃初、饶怀民：《湘籍辛亥志士与近代湖南民主进程》，载《湖南社会科学》，2012年第6期。

② 陈东原：《中国妇女生活史》，上海：商务印书馆，1928年版，第424页。

③ 《赠王女议员昌国》，载《交通丛报》，1922年第87期；亦见《顺天时报》，1922年7月5日。

④ 事实上，1922年颁布的《湖南省宪法》是中国最早赋予女子参政权之法律文件。以比较的视角观之，女子参政最早起源于法国大革命。而第一个赋予女子参政权的是1893年的英属地新西兰。就是以民主自由为标榜之美国，也是在1920年8月18日通过的第19条修正案才承认女子参政权。而法国、瑞士等欧洲国家则更晚，"二战"后才明确规定女子参政权。西方女界经过很长时间争取的参政权，在极短的时间里被湖南女界所实现，可见当时湖南走在时代之前列。

最后反映了王昌国作为女界代表受邀赴山东参加全国教育联合会议之事实。故时人指出："中国女权之发达，恐无过于湖南者。"[1]此外，时论亦云：

> 嗟我女界，数千年来置压迫之下，无人权可言。民国肇兴，始稍有生气，然法律上、社会上仍未能得相等之地位，环视国内，仅湘、粤两省女权较为发达，议会中已有女子置喙之余地，虽凤毛麟角，彼众我寡，未能复几许之人权，实开全国之先例。[2]

在近代这个女杰辈出之时期，王昌国能成为中国第一位女省议员，首先是时势造英雄之典型结果。正因为湖南在省宪自治运动的时代潮流中，走在其他省份之前列，才最早颁行省宪法，最早确立女子参政权，并在此基础上开展男女议员的民主选举。此外，王昌国能成功当选，还与其自身之不懈努力和醴陵女界之鼎力帮助密不可分。王昌国曾两度赴日留学，回国后发起组织妇女团体，并用实际行动向当局争女权，其为女权而斗争之精神，在醴陵女界具有相当高的影响力与号召力，故她才能得到醴陵女界之拥戴与襄助，并最终当选。

五、关注女权：湖南省议员任上的参政实践

王昌国当选为湖南省议员后，仍一如既往为女权事业而奋斗。归纳言之，她在省议员任上的参政实践主要包括如下几端：多次提起发展女权之议案、积极支持女子之参政实践、倡导恢复湖南女界联合会、驳斥男性议员对女权之贬低。

（一）多次提起发展女权之议案

王昌国作为当时中国的第一位女省议员，始终关注着女性同胞之权利，她多次向省议会提起发展女权和教育之议案。譬如，从1923年4月开始，王昌国曾数次向省议会提请"限期废止娼妓"的议案。至1925年3月，在王昌国的不懈努力下，省议会最终通过废止娼妓案。此外，王昌国极为注重教育在发

---

[1] 宫廷璋：《湖南近年来之新文化运动》，载《大公报十周纪念特刊》，1925年，第84页。
[2] 《女权运动同盟会之三电》，载《申报》，1924年11月21日。

展女权中的作用，故极力主张男女应当享受平等的受教育权。[①]1921年10月15日，王昌国就向省议会提出"资助贫苦学生"的议案。[②]

1922年5月21日，王昌国联合万毓玲等女县议员，在"稻田女校"（即省立第一女子师范学校）向湖南当局提出教育平等、经济独立、男女对等与婚姻自决等四项要求。其中，针对教育平等，"俟省议会议教育案时，应将宪法上规定之增加教育经费，拨一部分与各县办女子学校"；针对经济独立，"应俟省议会定民法时，当提出研究"；针对男女对等，"拟请省署及各机关一律解放，此女子所能作的事，均要委女子充当，藉以尽我们的天职"；针对婚姻自决，"惟现在来省饥民，每将儿女发卖，我们一方面想法禁止，一方面请各官署想法禁绝买卖人口方法"。[③]

1922年7月，王昌国作为湖南省议员，且曾办女学十余年，成绩颇著。于是，她受到中华教育改进社[④]的盛情邀请，前往山东省垣济南出席全国教育联合会议。王昌国向该会议提交了两项议案，即"男女教育均等案"和"贫富教育均等案"。前项议案全称为"开放全国各校男女同学并遇留学东西洋考试男女一律选派案"，王昌国在该议案中指出：

> 窃自欧化东渐以来，男女平等之理，如日中天，昭昭在人耳
> 目。我国人乘此潮流，风起云涌，咸有鼓动拔起之势，可见公理
> 自在人心，不可膜［漠］视。惟可念者，男女平等之理，虽已彰

[①] 譬如，1912年9月，在女子参政同盟会欢迎万国女子参政同盟会代表嘉德夫人、马克维夫人、解古柏斯博士等来华之会议上，王昌国就发表演说称："女子之要求参政，应从教育着手。"参见《女子参政会纪事》，载《民立报》，1912年9月27日。

[②] 关于该提案之要点，参见《新民主主义革命时期长沙妇女运动纪事》，载长沙市妇女联合会编：《长沙巾帼：新民主主义革命时期长沙妇女运动史资料选编》，内部发行，1990年，第190—191页。

[③] 中华民国史事纪要编辑委员会编：《中华民国史事纪要（初稿）：民国十一年（一九二二）一至六月份》，台北：中华民国史料研究中心，1982年版，第834页。

[④] 中华教育改进社是在新教育共进社、新教育杂志社、实际教育调查社等基础上联合组织成的教育团体，由蔡元培、范源濂、郭秉文、黄炎培、汪精卫、熊希龄、张伯苓、李湘辰、袁希涛等九位名流担任董事，由梁启超、孟禄、严范荪、张仲仁、李石曾等五位名流担任名誉董事。该社集合了全国各地的教育资源，是当时中国最具影响力的全国性教育团体。参见《中华教育改进社成立纪要》，载《新教育》，1922年第4卷第2期；王文岭：《中华教育改进社成立背景与组织发展概况》，载邓友超、刘立德主编：《教育史研究》（第一册），北京：人民教育出版社，2019年版，第42-91页。

明较著，而法律上之不平等如故，习惯上之不平等如故，道德上之不平等如故。究其症结之所在，无非男女知识阶级，阶之厉也。今欲使女子知识与男子平等，则除非注重女子教育，其道莫由。昌国以为我国数千年习惯，重男轻女，今日虽昌言女权，顾女子之入小学者，除通都大邑外，已属无多，至于入中学，则甚少焉，在专门以上各校肄业者，更寥寥若晨星，全国可屈指数也。以二万万之女子，令长此无知无识，日受豢养于男子肘腋之下，不能为国家生财，不能为社会服务，自人权上及一国经济上言之，皆为不利。不惟女子之不利，且亦为男子之大害。盖尝言之，今日欲使女子皆有知识，非与男子同受相当之教育不易有效；欲使女子与男子同受相当之教育，又非开放全国各校男女同学，可与男子一律选派出洋留学，则又不能成功。[①]

紧接着，王昌国又具体阐述主张男女同校和男女一律选派留学之理由：一、男女同学，可以节省教育经费，凡属高等、专门以上各校，既无为女子另设专校之必要，即中小各学，亦不必另图扩充，其事轻而易举。二、女子教育，即时可与男子教育普及于全国，不致因师资困难及设备迁延，难于推广。三、女子与男子同学，平常见闻所及，容易促进其努力向上之心。四、女子得选派出洋留学，俾吸收欧美各国之新文化，可自动的改良。据此四项理由，用特主张将全国大学、高等、专门以及中小各校，无论国立、公立、私立，一律开放，男女同学；并遇有留学（东）西洋考试，女子与男子一律选派，机会均等，以广教育。从此全国女子，无大无小，无人不学，不受何等限制。凡男子可能之事，女子皆可为之，一国文化革新之源，庶在乎此。[②]

后项议案全称为"救助贫苦学生与以特种利益教育均等案"，王昌国在该议案中指出：

---

① 《开放全国各校男女同学并遇留学东西洋考试男女一律选派案》，载《妇女杂志》，1922年第8卷第9号。

② 《开放全国各校男女同学并遇留学东西洋考试男女一律选派案》，载《妇女杂志》，1922年第8卷第9号。

窃人生天地之间，其因经济而受生活上之困难，已属不幸。如因经济而再受教育上之限制，更属不平。欧战以后，世界各国，渐渐顾虑于此，皆注目于社会主义之发展，此亦大势所趋，不得不尔。我国历史素重人道，对此问题，尤应注意。此次关税增加，为数甚巨。关于教育经费分配项下，似应另提专款，救济贫苦子弟之求学，务使贫者得与富者机会均等，一律同受国家相当教育，方为有合。兹将管见所及，拟订办法如下：（一）凡属国立、公立各校，对于家无产业之学生，得酌量免除其学费。（二）凡属各私立学校，如有容收贫生免费者，至十人以上时，得由政府酌量补助之。①

客观而言，这两项议案均十分具有创见性，尤其是建议"全国各校，一律男女同校"，这在当时具有很大的思想冲击力。7月7日，基于王昌国在女权运动中的强大影响力，她还受济南十三家报社之邀请，与梁启超、胡适、蒋梦麟等社会名流一同发表演说。②

（二）积极支持女子的参政实践

1922年10月17日，为培养女子的法政知识与参政意识，提高女子的参政实践能力，由湘省女界发起的湖南女子法政讲习会，在长沙"培德女校"召开成立大会，到会者有数百人之多，由王昌国担任该会主席。王昌国在会上作组织本会的报告，阐述了女子进法政学校学习实为必要之道理。③该讲习会的课程具体包括经济大意、法制大意、自治要义、妇女问题等四种；会员资格为师范或中学毕业或有同等学力的社会服务者；年龄为二十岁至五十岁为合格。湖南女子法政讲习会之开办，无疑促进了湖南新式女性之培养，并为湖南女子之参政实践作出了必要准备。

1922年9月10日，湖南省省长选举完毕后，继而将选举新政府的组成成员

---

① 《湖南女省议员在济南发表的教育意见》，载《民国日报》，1922年7月19日。

② 中国社会科学院近代史研究所中华民国史研究室编：《胡适的日记》，北京：中华书局，1985年版，第396页。

③ 《新民主主义革命时期长沙妇女运动纪事》，载长沙市妇女联合会编：《长沙巾帼：新民主主义革命时期长沙妇女运动史资料选编》，内部发行，1990年，第192页。

即省务员（司长）提上日程。9月25日，湖南女界联合会就是否"加入省务员选举竞争"，特开"干事、评议两部联席会"，展开讨论。会上，王昌国主张女界应当抓住机会，踊跃参加竞选，她指出：

> 本会宣言女子参政，并非为虚荣心，只因现在社会不能不从政治上求解决。若女子不加入政界，自谋解决之方，则教育、职业种种事业，仍然是一种依赖性，断难改造环境。据本席意见，无论事之成否，女界自身责任，断难放弃。[①]

王昌国之主张，得到刘瑛等评议员的赞同和支持。于是，湖南女界联合会推出陈俶、曾宝荪、袁昌英、童锡桢、欧阳雅文、吴家瑛等六名代表参加省务员的竞选。同时，她们还多方活动，试图取得湘省各界和省议员的支持。譬如，9月27日，湖南女界联合会就假湖南省教育会会址招待省议员，女界代表相继发表演说。会上，王昌国极力向省议员们推荐女界代表，她说：

> 人言女子程度不及，若昌国之愚，诚所谓程度不及者，然吾女界未尝无人。如曾宝荪女士留英返国，办理"艺芳女学"，堪任教育或交涉司长。省议会会计吴家瑛女士，出纳清明，可为财政司长。此外，陈俶、欧阳骏（即欧阳雅文）、童锡桢、袁昌英诸女士，皆一时人杰，不让须眉。[②]

当时，湘省女杰向警予亦指出："女权运动是妇女的人权运动，也是妇女的民权运动。不独妇女应起来运动，即不是妇女而是一个酷爱人权、酷爱民权的男子也应起来帮着运动。……参政运动是女权运动的枢纽，至少也要办到参政，女权运动始有较圆满的意味。"[③]诚然，尽管《湖南省宪法》已经确切规定"男女平权"，但要真正将其落实下去，谈何容易。故而，湖南女界联合会推出的六名女候选人，最终竟无一人当选。针对王昌国等人之处境，时论早

---

① 《湘女界之政治运动》，载《申报》，1922年10月1日。
② 《湘省女子之新希望》，载《申报》，1922年10月3日。
③ 向警予：《中国妇女运动杂评》，载《前锋》，1923年12月1日。

已指出："各议员口上虽说得天花乱坠，赞成女子参政，心里却以为牝鸡亦欲司晨，乌乎可？故王昌国竭其全力，疏通议员，议员均微笑点首，而此微笑点首，已非诚意之表示矣！"[1]当然，湖南女界在省内各界的驰援下，尚有一些女子被选举上来担任其他公职。譬如，湘潭李宗莲被选为省议会财产保管处处员。此外，教育司出现女视学员，实业司出现女办事员，省议会亦出现女会计和女书记员。[2]这些均是当时湖南女子在参政运动中所取得的具体成果。

（三）倡导恢复湖南女界联合会

如前所述，早在1921年初，湖南女界联合会便已创立。但至1923年，该会却因人事变更频繁，终致缺人主持而停止活动。1922年9月27日，王昌国、唐群英等人曾在长沙组织政党"平社"，以"巩固省宪"和"发扬民治精神"。[3]后来，她们逐渐认识到："参与政治活动者为数太少，实因乏有实力之团体，为之后援。"[4]为增强湖南女界之影响力，以更有效地争取女权，王昌国极力主张恢复湖南女界联合会。

1924年，湖南正如火如荼地推进地方自治，为促进女权事业之发展，王昌国和唐群英、葛健豪（即蔡和森、蔡畅之母）等湘籍女杰提出恢复湖南女界联合会之倡议。6月9日，她们正式在长沙的"复陶女校"恢复湖南女界联合会，到会者有学校教员和公共团体女职员百余人，会议重新选举了负责人和职员。最终选举朱其慧（熊希龄夫人）[5]担任会长，王昌国和唐群英担任副会长。此时，因朱其慧在北京担任中华平民教育总会会长。于是，又改由王昌国担任湖南女界联合会会长。[6]湖南女界联合会恢复后，将原来的宗旨"发展女子能力"和"力争人权平等"，修改成"发展女权，改良社会，谋女子一切幸福"。对此，王昌国在会上演讲云：

> 男女平等，早为世界所公认。湘省省宪虽许女子参政，对于承

---

① 《湘省女子之新希望》，载《申报》，1922年10月3日。

② 湖南省地方志编纂委员会编：《湖南省志·第三卷·党派群团志·妇女团体》，北京：五洲传播出版社，2002年版，第130页。

③ 《女界组织政党》，载《大公报》，1922年9月28日。

④ 谈社英：《中国妇女运动通史》，南京：妇女共鸣社，1936年版，第108页。

⑤ 贾逸君：《民国名人传》（下），北京：民主与建设出版社，2012年版，第580页。

⑥ 《女界联合会恢复矣》，载《大公报》，1924年6月10日。

继财产权种种，尚未规定。我们应团结起来，力争女子种种权利，万不可落后。昌国忝列议席，凡有妨害女权者，无不力争。如省政府咨来之十三年度预算案，昨交会审查，其第六款为花捐，昌国出席反对列入经常门，以求贯彻昌国去年所提之废娼意见，最后结果，花捐列入临时门，我们应该继续大肆运动废娼，以保存女子人格。至女子参政，不能与男子争衡之原因，虽说是女子无团结力，而经济不平等，亦为一大原因，我们应力争继承财产权。比如，钟王氏要求继承财产案，官厅判决之不平，我们应竭力援助，使女子个个经济权能独立才好。至现在教育司取缔女校，如同防贼，实属侮辱我女界，我们应一致反对，以保女子人格。我等发起恢复女界联合会，就是想结紧我女界之团体，以求伸张女权，铲除一切阻碍，望诸君努力进行。[①]

此后，在湖南女界联合会的影响下，全省有二十余个县组建了县级女界联合会。另外，湖南女界联合会还创办了《湖南妇女》和《妇女先锋》两本杂志，以宣传女权思想。可以说，王昌国等人领导恢复后的湖南女界联合会，持续投入湘省的女权斗争中，直至1927年"大革命"失败后，方最终停止活动。

（四）驳斥男性议员对女权之贬低

王昌国在湖南省议员任上，坚决同敌视女权之男性议员展开斗争，以捍卫女子参政运动之成果。1924年9月，直系军阀吴佩孚以武力威胁湖南省省长赵恒惕"取消自治"和"废除省宪"。在强大的军事压力下，赵恒惕不得不向吴佩孚妥协，即在不取消湖南自治的前提下，对《湖南省宪法》进行部分修改。然而，省宪法会议在修改省宪法时，针对"女子是否应当享有财产继承权"问题，产生了巨大分歧，引发了激烈争论。部分男性议员认为"男女平权"仅限于省宪法所规定的"受教育权"与"参政权"，故女子决不能享有"财产继承权"。与之相对，王昌国则坚持主张女子只有获得财产继承权，才

---

① 《湖南女界联合会复活》，载《妇女周报》，1924年6月25日。

能真正立足于社会，才能有人身自由和人格独立。[1]故而，她力争在修改的省宪法中，明确规定女子应当享有财产继承权。

然而，受传统思想影响颇深的资兴籍省议员程子枢，是一贯反对和攻击女权运动的代表人物，时常发表一些惊世骇俗的荒谬之论，他甚至宣称："女子参政运动是调情运动，应取缔。"时人向警予曾描述："怪不得湖南省议员程子枢，他看见议会中有了女议员，议会场中有了剪发的女子与男子杂座，便顿时狂吠起来，认为玷辱了庙堂。女议员在会议席上占首位，便愤然作色地说：难道湖南一百几十个议员是王昌国（即占首位的女议员之姓名）的儿子吗？"[2]更有甚者，程子枢议员"一见王昌国之背影，即退避唯恐不速，盖彼以为妇人、女子不可近，近则必得奇辱"[3]。1924年11月2日，程子枢议员更是向湖南省宪法会议提交反对女权的三项议案：一是女子不能受义务教育以上之教育；二是女子无选举权；三是不资助贫户女学童。[4]程子枢议员的三项议案，直接将矛头指向女权，且得到另外十五位男性省议员的支持，这对湖南女界可谓当头棒喝。

11月9日，王昌国与时已当选为女省议员的吴家瑛，立即组织在长沙古稻田的湖南省立第一女子师范学校召开湖南女界联合会会议，以商讨应对方案。据称："有二十余学校代表与各界妇女八百余人参加了此次会议……。与会代表认真讨论了争取女子参政和受义务教育的问题，一致认为，要向赞成取消女子权利的议员做工作，以争取女子参政权、受义务教育权的实现。"[5]11月16日，王昌国又与吴家瑛举行记者会，呼吁社会各界支持湖南女界的主张，引发省内外舆论的广泛支持。譬如，上海女权运动同盟会就致电声援：

湖南省长沙女界联合会王昌国、吴家瑛诸先生鉴：……讵日前

---

① 当时，毛泽东同志亦认为："女子无财产，女子要解决教育、职业、参政、婚姻种种问题，都是说梦。财产是一个根本，教育、职业、婚姻种种都是枝叶。"参见毛泽东：《省宪法草案的最大缺点》，载李铁明主编：《湖南自治运动史料选编》，长沙：湖南师范大学出版社，2012年版，第493页。

② 向警予：《国民会议与妇女》，载《妇女周报》，1924年12月14日。

③ 《湘省女子之新希望》，载《申报》，1922年10月3日。

④ 宫廷璋：《湖南近年来之新文化运动》，载《大公报十周纪念特刊》，1925年，第84页。

⑤ 《新民主主义革命时期长沙妇女运动纪事》，载长沙市妇女联合会编：《长沙巾帼：新民主主义革命时期长沙妇女运动史资料选编》，内部发行，1990年，第195页。

报载贵省议会议员程子枢，竟有取消女子参政权、（受）教育权之提议，并此已得之些须，常汇剥夺净尽，蹂躏人权，莫此为甚。该议员苟非丧心病狂，曷克出此。敝同人等，认为女界公敌，正拟一致声讨。[①]

同时，上海女权运动同盟会还致电湖南省宪法会议，电文中云：

人权天赋，孰得面子奋，即诸君代表民意，修订省宪，亦复根据于此，应如何统筹兼虑，亦保障而发展之。乃程子枢身为共和民国省宪之议员，反倡为专制时代蹂躏人权之谬论，提议取消女子参政及受教育权，殊不知女子乃国民之母，是不独欲愚今后之女界，直间接欲愚今后之国民，一言灭性，宁止丧邦，虽处极刑，不竟其罪。报载贵会诸君打消妄议，足见高明，惟莠苗不去，嘉禾难殖，亟须逐此害马，以杜滥竽，则公道可存，人权可保。非独女界殷殷之望，惟诸君图之。[②]

11月17日，王昌国等人又通过湖南女界联合会组织近百人前往省宪法会议请愿、示威和抗议。同时，王昌国还在省议会上对程子枢议员之议案大加驳斥，并得到绝大多数省议员的同情和赞同，使得程子枢议员所提反对女权之议案最终未能通过，有效地捍卫了湖南女界同胞之权益。

余 论

王昌国在辛亥革命前曾两度赴日留学并开始接触女权思想，学成归国后相继组织湖南女子国民会争取女子教育平等权，发起女子参政同盟会追求女子参政权，为将女子参政权写入《临时约法》而大闹参议院，为反对删除"男女平权"之政纲而扭打宋教仁，为争取女子参政权而公然反对袁世凯，在省宪自治时期更当选为中国第一位女省议员，在省议员任上提出诸多发展女权之议

---

① 《女权运动同盟会之三电》，载《申报》，1924年11月21日。
② 《女权运动同盟会之三电》，载《申报》，1924年11月21日。

案，促推了近代湖南女权事业之进展。就此而言，王昌国是民初当之无愧的女权领袖。诚如有学者所言："大革命兴起到北伐战争前夕，湖南妇运的主要力量是城市知识妇女，唐群英、葛健豪、吴家瑛、王昌国等是知识妇女力争女权的先驱和领袖。"[①]然而，到民国后期，王昌国等人逐渐从女子参政的舞台上隐退，不再成为女权事业的主角。[②]笔者认为这种角色之转变，是由当时的社会形势和个人选择共同作用之结果。

伴随着马克思主义之输入与群众运动之兴起，原有女权主义分化成"自由主义女权"与"社会主义女权"。前者是由知识妇女主导的，后者则是由劳动妇女主导的，这两种并驾齐驱的女权主义，使得当时"中国妇女运动史开始出现两条主线索"。[③]尤其是1924年出现的"革命妇女运动"开始融入至民族解放的革命运动中，并和底层社会形成紧密联系，这无疑是中国女权运动之重大进步。就湖南而言，至1925年3月，中国共产党派遣女党员缪伯英等参与湖南女界联合会之活动，并对该会进行改组，将其顺利纳入中国共产党领导的国民革命中，使该会成为湖南妇女解放运动中的核心组织。此后，中国女权事业不再是纯粹的"参政运动"，而是联合全部被压迫民众共同谋求解放的"革命运动"。

事实上，也只有参加国民革命，推翻普通民众头上的压迫者，女子才能彻底地摆脱政治、经济等各方面之压迫，这已成为国共两党之共识。国民党女党员何香凝就指出："目前形势，已大改变，感到妇女解放，必须要参加国民革命，而要在革命成功后始能达到妇女解放。"[④]共产党女党员杨之华亦认为："妇女运动只有参加于总的国民革命运动之中，才能得到尽量的发展。"[⑤]1926年3月8日，湖南女界联合会主办的《妇女先锋》杂志在发刊词中再次明确指出："妇女解放，男女平权，必须在国民革命成功之后。故今后觉

---

① 刘小云：《简论大革命时期湖南妇女运动的贡献》，载《玉林师范学院学报（哲学社会科学）》，2002年第1期。

② 1926年，唐生智逼迫湖南省省长赵恒惕下台，湖南省宪自治运动正式结束。此后，王昌国担任务本女校校长，全心投身到女子教育事业中。直到1954年，她在家中因病逝世。

③ 宋少鹏：《社会主义女权和自由主义女权——二十世纪二十年代中国妇女运动内部的共识与分歧》，载《中共党史研究》，2013年第5期。

④ 何香凝：《妇女运动报告（中央报告之六）》，载《政治周报》，1926年第6-7期。

⑤ 杨之华：《妇女运动概论》，上海：亚东图书馆，1927年版，第75页。

悟的妇女们，应努力地把妇女群众号召与团结起来参加国民革命，在革命的目的中谋得全体妇女解放的条件。"[1]这里将"女权"与"革命"并联，实际上已经"隐含着女权与革命并重的政治伦理价值取向"[2]。可以说，将湖南的女权运动融入群众性的国民革命运动，无疑是湖南女权事业之重大进步。由此可见，伴随着马克思主义之传入，近代女权运动之性质产生了巨变，少数精英妇女的参政运动逐渐被广大劳动妇女的革命运动所取代。原来的女权领袖若不能把握这一时代脉搏，并紧跟时代之步伐，必然会被新的革命势力所取代。

纵观王昌国的一生，尽管她在民国前期积极投身于女子参政运动，并促推着近代女权事业之发展。但是，她在民国后期却远离了群众性的妇女革命运动，遂与女权事业的发展方向逐渐疏离。故而，时论有云："过去的妇女运动——女校、参政——仅仅是最少数的知识妇女们——女界联合会的活动，要知道无论甚么运动，是要结合群众才有意义，才有进行的实力及作用。"[3]向警予更是直接指明："我们可因湖南议会有了女议员王昌国便说湖南有了女权运动吗？不然不然，因为王君并未代表妇女群众的利益，纵然有过一度废娼的提议，然而始终与妇女群众未发生关系。"[4]更有人尖锐地指出："随着革命的逐步深入，女权运动者产生了分化。一部分人在社会现实面前，接受了革命妇女观的宣传，开始认识到只有在争民权的同时才能争得女权，毅然投身到革命的洪流之中。也有一部分人继续抱定参政的宗旨，热衷于做女议员。工农妇女起来时，她们羞与劳动妇女为伍，逐渐脱离了群众。像唐群英、王昌国等早期女权运动的发起者和鼓吹者，就属于这种人。"[5]可见，王昌国后来并未准确把握到女权事业的发展方向，未能亲自投身至民主革命的洪流中，由于远离了群众性的革命女权运动，遂在民国后期的历史舞台中被逐渐边缘化。

事实上，王昌国在民国后期的经历，也反映了近代女子参政运动之失

① 黄醒：《最近所见青年们的刊物》，载《大公报》，1926年3月23日。

② 万琼华、彭湃：《女权与革命并重——大革命时期湖南女界联合会的政治行动》，载《中华女子学院学报》，2020年第1期。

③ 毓明：《湖南妇女运动之过去与将来》，载湖南省妇女联合会、湖南省档案馆合编：《湖南妇运史料选编》（二），内部发行，1988年，第49页。

④ 向警予：《评王碧华的女权运动谈》，载中共湖南省委宣传部、中共湖南省委党史研究室、中共怀化市委编：《向警予纪念文集》，长沙：湖南人民出版社，2005年版，第81-82页。

⑤ 孙新、王涛：《三八国际劳动妇女节百年录》，青岛：青岛出版社，2010年版，第180页。

败，其未能从根本上解决女子被束缚之经济基础与压迫制度，故未能完成近代中国女性解放之重任。毋庸置疑，女子参政权乃女权之重要内容，但若过于关注女子参政权，片面夸大女子参政之作用，而忽略其他方面之努力，则明显是认识偏差和错误选择。以王昌国等为代表的民初女权领袖，她们过于迷恋政治权力，天真地以为女子获得参政权，便可彻底地改变受压迫之状况。而且，由上层知识女性主导的女子参政运动，并未触及广大底层妇女，这无疑是女子参政运动的重大局限。其实，对女权领袖而言，更重要的任务是唤醒广大妇女同胞的政治意识和革命意识，而非仅仅是在议会中赢得几个有限的议员席位。诚然，民国前期的女子参政运动虽然在形式上取得了某些成果。但终因目标较为狭隘，仅是少数精英妇女与男性议员争夺议席之活动，无法真正成为一项有影响力的群众性运动。[1]后来就有人指出："中国少数妇女运动者，虽多以鼓吹妇女参政为标的，殊不知自国民政府成立以来，各机关所纳用的女职员，除有特殊关系者外，不论才具如何，大都是地位低微，工作机械。"[2]

可以说，湖南虽然是当时中国最早确立女子参政权之省份，但因其并未能发动和依靠广大的底层妇女，在湖南也仅仅是出现几个女性议员，故女子参政不具有广泛性。对此，时人就指出："湖南女子实际能参政者百万人中不得一，故女界之政治运动成效有限。"[3]当然，今人不宜过分地苛求前人，不能因为女子参政之成效有限，便全盘否定王昌国等早期上层知识女性的参政实践。毕竟，妇女解放需要一个漫长的过程，难以一劳永逸、一蹴而就。有学者就指出："中国近代女权的兴起与女性的觉醒，大致经历了先进男性的'唤'，到先进女性的'觉'，再到妇女大众的'醒'的过程。"[4]照此观之，王昌国等致力于参政的知识女性，正处在先进女性的'觉'这一阶段，至于妇女大众的'醒'，则得待后续群众性的妇女运动来实现。

---

① 时人君宇指出："现在中国妇女要求参政的呼声，是少数特权阶级妇女与官僚、议员争座位的活动，不能够成功一种群众的运动，与'妇女解放'四字丝毫不发生关联。……如果运动的目的是在解放妇女附属地位，那么就要了解：把女权运动不要做成太太、小姐的运动，要做一切劳苦妇女政治、经济和教育利益的奋斗。更要了解女权运动惟有与工人运动并着前进，才能做到真正的解放。"参见君宇：《女权运动者应当知道的》，载《向导》，1922年第8期。

② 汪竞英：《中国妇女与新闻事业》，载《长沙市新闻记者联合会年刊》，1933年第1-2期。

③ 宫延璋：《湖南近年来之新文化运动》，载《大公报十周纪念特刊》，1925年，第84页。

④ 肖莉丹：《论中国近代女权崛起中的男性逻辑》，载《福建论坛（人文社会科学版）》，2013年第7期。

结 束 语

本书所论贝允昕、何维道、洪荣圻、陈长簇、王昌国等诸位法政人物，他们或为著名律师，或为司法长官，或为地方议员。其中，贝允昕与何维道是近代湖南律师界的核心人物，他们均担任过长沙律师公会会长，何维道有"道德律师"的美誉，贝允昕更是有"律师之师"的尊称。洪荣圻与陈长簇则是司法长官，洪荣圻是湖南都督府首任司法司长，是近代湖南司法制度的重要奠基者；陈长簇长期担任湖南高等法院院长，可谓近代湖南司法界的泰斗人物。王昌国作为本书唯一的女性法政人物，她不仅发起组织湖南女子国民会和女子参政同盟会，更是当选为近代中国的第一位女性省议员。当然，他们的身份并不是单调的，这些仅仅是其人生的一面。

这些法政人物有着复杂多面的人生经历，他们不仅在法政领域成就斐然，甚至在其他领域亦颇有作为。譬如，贝允昕在教育、报务等领域亦贡献突出，他在湖南创办过众多学校，被誉为"校长之长"，他还领导创办了影响深远的湖南《大公报》，并担任湖南报界联合会会长。何维道则担任过多所法政院校的教授，并编译有中国最早的警察学著作《警察学》等书籍。洪荣圻还参与组织过多个革命团体，并担任同盟会湘支部的支部长，在辛亥湖南光复中功不可没。陈长簇还极为重视湖湘文献之搜集与整理事宜，为湖湘文化之保护与传承作出过重要贡献。王昌国还积极投身于女子教育事业，曾主持创办醴陵女子实业学堂、中央女校、务本女校等学校，是一位杰出的女权领袖。

在新旧过渡时代中，这些法政人物既具有传统旧学之根底，又兼具西方法政之新知。在外来法政思潮之冲击下，他们并未顽固地坚守文化传统，亦未片面地将本国优良文化传统弃之如敝屣，而是立足于文化传统和现实需要，从国家所面临的法政问题出发，结合自身所学之法政知识和法政理念，独立思考、求索切实的解决之道，这可以说是难能可贵的。

　　毋庸置疑，贝允昕、何维道、洪荣圻、陈长簇、王昌国等诸位法政人物，皆属于那个时代出类拔萃的法政精英。他们希冀通过法政来实现国家之富强，并为此付出了巨大和艰辛之努力。然而，在动荡不安的政局下，各方政治势力暗流涌动，各路军阀更是"你方唱罢我登场""城头变幻大王旗"。国家与社会表面上是依靠法律维系和运作，但实质上宪法法律、议会民主、司法独立等只是军阀专制统治的遮羞布与粉饰物，人民权利仍然得不到有效落实和切实保障，国家与社会仍处于混乱无序的丛林状态。法政虽然为治世之具，但在此等时局下，政治未定，法制频更，规则屡易，掌权者或主事者往往只凭拳头大小与枪炮多寡来说话，实际上给予法政人物施展身手的舞台或机会极为有限。可以说，在崇尚武力和厉行专制的"武夫当国"时代，贝允昕、何维道、洪荣圻、陈长簇、王昌国等法政精英毕竟不是实际的决策者和执政者，故他们从未真正地成为那个时代的主角，他们充其量只是那个时代的参与者、亲历者或见证者而已，只能在政治势力与军事强权的夹缝中谋求极为有限的舞台空间。

　　在军阀的强力和屠刀下，这些法政人物虽然有过奋力抗争，并无愧于那个时代，但又多少显得有些力不从心和无可奈何。事实上，在当时的政局和环境中，他们为法政事业所付出的诸多努力，往往是事倍功半的，甚至是徒劳无功的。譬如，贝允昕所主持的湖南《大公报》，因批评议员和官员而遭到当局查封，他虽然强烈抗议和提起诉讼，但亦无可奈何，最后不得不借助省内外的社会舆论来主持公道。洪荣圻身为湖南都督府司法司长，在面对同志焦达峰、陈作新被残忍杀害后，他虽然内心忧愤，但也无可奈何，只能发出"济世不能，求死不得之语"。陈长簇在代理湖北高等审判厅厅长时，面对湖北督军王占元的武力"囚官夺印"，他虽然拒不交印，但也只能匆忙连夜缒城而逃，转请北京司法部主持公道，然司法部亦无可奈何，最终以自己被另调而告终。王昌国极力争取女子参政权，却遭革命同志的无情拒绝，她难以阻止革命同志删除同盟会"男女平权"之政纲，只能气愤地冲上主席台掌掴宋教仁，后来女子参政同盟会被袁世凯下令解散，她亦是无可奈何。凡此种种，皆可感受到当时这些法政人物心中的无奈、苦闷与辛酸，这无疑是历史的悲哀。但是，他们为法政理想而付出的种种努力，足以令人敬佩，亦理应得到后人之尊重与铭记。

参考文献

一、史料文集类

[1] 陈长簇：《东山草堂集》，湖南图书馆藏，民国稿本。

[2] 陈长簇辑录：《陈母姚太夫人荣哀录》，湖南图书馆藏，民国抄本。

[3] 湖南省政府秘书处编：《湖南省现行法规汇编》，湖南图书馆藏，1931年。

[4] 湖南省政府秘书处编：《湖南年鉴》（民国二十二年），湖南图书馆藏，1934年。

[5] 司法院秘书处编：《各省司法概况报告汇编》，上海图书馆藏，1935年。

[6] 司法部监狱司编：《监狱法令》，上海图书馆藏，1916年。

[7] 司法院编：《司法院工作报告》（民国二十四年十一月），上海图书馆藏，1935年。

[8] 沈家彝：《视察湖南司法应行改进事宜》，湖南省档案馆藏，1934年。

[9] 中国国民党中央执行委员会统计处编：《各省市各项革新与建设·第五集·湖南省》，上海图书馆藏，1930年。

[10] 《全国司法会议汇编》，上海图书馆藏，1935年。

[11] 《湖南群治法政专门学校同学录》，湖南省档案馆藏。

[12] 《湖南群治法政专门学校政治经济本科第四班毕业同学录》，湖南省档案馆藏，1933年。

[13] 《贝元澂先生事略》，湖南图书馆藏，民国抄本。

[14] 《贝元澂先生纪念册》，湖南图书馆藏，民国稿本。

[15] 顾廷龙、戴逸主编：《李鸿章全集》（第六册），合肥：安徽教育出版社，2008年版。

[16] 苑书义、孙华峰、李秉新主编：《张之洞全集》（第三册），石家庄：河北人民出版社，1998年版。

[17] 汪叔子、张求会编：《陈宝箴集》（上），北京：中华书局，2003年版。

[18] 丁贤俊、喻作凤编：《伍廷芳集》（下册），北京：中华书局，1993年版。

[19] 高平叔编:《蔡元培全集》（第四卷），北京:中华书局,1984年版。

[20] 刘晴波主编:《杨度集》（第一册），长沙:湖南人民出版社,2008年版。

[21] 皮锡瑞:《皮锡瑞集》（第一册），吴仰湘校点,长沙:岳麓书社,2012年版。

[22] 汤志钧编:《康有为政论集》（上册），北京:中华书局,1981年版。

[23] 梁启超:《梁启超全集》（第一册），北京:北京出版社,1999年版。

[24] 梁启超:《梁启超全集》（第五册），北京:北京出版社,1999年版。

[25] 谭嗣同:《谭嗣同集》，长沙:岳麓书社,2012年版。

[26] 胡适:《胡适文存》（第一册），北京:华文出版社,2013年版。

[27] 陈寅恪:《陈寅恪集:诗集（附唐筼诗存）》，北京:生活·读书·新知三联书店,2015年版。

[28] 柳诒徵:《柳诒徵文集》（第七卷），北京:商务印书馆,2018年版。

[29] 李元度:《天岳山馆文钞 诗存》，王澧华点校,长沙:岳麓书社,2009年版。

[30] 李元度:《天岳山馆诗存》，颜震潮点校,北京:中国旅游出版社,1996年版。

[31] 周秋光主编:《谭延闿集》（第一册），长沙:湖南人民出版社,2013年版。

[32] 刘建强:《谭延闿文集·论稿》（上册），湘潭:湘潭大学出版社,2014年版。

[33] 石芳勤编:《谭人凤集》，长沙:湖南人民出版社,2008年版。

[34] 刘泱泱编:《黄兴集》（第一册），长沙:湖南人民出版社,2008年版。

[35] 曾业英编:《蔡锷集》（第一册），长沙:湖南人民出版社,2008年版。

[36] 周用宜主编:《周震鳞墨迹诗文选集》，北京:中国社会科学出版社,2012年版。

[37] 李肖聃:《李肖聃集》，喻岳衡校点,长沙:岳麓书社,2008年版。

[38] 黄俊:《弈楼诗集》，武汉:华中师范大学出版社,1998年版。

[39] 李锐:《李锐诗文自选集》，北京:中国文联出版公司,1999年版。

[40] 中共湖南省委宣传部、中共湖南省委党史研究室、中共怀化市委编:《向警予纪念文集》，长沙:湖南人民出版社,2005年版。

[41] 游学译编社编:《游学译编》（第一册），长沙:湖南师范大学出版社,2008年版。

[42] 游学译编社编:《游学译编》（第七册），长沙:湖南师范大学出版社,2008年版。

[43] 中国史学会主编:《中国近代史资料丛刊:戊戌变法》（第二册），上海:上海人民出版社、上海书店出版社,2000年版。

[44] 中国史学会主编:《中国近代史资料丛刊:辛亥革命》(第二册),上海:上海人民出版社、上海书店出版社,2000年版。

[45] 中国史学会主编:《中国近代史资料丛刊:辛亥革命》(第四册),上海:上海人民出版社、上海书店出版社,2000年版。

[46] 中国史学会主编:《中国近代史资料丛刊:辛亥革命》(第六册),上海:上海人民出版社、上海书店出版社,2000年版。

[47] 湖南省文献委员会编:《湖南文献汇编》(第二辑),长沙:湖南省文献委员会,1949年版。

[48] 杨鹏程主编:《湖南咨议局文献汇编》,长沙:湖南人民出版社,2010年版。

[49] 郭汉民、杨鹏程主编:《湖南辛亥革命史料》,长沙:湖南人民出版社,2011年版。

[50] 黄林编:《近代湖南出版史料》,长沙:湖南教育出版社,2012年版。

[51] 湖南省教育史志编纂委员会编:《湖南近现代名校史料》,长沙:湖南教育出版社,2012年版。

[52] 刘苏华、李长林选编:《湖南近现代社会事件史料选编》,长沙:湖南师范大学出版社,2013年版。

[53] 刘真主编:《留学教育:中国留学教育史料》,台北:"国立"编译馆,1980年版。

[54] 璩鑫圭、童富勇编:《中国近代教育史资料汇编:教育思想》,上海:上海教育出版社,2007年版。

[55] 陈学恂、田正平编:《中国近代教育史资料汇编:留学教育》,上海:上海教育出版社,2007年版。

[56] 朱有瓛主编:《中国近代学制史料:第二辑》(下册),上海:华东师范大学出版社,1989年版。

[57] 中国第二历史档案馆编:《中华民国史档案资料汇编·第三辑·军事》(第一册),南京:江苏古籍出版社,1991年版。

[58] 朱寿朋编:《光绪朝东华录》(第四册),张静庐等校点,北京:中华书局,1958年版。

[59] 故宫博物院明清档案部编:《清末筹备立宪档案史料》(下册),北京:中华书局,1979年版。

[60] 严昌洪主编:《辛亥革命史事长编》(第九册),武汉:武汉出版社,2011年版。

[61] 中国第一历史档案馆编:《宣统帝起居注》(影印本),桂林:广西师范大学出版社,2007年版。

[62] 中国第一历史档案馆编:《宣统朝上谕档》(第二册)(影印本),桂林:广西师范大学出版社,2008年版。

[63] 中国第一历史档案馆编:《清末结社集会档案》,载《历史档案》,2012年第1期。

[64] 中国第一历史档案馆编:《宣统二年归国留学生史料》,载《历史档案》,1997年第2期。

[65] 中国第一历史档案馆编:《宣统二年归国留学生史料续编》,载《历史档案》,1997年第4期。

[66] 中国第二历史档案馆、云南省档案馆编:《护国运动》,南京:江苏古籍出版社,1988年版。

[67] 云南省社会科学院历史研究所、贵州省社会科学院历史研究所编:《护国文献》(下),贵阳:贵州人民出版社,1985年版。

[68] 司法院参事处编:《国民政府司法例规》(上),南京:司法院秘书处公报室,1930年版。

[69] 中国国民党湖南省执行委员会民众运动指导科编:《湖南全省社会调查》(上编),长沙:中国国民党湖南省执行委员会,1934年版。

[70] 日本法政大学大学史资料委员会编:《清国留学生法政速成科纪事》,裴敬伟译,李贵连校订,孙家红参订,桂林:广西师范大学出版社,2015年版。

[71] 史洪智编:《日本法学博士与近代中国资料辑要(1898—1919)》,上海:上海人民出版社,2014年版。

[72] 前南京国民政府司法行政部编:《民事习惯调查报告录》,胡旭晟、夏新华、李交发点校,北京:中国政法大学出版社,2000年版。

[73] 夏新华、胡旭晟,等整理:《近代中国宪政历程:史料荟萃》,北京:中国政法大学出版社,2004年版。

[74] 赖骏楠编:《宪制道路与中国命运:中国近代宪法文献选编(1840—1949)》(上卷),北京:中央编译出版社,2017年版。

[75] 湖北政法史志编纂委员会编:《武汉国共联合政府法制文献选编》,北京:农村读物出版社,1987年版。

[76] 薛梅卿、林乐鸣、楚天舒，等辑：《清末民初监狱法制辑录》，北京：中国政法大学出版社，2017年版。

[77] 中华人民共和国司法部编：《中国监狱史料汇编》（下册），北京：群众出版社，1988年版。

[78] 吴士元、赵树荣主编：《民国监狱法规选编》，北京：中国书店，1990年版。

[79] 中国社会科学院近代史研究所近代史资料编辑部编：《近代史资料》（第十册），北京：知识产权出版社，2006年版。

[80] 中国社会科学院近代史研究所近代史资料编辑部编：《近代史资料》（第九十一册），北京：知识产权出版社，2006年版。

[81] 庄建平主编：《近代史资料文库》（第二卷），上海：上海书店出版社，2009年版。

二、文史方志类

[1] 阎幼甫：《辛亥湖南光复的片断回忆》，载中国人民政治协商会议湖南省委员会文史资料研究委员会编：《湖南文史资料选辑（修订合编本）》（第一集），长沙：湖南人民出版社，1981年版。

[2] 龚业强：《记湖南铁路学堂》，载中国人民政治协商会议湖南省委员会文史资料研究委员会编：《湖南文史资料选辑（修订合编本）》（第四集），长沙：湖南人民出版社，1982年版。

[3] 萧仲祁：《回忆孙中山先生》，载中国人民政治协商会议湖南省委员会文史资料研究委员会编：《湖南文史资料选辑》（第十辑），内部发行，1978年。

[4] 邹协勋：《我所知道的谭人凤》，载中国人民政治协商会议湖南省委员会文史资料研究委员会编：《湖南文史资料选辑》（第十辑），内部发行，1978年。

[5] 龙铁元：《长沙光复前后见闻录》，载中国人民政治协商会议湖南省委员会文史资料研究委员会编：《湖南文史》（第四十三辑），长沙：湖南文史杂志社，1991年版。

[6] 陆承裕：《同盟会女志士张汉英传略》，载中国人民政治协商会议湖南省委员会文史资料研究委员会编：《湖南文史》（第四十三辑），长沙：湖南文史杂志社，1991年版。

[7] 湖南辛亥光复首义团编：《湖南辛亥光复事略》，载《湖南历史资料》（一九八一

年第二辑）,长沙: 湖南人民出版社, 1981年版。

[8] 龙毓峻:《记湖南铁路学堂》,载中国人民政治协商会议湖南省委员会文史资料研究委员会编:《湖南文史资料选辑（修订合编本）》（第四集）,长沙:湖南人民出版社, 1982年版。

[9] 彭德才:《民国初期中央政府、国会中的湖南人（1912—1927)》,载《湖南文史通讯》,1988年第3期。

[10] 黄祖同:《胡曜史料》,载中国人民政治协商会议湖南省宁乡县委员会文史资料研究委员会编:《宁乡文史资料》（第四辑）,内部发行, 1986年。

[11] 钟启河:《宣统三年冬季宁乡职官录》,载中国人民政治协商会议湖南省宁乡县委员会学习、文史委员会编:《宁乡文史资料》（第七辑）,内部发行, 1991年。

[12] 黄曾甫:《长沙女子教育史话》,载中国人民政治协商会议长沙市委员会文史资料研究委员会编:《长沙文史资料》（第八辑）,内部发行, 1989年。

[13] 胡菊乔:《湖南民主法制的首倡者——洪荣圻》,载中国人民政治协商会议长沙市委员会文史资料研究委员会主编:《长沙文史资料》（第十一辑）,内部发行, 1991年。

[14] 龙铁元:《光复长沙的前前后后》,载中国人民政治协商会议长沙市委员会文史资料研究委员会主编:《长沙文史资料》（第十一辑）,内部发行, 1991年。

[15] 黄曾甫:《记湖南司法界老前辈陈长簇》,载中国人民政治协商会议长沙市北区委员会文史资料研究委员会编:《长沙市北区文史资料》（第四辑）,内部发行, 1989年。

[16] 苏时松:《抗战时期长沙沦陷区见闻》,载中国人民政治协商会议长沙市北区委员会文史资料研究委员会编:《长沙市北区文史资料》（第四辑）,内部发行, 1989年。

[17] 龙铁元:《焦、陈光复长沙前后见闻》,载中国人民政治协商会议浏阳县委员会文史资料研究委员会编:《浏阳文史》（第十辑）,内部发行, 1991年。

[18] 黄祖同:《谭延闿都督事迹拾贝》,载茶陵县政协学习文史委员会编:《茶陵文史》（第十二辑·茶陵籍民国将军录）,内部发行, 2001年。

[19] 毓明:《湖南妇女运动之过去与将来》,载湖南省妇女联合会、湖南省档案馆合编:《湖南妇运史料选编》（二）,内部发行, 1988年。

[20] 黄灿坤:《建党至大革命时期的湖南省女界联合会及其活动》,载长沙市妇

女联合会编：《长沙巾帼：新民主主义革命时期长沙妇女运动史资料选编》，内部发行，1990年。

[21] 沙慕新：《辛亥革命前后我参加妇运的回忆》，载沈俊鸿编：《江阴名人自述》，上海：上海古籍出版社，2008年版。

[22] 黄钺：《反正颠末》，载中国人民政治协商会议甘肃省委员会文史资料研究委员会编：《甘肃文史资料选辑》（第十一辑），兰州：甘肃人民出版社，1981年版。

[23] 朱其珍：《解放前安徽司法情况点滴》，载方兆本主编：《安徽文史资料全书》（安庆卷），合肥：安徽人民出版社，2007年版。

[24] 安徽省地方志编纂委员会编：《安徽省志·司法志》，合肥：安徽人民出版社，1997年版。

[25] 朱其珍：《我所知道的解放前安徽司法部门的一些情况》，载政协安庆市文史资料研究委员会、安庆市编史修志办公室、安庆市档案馆编：《安庆文史资料》（第五辑），内部发行，1983年。

[26] 吴献琛：《旧中国所谓"司法独立"三例》，载中国人民政治协商会议全国委员会文史资料研究委员会编：《文史资料选辑（合订本）》（第二十七册），北京：中国文史出版社，1986年版。

[27] 金沛仁：《略谈谢冠生与国民党司法界》，载中国人民政治协商会议全国委员会文史资料研究委员会编：《文史资料选辑（合订本）》（第二十七册），北京：中国文史出版社，1986年版。

[28] 金沛仁：《国民党法官的训练、使用与司法党化》，载中国人民政治协商会议全国委员会文史资料研究委员会编：《文史资料选辑（合订本）》（第二十七册），北京：中国文史出版社，1986年版。

[29] 陈哲嗣：《1912年至1949年我国司法界概况》，载中国人民政治协商会议全国委员会文史资料委员会编：《文史资料存稿选编（政府·政党）》，北京：中国文史出版社，2002年版。

[30] 郑大纶：《中统向司法部门渗透点滴》，载中国人民政治协商会议全国委员会文史资料委员会编：《文史资料存稿选编（特工组织）》（上），北京：中国文史出版社，2002年版。

[31] 寻霖：《李元度〈天岳山馆诗存〉的抄本》，载《文史拾遗》，1991年第3期。

［32］皮公亮:《我的父亲皮宗石》,载《文史拾遗》,2013年第4期。

［33］陈兵:《谁营救了被捕入狱的任弼时》,载《文史博览》,2019年第10期。

［34］湖南省地方志编纂委员会编:《湖南省志·第一卷·大事记》,长沙:湖南人民出版社,1999年版。

［35］湖南省地方志编纂委员会编:《湖南省志·第一卷·湖南近百年大事纪述》（第二次修订本）,长沙:湖南人民出版社,1980年版。

［36］湖南省地方志编纂委员会编:《湖南省志·第三卷·党派群团志·妇女团体》,北京:五洲传播出版社,2002年版。

［37］湖南省地方志编纂委员会编:《湖南省志·第四卷·政务志·政府》,长沙:湖南出版社,1993年版。

［38］湖南省地方志编纂委员会编:《湖南省志·第六卷·政法志·审判》,长沙:湖南出版社,1995年版。

［39］湖南省地方志编纂委员会编:《湖南省志·第六卷·政法志·司法行政》,长沙:湖南出版社,1997年版。

［40］湖南省地方志编纂委员会编:《湖南省志·第十七卷·教育志》（上册）,长沙:湖南教育出版社,1995年版。

［41］湖南省地方志编纂委员会编:《湖南省志·第二十卷·新闻出版志·报业》,长沙:湖南出版社,1993年版。

［42］湖南省地方志编纂委员会编:《湖南省志·第三十卷·人物志》（上册）,长沙:湖南出版社,1992年版。

［43］湖南省地方志编纂委员会编:《湖南名人志》（第一卷）,北京:中国档案出版社,1999年版。

［44］湖南省地方志编纂委员会编:《湖南通鉴》（第二册）,长沙:湖南人民出版社,2008年版。

［45］长沙市地方志编纂委员会编:《长沙市志》（第四卷）,长沙:湖南人民出版社,1997年版。

［46］长沙市地方志编纂委员会编:《长沙市志》（第十三卷）,长沙:湖南出版社,1996年版。

［47］长沙市地方志编纂委员会编:《长沙市志》（第十六卷）,长沙:湖南人民出版社,2002年版。

[48] 周震鳞修、刘宗向纂:《民国宁乡县志》(第二册),长沙:湖南人民出版社,2009年版。

[49] 陈鲲修、刘谦纂:《醴陵县志》(影印本),长沙:湖南人民出版社,2009年版。

[50] 湖南省宁乡县志编纂委员会编:《宁乡县志》,北京:中国大百科全书出版社,1995年版。

[51] 湖南省浏阳市地方志编委会编:《浏阳县志》,北京:中国城市出版社,1994年版。

[52] 湖南省平江县志编纂委员会编:《平江县志》,北京:国防大学出版社,1994年版。

[53] 慈利县志编纂委员会编:《慈利县志》,北京:农业出版社,1990年版。

[54] 新田县志编纂委员会编:《新田县志》,北京:新华出版社,1995年版。

三、专业著作类

[1] [西汉]司马迁:《史记》(全九册),韩兆琦译注,北京:中华书局,2010年版。

[2] [春秋]管仲:《管子》,房玄龄注,上海:上海古籍出版社,2015年版。

[3] [西汉]戴德:《大戴礼记》,黄怀信译注,上海:上海古籍出版社,2019年版。

[4] [战国]荀子:《荀子》,方达评注,北京:商务印书馆,2016年版。

[5] [清]魏源:《魏源全集》(第十三册),长沙:岳麓书社,2011年版。

[6] [清]章学诚:《文史通义新编新注》(上册),北京:商务印书馆,2023年版。

[7] 程燎原:《清末法政人的世界》,北京:法律出版社,2003年版。

[8] 许章润:《法学家的智慧:关于法律的知识品格与人文类型》,北京:清华大学出版社,2004年版。

[9] 陈新宇:《寻找法律史上的失踪者》,桂林:广西师范大学出版社,2015年版。

[10] 陈新宇:《寻找法律史上的失踪者》(增订版),北京:商务印书馆,2019年版。

[11] 陈新宇:《陈说新语》,北京:九州出版社,2020年版。

[12] 陈夏红:《政法往事:你可能不知道的人与事》,北京:北京大学出版社,2011年版。

[13] 陈夏红:《风骨:新旧时代的政法学人》,北京:法律出版社,2016年版。

[14] 侯欣一:《百年法治进程中的人和事》,北京:商务印书馆,2020年版。

[15] 陈旭麓:《近代中国人物论》,北京:九州出版社,2019年版。

[16] 戴海斌：《晚清人物丛考》（初编），北京：生活·读书·新知三联书店，2018年版。

[17] 戴海斌：《晚清人物丛考》（二编），北京：生活·读书·新知三联书店，2018年版。

[18] 梁启超：《中国历史研究法》，上海：上海古籍出版社，2019年版。

[19] 梁启超：《李鸿章传》，北京：中华书局，2016年版。

[20] 陈寅恪：《金明馆丛稿二编》，南京：译林出版社，2020年版。

[21] 钱穆：《中国历史研究法》，北京：生活·读书·新知三联书店，2001年版。

[22] 钱穆：《中国历代政治得失》（新校本），北京：九州出版社，2012年版。

[23] 钱穆：《国史新论》，北京：生活·读书·新知三联书店，2001年版。

[24] 钱穆：《国史大纲》（上册），北京：商务印书馆，2017年版。

[25] 桑兵：《治学的门径与取法：晚清民国研究的史料与史学》，北京：社会科学文献出版社，2014年版。

[26] 张仁善：《中国法律文明》，南京：南京大学出版社，2018年版。

[27] 王健：《中国近代的法律教育》，北京：中国政法大学出版社，2001年版。

[28] 姜朋：《不复过往：中国法学院纪事》，北京：中国民主法制出版社，2021年版。

[29] 吴斌：《百年法治回眸：法律人群体的兴起与近代中国法制现代化的演进》，北京：光明日报出版社，2021年版。

[30] 吴斌：《法苑撷英：近代浙籍法律人述评》，武汉：华中师范大学出版社，2012年版。

[31] 汪楫宝：《民国司法志》，北京：商务印书馆，2013年版。

[32] 朱勇主编：《中国法制通史》（第九卷），北京：法律出版社，1999年版。

[33] 张国福：《中华民国法制简史》，北京：北京大学出版社，1986年版。

[34] 江庸：《江庸法学文集》，北京：法律出版社，2014年版。

[35] 张仁善编：《王宠惠法学文集》，北京：法律出版社，2008年版。

[36] 何黎萍：《西方浪潮影响下的民国妇女权利》，北京：九州出版社，2009年版。

[37] 范忠信、尤陈俊、龚先砦选编：《为什么要重建中国法系：居正法政文选》，北京：中国政法大学出版社，2009年版。

[38] 李在全：《法治与党治：国民党政权的司法党化（1923—1948）》，北京：社会科学文献出版社，2012年版。

[39] 邓庆平主编：《多元视域下的近世法律与中国社会》，北京：中国政法大学出版社，2020年版。

[40] 周正云、周炜：《湖南近现代法律制度》（第一册），长沙：湖南人民出版社，2012年版。

[41] 张兆凯、陈雄，等：《湖南近现代法制思想史论：近现代湖南人的法制思想与法治理念》，长沙：湖南人民出版社，2010年版。

[42] 陶用舒：《近代湖南人才群体研究》，长沙：岳麓书社，2000年版。

[43] 周敏之、许顺富、梁小进：《近代湖湘文化与近代湘籍人才群体》，长沙：岳麓书社，2017年版。

[44] 林增平、范忠程主编：《湖南近现代史（1840—1949）》，长沙：湖南师范大学出版社，1991年版。

[45] 杨世骥：《辛亥革命前后湖南史事》，长沙：湖南人民出版社，1982年版。

[46] 刘泱泱主编：《湖南通史》（近代卷），长沙：湖南人民出版社，2008年版。

[47] 田伏隆主编：《湖南近代百年史事日志》，长沙：湖南人民出版社，2009年版。

[48] 张朋园：《湖南现代化的早期进展（1860—1916）》，长沙：岳麓书社，2002年版。

[49] 周秋光、莫志斌主编：《湖南教育史》（第二卷），长沙：岳麓书社，2008年版。

[50] 吴仰湘、陈先初主编：《湖湘文化通史·第五册·近代卷》（下），长沙：岳麓书社，2015年版。

[51] 王继平主编：《晚清湖南史》，长沙：湖南人民出版社，2004年版。

[52] 谭仲池主编：《长沙通史》（近代卷），长沙：湖南教育出版社，2013年版。

[53] 刘建强：《湖南自治运动史论》，湘潭：湘潭大学出版社，2008年版。

[54] 黄林：《近代湖南报刊史略》，长沙：湖南师范大学出版社，2013年版。

[55] 湖南大学校史编委会编：《湖南大学校史（公元976—2000）》，长沙：湖南大学出版社，2003年版。

[56] 龚军辉：《菁莪乐育：湖南育才学校百年风云人物散记》，长沙：湖南师范大学出版社，2021年版。

[57] 湖南图书馆：《湖南文献概论》，长沙：岳麓书社，2016年版。

[58] 陈建平：《湖南省宪研究》，北京：法律出版社，2009年版。

[59] 许顺富：《湖南绅士与晚清政治变迁》，长沙：湖南人民出版社，2004年版。

[60] 阳信生：《湖南近代绅士阶层研究》，长沙：岳麓书社，2010年版。

［61］王晓天、王国宇主编：《湖南古今人物辞典》，长沙：湖南人民出版社，2013年版。

［62］郭汉民主编：《湖南辛亥革命人物传略》，长沙：湖南人民出版社，2011年版。

［63］湖南省参事室编：《湖南省参事传略》，长沙：湖南人民出版社，2010年版。

［64］粟戡时，等：《湖南反正追记》，长沙：湖南人民出版社，1981年版。

［65］［美］周锡瑞：《改良与革命：辛亥革命在两湖》，杨慎之译，南京：江苏人民出版社，2007年版。

［66］杨鹏程：《湖南辛亥史论》，北京：中国文史出版社，2007年版。

［67］黄俊军：《湖南立宪派研究》，长沙：国防科技大学出版社，2009年版。

［68］霍修勇：《两湖地区辛亥革命新论》，长沙：国防科技大学出版社，2008年版。

［69］何智能：《湖南保路运动研究》，长沙：国防科技大学出版社，2009年版。

［70］湖南史学会编：《辛亥革命在湖南》，长沙：湖南人民出版社，1984年版。

［71］田伏隆主编：《辛亥革命在湖南》，长沙：岳麓书社，2001年版。

［72］郑焱：《时移势异：辛亥长沙巨变》，长沙：湖南教育出版社，2011年版。

［73］湖南省革命烈士传编纂委员会编：《三湘英烈传：旧民主主义革命时期》（第二卷），长沙：国防科技大学出版社，2001年版。

［74］湖南省革命烈士传编纂委员会编：《三湘英烈传：旧民主主义革命时期》（第三卷），长沙：国防科技大学出版社，2003年版。

［75］湖南省革命烈士传编纂委员会编：《三湘英烈传：旧民主主义革命时期》（第四卷），长沙：国防科技大学出版社，2005年版。

［76］何文辉：《历史拐点处的记忆：1920年代湖南的立宪自治运动》，长沙：湖南人民出版社，2008年版。

［77］黄林编：《李抱一文史杂著》，长沙：湖南人民出版社，2009年版。

［78］黄尊三：《黄尊三日记》（上册），谭徐锋整理，南京：凤凰出版社，2019年版。

［79］谭人凤：《石叟牌词》，饶怀民笺注，上海：上海书店出版社，2000年版。

［80］邓江祁：《革命巨子谭人凤传》，长沙：岳麓书社，2017年版。

［81］许顺富：《民国政坛不倒翁：谭延闿的水晶球人生》，北京：华文出版社，2022年版。

［82］庄建平、卞修跃：《周震鳞传》，北京：团结出版社，1995年版。

［83］刘心语：《夹缝生存：湘系军阀全传》，北京：团结出版社，2002年版。

［84］王盾：《湘学志略》，长沙：湖南人民出版社，2009年版。

[85] 谭其骧：《长水粹编》，上海：复旦大学出版社，2015年版。

[86] 冯友兰：《中国哲学史》（上），北京：生活·读书·新知三联书店，2009年版。

[87] 罗尔纲：《师门五年记 胡适琐记》，北京：生活·读书·新知三联书店，2014年版。

[88] 李剑农：《中国近百年政治史》，北京：商务印书馆，2017年版。

[89] 钱端升、萨师炯，等：《民国政制史》（上册），北京：商务印书馆，2018年版。

[90] 吕思勉：《中国通史》（下册），长春：吉林人民出版社，2018年版。

[91] 侯宜杰：《二十世纪初中国政治改革风潮：清末立宪运动史》，沈阳：辽宁人民出版社，2020年版。

[92] 邹鲁：《中国国民党史稿》（上册），上海：东方出版中心，2011年版。

[93] 杨幼炯：《中国政党史》，上海：商务印书馆，1937年版。

[94] 谢彬：《民国政党史》，上海：学术研究会，1928年版。

[95] 张玉法：《民国初年的政党》，长沙：岳麓书社，2004年版。

[96] 张玉法：《清季的立宪团体》，台北："中央研究院"近代史研究所，1985年版。

[97] 张朋园：《立宪派与辛亥革命》，上海：上海三联书店，2013年版。

[98] 张朋园：《梁启超与清季革命》，上海：上海三联书店，2013年版。

[99] 郭孝成编：《中国革命纪事本末》，上海：商务印书馆，1912年版。

[100] 金冲及、胡绳武：《辛亥革命史稿：1911年的大起义》（第三卷），上海：上海辞书出版社，2011年版。

[101] 许指严：《民国十周纪事本末》（第三卷），上海：交通图书馆，1922年版。

[102] 李贵连：《沈家本年谱长编》，济南：山东人民出版社，2010年版。

[103] 丁文江、赵丰田编：《梁启超年谱长编》，上海：上海人民出版社，2009年版。

[104] 杨渡：《铁腕金融情：何显重的一生》，台北：商业周刊出版股份有限公司，1999年版。

[105] 许玄：《绵长清溪水：许杰纪传》，太原：山西人民出版社，1999年版。

[106] 许杰口述、柯平凭撰写：《坎坷道路上的足迹》，上海：华东师范大学出版社，1997年版。

[107] 黄弗同：《流年不似水：补拙书屋随想录》，武汉：华中师范大学出版社，2009年版。

[108] 熊月之主编：《西制东渐：近代制度的嬗变》，长春：长春出版社，2005年版。

[109] 刘景泉:《北京民国政府议会政治研究》,天津: 天津教育出版社,2006年版。

[110] 房列曙:《中国近现代文官制度》(上册),北京: 商务印书馆,2016年版。

[111] 秦昊扬:《民国文官考试制度研究(1912—1949)》,北京: 国家行政学院出版社,2009年版。

[112] 张蕊兰主编:《辛亥革命在甘肃》(上册),兰州: 甘肃文化出版社,2011年版。

[113] 陈向科:《甘肃临时军政府都督黄钺传》,长沙: 岳麓书社,2017年版。

[114] 刘绍韬、黄祖同编:《黄钺与秦州起义》,兰州: 甘肃人民出版社,1992年版。

[115] 钟伯毅、邓家彦:《钟伯毅、邓家彦口述自传》,北京: 中国大百科全书出版社,2009年版。

[116] 路鹏程:《难为沧桑纪废兴: 中国近代新闻记者的职业生涯(1912—1937)》,上海: 东方出版中心,2021年版。

[117] 戈公振:《中国报学史》,长沙: 岳麓书社,2011年版。

[118] 刘家林:《中国新闻史》,武汉: 武汉大学出版社,2012年版。

[119] 林语堂:《中国新闻舆论史》,刘小磊译,上海: 上海人民出版社,2008年版。

[120] 黄瑚:《中国近代新闻法制史论》,上海: 复旦大学出版社,1999年版。

[121] 曾一果、许静波:《中国传媒文化百年史》,南京: 南京师范大学出版社,2018年版。

[122] 王天根:《清末民初报刊与革命舆论的媒介建构》,合肥: 合肥工业大学出版社,2010年版。

[123] 王天根,等:《近代报刊与辛亥革命的舆论动员》,合肥: 黄山书社,2011年版。

[124] 李滨:《中国近代报刊角色观念的发展和演变》,长沙: 岳麓书社,2011年版。

[125] 赵建国:《分解与重构: 清季民初的报界团体》,北京: 生活·读书·新知三联书店,2008年版。

[126] 马建标:《权力与媒介: 近代中国的政治与传播》,北京: 北京师范大学出版社,2018年版。

[127] 陶菊隐:《记者生活三十年: 亲历民国重大事件》,北京: 中华书局,2005年版。

[128] 田中阳:《承前启后的历史坐标: 湖湘文化精神与"五四"时期湖南报刊互动关系研究》,长沙: 湖南人民出版社,2013年版。

[129] 喻春梅：《大道为公：长沙〈大公报〉(1915—1927) 与湖南社会思潮》，长沙：湖南人民出版社，2011年版。

[130] 文公直：《最近三十年中国军事史》（上册），上海：上海太平洋书店，1930年版。

[131] 徐友春主编：《民国人物大辞典（增订本）》，石家庄：河北人民出版社，2007年版。

[132] 陈玉堂：《中国近现代人物名号大辞典》（全编增订本），杭州：浙江古籍出版社，2005年版。

[133] 李锐：《怀念廿篇》，北京：生活·读书·新知三联书店，1987年版。

[134] 凌辉、栗树林、金良超：《李六如与六十年的变迁》，北京：中国检察出版社，2006年版。

[135] 石云艳：《梁启超与日本》，天津：天津人民出版社，2005年版。

[136] 叶曙明：《国会现场 (1911—1928)》，杭州：浙江人民出版社，2013年版。

[137] 李学智：《民国初年的法治思潮与法制建设：以国会立法活动为中心的研究》，北京：中国社会科学出版社，2004年版。

[138] 程骞：《历史的潜流：律师风骨与民国春秋》，北京：法律出版社，2015年版。

[139] 陈同：《近代社会变迁中的上海律师》，上海：上海辞书出版社，2008年版。

[140] 陈卫东主编：《中国律师学》（第三版），北京：中国人民大学出版社，2008年版。

[141] 周太银、刘家谷：《中国律师制度史》，武汉：湖北科学技术出版社，1988年版。

[142] 王申：《中国近代律师制度与律师》，上海：上海社会科学院出版社，1994年版。

[143] 龚刃韧：《现代日本司法透视》，北京：世界知识出版社，1993年版。

[144] 丁相顺：《日本司法考试与法律职业制度比较研究》，北京：中国方正出版社，2003年版。

[145] 李力：《法制史话》，北京：社会科学文献出版社，2000年版。

[146] 曹汝霖：《曹汝霖一生之回忆》，北京：中国大百科全书出版社，2016年版。

[147] 沈家本：《寄簃文存》，北京：商务印书馆，2015年版。

[148] 陈晋胜：《警察法学概论》，北京：高等教育出版社，2002年版。

[149] 冯德文：《警察学概论》，北京：中国人民公安大学出版社，2005年版。

[150] 张兆端：《警察哲学：哲学视阈中的警察学原理》，北京：中国人民公安大学出版社，2010年版。

[151] 何维道、谭传恺：《警察学 警察实务》，上海：政法学社，光绪三十三年（1907年）版。

[152] 何维道、谭传恺：《警察学 警察实务》，长沙：长沙府正街集成书社，1913年版。

[153] 何维道、谭传恺：《平时国际公法》，上海：政法学社，1914年版。

[154] 章学新、蔡庆新：《伟人之初：任弼时》，杭州：浙江人民出版社，1996年版。

[155] 张东平：《近代中国监狱的感化教育研究》，北京：中国法制出版社，2012年版。

[156] 何勤华、姚建龙编：《赵琛法学论著选》，北京：中国政法大学出版社，2006年版。

[157] 高艳：《清末民初罪犯作业研究》，北京：中国社会科学出版社，2008年版。

[158] 赵琛：《监狱学》，上海：上海法学编译社，1931年版。

[159] 孙雄：《监狱学》，上海：商务印书馆，1936年版。

[160] 孙雄编：《狱务大全》，上海：商务印书馆，1935年版。

[161] 樊明芳、熊松华、唐少豪，等：《名胜古迹楹联选》，长沙：岳麓书社，1984年版。

[162] 郭建鹏、陈颖：《南社社友录》（第四册），上海：上海大学出版社，2017年版。

[163] 舒新城：《近代中国留学史》，上海：中华书局，1929年版。

[164] 雷良波、陈阳凤、熊贤军：《中国女子教育史》，武汉：武汉出版社，1993年版。

[165] 谢长法：《中国留学教育史》，太原：山西教育出版社，2006年版。

[166] 陈潮：《近代留学生》，北京：中华书局，2010年版。

[167] 张殿兴编：《胡汉民自述》，北京：人民出版社，2014年版。

[168] 陈丽霞：《傲雪红梅：株洲革命女杰传略》，长沙：湖南人民出版社，2017年版。

[169] 陈永森：《告别臣民的尝试：清末民初的公民意识与公民行为》，北京：中国人民大学出版社，2004年版。

[170] 邓庆平主编：《中国社会史十讲》，北京：光明日报出版社，2022年版。

[171] 杨之华：《妇女运动概论》，上海：亚东图书馆，1927年版。

[172] 陈东原:《中国妇女生活史》,上海:商务印书馆,1928年版。

[173] 姚舜生:《中国妇女大事年表》,上海:女子书店,1932年版。

[174] 谈社英:《中国妇女运动通史》,南京:妇女共鸣社,1936年版。

[175] 李奇志:《清末民初思想和文学中的"英雌"话语》,武汉:湖北教育出版社,2006年版。

[176] BAYSU, DANIEL H. China Enters the Twentieth Century: Chang Chihtung and the Issues of a New Age, 1895—1909, Ann Arbor: The University of Michigan Press, 1978.

[177] [德]马克斯·韦伯:《经济与社会》(第二卷),阎克文译,上海:上海人民出版社,2020年版。

[178] [日]岛田正郎:《清末における近代的法典の编纂》,东京:创文社,1980年版。

[179] [日]滋贺秀三、寺田浩明、岸本美绪,等:《明清时期的民事审判与民间契约》,王亚新、范愉、陈少峰译,北京:法律出版社,1998年版。

[180] [美]任达:《新政革命与日本:中国,1898—1912》,李仲贤译,南京:江苏人民出版社,2006年版。

[181] [美]周锡瑞、李皓天主编:《1943:中国在十字路口》,陈骁译,北京:社会科学文献出版社,2016年版。

[182] [美]季家珍:《历史宝筏:过去、西方与中国妇女问题》,杨可译,南京:江苏人民出版社,2011年版。

[183] [澳]李木兰:《性别、政治与民主:近代中国的妇女参政》,方小平译,南京:江苏人民出版社,2014年版。

[184] [日]阿部洋:《中国の近代教育と明治日本》,东京:福村出版株式会社,1990年版。

[185] [日]藤村善吉:《下田歌子先生传》,东京:故下田歌子校长先生传记编纂所,1943年版。

四、学术论文类

[1] 许章润:《书生事业 无限江山——关于近世中国五代法学家及其志业的一个学术史研究》,载许章润主编:《清华法学》(第四辑),北京:清华大学出版

社, 2004年版。

[2] 许章润：《多向度的现代汉语文明法律智慧——台湾的法学研究对于祖国大陆同行的影响》，载《比较法研究》，2003年第6期。

[3] 许章润：《以法律为业——关于近代中国语境下的法律公民与法律理性的思考》，载《金陵法律评论》，2003年春季卷。

[4] 许章润：《法学公民与知识英雄》，载宫本欣主编：《法学家茶座》（第一辑），济南：山东人民出版社，2002年版。

[5] 李在全：《让"人"回归法律史研究》，载《史学月刊》，2023年第1期。

[6] 程应镠：《谈历史人物的研究》，载《历史研究》，1984年第2期。

[7] 江照信：《由沈家本到谢冠生——对清末新政以来司法史（1901—1971）的再思考》，载《法制史研究》，2021年第38期。

[8] 张群：《知人论史，法史交融——读陈新宇〈寻找法律史上的失踪者〉（增订版）》，载里赞主编：《法律史评论》（第十五卷），北京：社会科学文献出版社，2020年版。

[9] 湖舟：《呼唤"民国法学经典文库"》，载湘潭大学法学院编：《湘江法律评论》（第二卷），长沙：湖南人民出版社，1998年版。

[10] 刘星：《民国时期的"法学权威"——一个知识社会学的微观分析》，载《比较法研究》，2006年第1期。

[11] 陈兵：《贝允昕与近代湖南——以法律、教育与报务为考察中心》，载贺培育主编：《湘学研究》（第十五辑），北京：社会科学文献出版社，2020年版。

[12] 陈兵：《陈长簇的司法贡献与文化功绩》，载贺培育主编：《湘学研究》（第十九辑），湘潭：湘潭大学出版社，2022年版。

[13] 周秋光：《近代湖南的人才群体现象及其原因》，载《湖南师范大学社会科学学报》，2003年第1期。

[14] 蒋海松：《法治湘军 辉映故里——第五届湘籍法学家学术联谊会侧记》，载《人民之友》，2013年第6期。

[15] 蒋海松：《"法治湖南"建设的制度创新与观念创新纵论》，载杜钢建主编：《法治湖南与区域治理研究》（第六卷），北京：世界图书出版公司，2012年版。

[16] 蒋海松：《湖湘法文化：过去、现在、未来——第五届湘籍法学家学术论坛综述》，载肖洪泳、蒋海松主编：《岳麓法学评论》（第九卷），北京：中国检

察出版社，2015年版。

[17] 蒋海松：《湖湘文化二重性反思》，载徐希平主编：《长江流域区域文化的交融与发展——第二届巴蜀·湖湘文化论坛论文集》，成都：四川大学出版社，2014年版。

[18] 康咏秋：《封闭保守 热衷仕途——湖湘文化的反思》，载《湖南科技大学学报（社会科学版）》，2006年第1期。

[19] 程波：《民国时期湖南大学法政教育风云传奇》，载蒋海松主编：《岳麓法学评论》（第十三卷），长沙：湖南大学出版社，2020年版。

[20] 程波：《湖南法政教育的早期展开及湖南法政先驱者事略考》，载王瀚主编：《法学教育研究》（第十卷），北京：法律出版社，2014年版。

[21] 侯欣一：《中国近现代法治进程的法理阐释》，载《南开学报（哲学社会科学版）》，2020年第2期。

[22] 张玉法：《近代中国社会变迁（1860—1916）》，载《社会科学战线》，2003年第1期。

[23] 李秀清：《域外法的引介及法律人的担当》，载《法学论坛》，2011年第2期。

[24] 姜增：《"法政"语词近世命运考——以法学教育为对象》，载《金陵法律评论》，2017年春季卷。

[25] 钟金燕：《"政法"与"法政"概念辨析》，载《广东行政学院学报》，2013年第1期。

[26] 余继田、李永成、孙小龙：《从法政到政法——由近代以来法学教育机构名称演变所引发的思考》，载《河北经贸大学学报（综合版）》，2010年第3期。

[27] 徐亚文、邓达初：《政法——中国现代法律传统的隐性维度》，载《河北大学学报（哲学社会科学版）》，2011年第5期。

[28] 李卫东：《专业教育与中国近代律师职业群体的形成》，载章开沅、严昌洪主编：《近代史学刊》（第五辑），武汉：华中师范大学出版社，2009年版。

[29] 王世涛：《法学家与法律家》，载张士宝主编：《法学家茶座》（第二十三辑），济南：山东人民出版社，2008年版。

[30] 韩秀桃：《略论民国时期法律家群体的法律思想》，载《安徽大学法律评论》，2004年第1期。

[31] 戴海斌：《陶森甲：近代中日关系史上的"双面人"》，载《史林》，2012年第

3期。

[32] 朱学勤:《思想史上的失踪者》,载《读书》,1995年第10期。

[33] 叶书宗:《寻求历史的真实 写真实的历史——也谈历史人物的评价问题》,载《探索与争鸣》,2005年第1期。

[34] 文思:《湖南报纸过眼录》,载《图书馆》,1984年第5期。

[35] 蒋书同:《五四时期湖南报刊发展概略》,载《四川文理学院学报》,2007年第6期。

[36] 周正云:《论清末湖南的法学教育》,载《时代法学》,2004年第2期。

[37] 杨杨:《论早期资产阶级革命派报刊及其历史作用》,载《江苏科技大学学报(社会科学版)》,2009年第2期。

[38] 杨林生:《中国近代律师制度由来探析》,载《中国矿业大学学报(社会科学版)》,2002年第1期。

[39] 孙慧敏:《清末中国对律师制度的认识与引介》,载《"中央研究院"近代史研究所集刊》,2006年第52期。

[40] 孙慧敏:《中国律师制度的建立——以上海为中心的观察(1911—1912)》,载《法制史研究》,2001年第2期。

[41] 孙慧敏:《清末民初的司法改革》,载《"中央研究院"近代史研究所集刊》,2009年第65期。

[42] 李细珠:《张之洞与清末法制改革》,载丁日初主编:《近代中国》(第十二辑),上海:上海社会科学院出版社,2002年版。

[43] 李卫东:《辛亥革命与中国近代律师制度的初创》,载辛亥革命史研究会、武昌辛亥革命研究中心编:《辛亥革命史丛刊》(第十三辑),武汉:湖北人民出版社,2007年版。

[44] 吴海杰:《一场改革,不同地方,多种可能》,载《法制史研究》,2009年第15期。

[45] 周成泓:《从讼师到律师——清末律师制度的嬗变》,载《求索》,2013年第6期。

[46] 王继平、张晶宇:《论近代湖南的乡绅阶层》,载纪宗安、马建春主编:《暨南史学》(第十八辑),广州:暨南大学出版社,2019年版。

[47] 侯欣一:《民国晚期西安地区律师制度研究》,载《中外法学》,2004年第4期。

[48] 吴永明：《民国前期律师制度建构述论》，载《江西社会科学》，2004年第12期。

[49] 龚汝富：《明清时期司法官吏的法律教育》，载《江西财经大学学报》，2007年第5期。

[50] 张伟仁：《清代的法学教育》，载《台大法学论丛》，1989年第2期。

[51] 翟海涛：《日本法政大学速成科与清末的法政教育》，载《社会科学》，2010年第7期。

[52] 贺跃夫：《清末士大夫留学日本热透视——论法政大学中国留学生速成科》，载《近代史研究》，1993年1期。

[53] 赵晓华：《清末法制改革中的人才准备》，载《华南师范大学学报（社会科学版）》，2004年第2期。

[54] 王敏：《关于日本法政大学清国留学生法政速成科与辛亥志士的考察》，载《徐州师范大学学报（哲学社会科学版）》，2012年第2期。

[55] 朱腾：《清末日本法政大学法政速成科研究》，载《华东政法大学学报》，2012年第6期。

[56] 杨天石：《被推向革命阵营的知识分子》，载《文史参考》，2011年第6期。

[57] ［美］詹逊：《中国留日学运与辛亥革命之关系》，载中华书局编辑部编：《纪念辛亥革命七十周年学术讨论会论文集》（下册），北京：中华书局，1983年版。

[58] 孙立平：《辛亥革命中的地方主义因素》，载《天津社会科学》，1991年第5期。

[59] 陈宁生：《辛亥革命与民初政党政治》，载吴剑杰主编：《辛亥革命研究》，武汉：武汉大学出版社，1991年版。

[60] 阳信生：《地方精英的政治动向与辛亥革命前后湖南政局》，载《湖湘论坛》，2011年第4期。

[61] 刘泱泱：《论焦、陈被杀与谭延闿上台》，载湖北省社会科学联合会编：《辛亥两湖史事新论》，长沙：湖南人民出版社，1988年版。

[62] 王艳玲：《论辛亥革命时期的谭延闿——以第一次督湘期间的活动为中心》，载饶怀民主编：《辛亥人物论集》，兰州：甘肃人民出版社，2001年版。

[63] 李龙、朱兵强：《论辛亥革命中的司法变革》，载《湖北社会科学》，2011年第9期。

[64] 胡绳武、程为坤：《论光复后的湖南政局》，载中南地区辛亥革命史研究会、

　　武昌辛亥革命研究中心编：《辛亥风云与近代中国》，贵阳：贵州人民出版社，1991年版。

[65] 刘焕峰、郭丽娟：《清末审判厅设置考略》，载《历史档案》，2009年第2期。

[66] 霍修勇：《清末民初湖南省政权机构设置的递嬗》，载《湖南行政学院学报》，2007年第6期。

[67] 湖南省档案馆：《"西征军"入湘与湖南政局》，载《湖南档案》，1996年第2期。

[68] 居正：《十年来的中国司法界》，载中国文化建设协会编：《十年来的中国》（上册），上海：商务印书馆，1937年版。

[69] ［日］三宅正太郎：《中国民刑诉讼之实际》，载王健编：《西法东渐：外国人与中国法的近代变革》，南京：译林出版社，2020年版。

[70] 李在全：《抗战时期的战区检察官——以国民党特务人员从事司法工作为中心》，载《抗日战争研究》，2019年第1期。

[71] 罗久蓉：《从1938年甄审看国民党对司法的"渗透"》，载黄自进、潘光哲主编：《蒋介石与现代中国的形塑》（第二册），台北："中央研究院"近代史研究所，2013年版。

[72] 潘崇：《端方与清末女子留学教育》，载《文史知识》，2010年第1期。

[73] 赵立彬、李瑾：《从"国民之母"到"女国民"——辛亥革命时期妇女解放思潮及其激进化》，载《亚洲研究》，2006年第53期。

[74] 万琼华：《从"尽义务"到"享权利"——以辛亥革命时期湘籍四女杰为中心的考察》，载《湖南社会科学》，2011年第5期。

[75] 万琼华、彭湃：《女权与革命并重——大革命时期湖南女界联合会的政治行动》，载《中华女子学院学报》，2020年第1期。

[76] 王家俭：《民初的女子参政运动》，载《台湾师范大学历史学报》，1983年第11期。

[77] 潘敏：《评近代中国女权主义运动观》，载《妇女研究论丛》，2001年第4期。

[78] 黄锦珠：《"妇言"的跨界与移动——以清末民初妇女报刊为观察重心》，载《汉学研究》，2018年第4期。

[79] 李细珠：《性别冲突与民初政治民主化的限度——以民初女子参政权案为例》，载《历史研究》，2005年第4期。

[80] 魏桃初、饶怀民：《湘籍辛亥志士与近代湖南民主进程》，载《湖南社会科

学》，2012年第6期。

[81] 王文岭：《中华教育改进社成立背景与组织发展概况》，载邓友超、刘立德主编：《教育史研究》（第一册），北京：人民教育出版社，2019年版。

[82] 宋少鹏：《社会主义女权和自由主义女权——二十世纪二十年代中国妇女运动内部的共识与分歧》，载《中共党史研究》，2013年第5期。

[83] 肖莉丹：《论中国近代女权崛起中的男性逻辑》，载《福建论坛（人文社会科学版）》，2013年第7期。

[84] 夏新华、陈兵：《湖南近代法学教育发展研究》，载王瀚主编：《法学教育研究》（第二十一卷），北京：法律出版社，2018年版。

[85] 夏新华、陈兵：《从立宪派领袖到三主湘政——谭延闿法政人生寻踪》，载刘建武主编：《湘学研究》（第十四辑），北京：社会科学文献出版社，2019年版。

五、报纸杂志类

[1] ［清］皮锡瑞：《皮鹿门学长南学会第十一次讲义》，载《湘报》，光绪二十四年四月初九日（1898年5月28日），第72号。

[2] 任公：《过渡时代论》，载《清议报》，光绪二十八年五月十一日（1902年6月16日），第83册。

[3] 《法政大学行卒业式次序及卒业名单》，载《申报》，光绪三十三年四月初三日（1907年5月14日）。

[4] 《咨议局事务调查会意见书（留日学生来稿）》（续），载《申报》，宣统元年二月十九日（1909年3月10日）。

[5] 《湖南省城公立法政学堂禀学司立案文》，载《湖北官报》，宣统二年八月十一日（1910年9月14日）。

[6] 《署学司黄批公立法政学堂禀恳立案由》，载《湖北官报》，宣统二年八月十一日（1910年9月14日）。

[7] 《学部考取东西洋游学毕业生名单》，载《申报》，宣统二年八月初五日（1910年9月8日）。

[8] 《游学毕业生等第名单》，载《申报》，宣统二年八月二十二日（1910年9月25日）。

[9] 《又奏各级审判检察厅俟工竣再行开庭并筹款等片》，载《政治官报》，宣统二年九月初一日（1910年10月3日）。

[10] 《湘路协赞会选定会长》，载《申报》，宣统三年四月初三日（1911年5月1日）。

[11] 《廷试游学生分部分省掣签名单》，载《申报》，宣统三年六月初四日（1911年6月29日）。

[12] 《湘省争路之大风潮再志》，载《时报》，辛亥五月二十日（1911年6月16日）。

[13] 《湘省组织宪友会详情》，载《时报》，辛亥六月十八日（1911年7月13日）。

[14] 《湘省要闻丛录》，载《神州日报》，辛亥年六月十九日（1911年7月14日）。

[15] 《湘省司法种种》，载《神州日报》，辛亥年闰六月初三日（1911年7月28日）。

[16] 《新湘垣种种》，载《申报》，辛亥十月十八日（1911年12月8日）。

[17] 《各省光复后之纪闻》，载《时事新报》，辛亥十月二十五日（1911年12月15日）。

[18] 《湖南省已拟设各级审判检察厅一览表》，载《政府公报》，1912年11月5日。

[19] 《政治会议开幕记》，载《时事新报》，1913年12月20日。

[20] 《政治会议之现在与将来》，载《时事新报》，1914年1月3日。

[21] 《司法部编湖南律师登录第二表》，载《政府公报》，1915年5月23日。

[22] 《司法部编湖南律师登录第一表》，载《政府公报》，1915年5月23日。

[23] 《国际律师协会之华代表》，载《民国日报》，1920年3月24日。

[24] 《国际律师协会之重要问题》，载《时事新报》，1920年3月23日。

[25] 《国际律师协会之第一幕》，载《时事新报》，1920年4月7日。

[26] 《商界总会与赴东律师》，载《时事新报》，1920年3月24日。

[27] 《赴东律师代表团之报告》，载《时事新报》，1920年5月14日。

[28] 《国际律师会代表回国》，载《神州日报》，1920年4月20日。

[29] 《一个国际律师会代表回国》，载《民国日报》，1920年4月20日。

[30] 《国际律师会代表近况》，载《民国日报》，1923年7月27日。

[31] 《国际律师会代表出发》，载《民国日报》，1923年8月3日。

[32] 《欢送国际律师会代表》，载《民国日报》，1923年7月31日。

[33] 《国际律师会代表消息》，载《民国日报》，1923年7月29日。

[34] 《赴菲国际律师会代表出发志》，载《申报》，1923年8月3日。

［35］《赴东律师代表题名录》，载《时事新报》，1920年3月16日。

［36］《律师协会消息》，载《民报》，1932年5月13日。

［37］《律师公会组织宪法研究委员会》，载《湘潭民报》，1933年4月18日。

［38］《湘当局轻视平民教育》，载《民国日报》，1924年8月24日。

［39］《筹赈宁乡水灾之进行》，载《时事新报》，1924年7月2日。

［40］《贝允昕应选高审厅之介绍书》，载《大公报》，1922年11月19日。

［41］《两学会欢迎省议员纪略》，载《大公报》，1922年11月20日。

［42］《贝允昕应选高审厅之介绍书》，载《大公报》，1922年11月19日。

［43］《法界一致推举贝允昕应选高审厅长》，载《大公报》，1922年11月24日。

［44］《贝先生与〈大公报〉》，载《大公报》，1929年7月24日。

［45］《湘大公报停版续闻》，载《时事新报》，1923年4月13日。

［46］《再志湘省大公报停刊后状况》，载《天津益世报》，1923年4月24日。

［47］《发起船山学社》，载《神州日报》，1913年4月7日。

［48］《刘艮生先生哀启（续）》，载《民国日报》，1919年4月15日。

［49］《刘艮生先生哀启（续）》，载《民国日报》，1919年4月16日。

［50］《刘艮生先生哀启（续）》，载《民国日报》，1919年4月22日。

［51］《本报宣言》，载《大公报》，1915年9月1日。

［52］《湖南报界现形记》，载《民国日报》，1917年10月3日。

［53］《湖南卫戍总司令唐蟒宣布汤芗铭罪状檄》，载《神州日报》，1916年7月13日。

［54］《地方官制之变更》，载《时事新报》，1916年7月14日。

［55］《公推刘人熙督湘》，载《民国日报》，1916年7月12日。

［56］《曾代督三日记》，载《民国日报》，1916年7月17日。

［57］《汤芗铭出走记》，载《时事新报》，1916年7月14日。

［58］《本报对于国体问题之主张》，载《大公报》，1915年9月1日。

［59］《本报同人不入政党宣言》，载《大公报》，1922年1月9日-21日。

［60］《最近之湖南外交后援会》，载《民国日报》，1924年6月16日。

［61］《湖南庆祝中俄邦交大会纪盛》，载《民国日报》，1924年6月20日。

［62］《湖南省民追悼列宁纪》，载《民国日报》，1924年3月16日。

［63］《湘外交后援会响应国民会议》，载《民国日报》，1924年12月6日。

[64] 《湘人对国民会议之热烈》，载《民国日报》，1924年12月20日。

[65] 《湖南之反帝国主义运动》，载《民国日报》，1924年8月5日。

[66] 《湘人纷起加入反帝国主义运动》，载《时事新报》，1924年8月4日。

[67] 《征湘军捷报频传》，载《时事新报》，1928年2月19日。

[68] 《都督咨司法部派林绍敏调查改良监狱由》，载《湖南政报》，1912年11月26日。

[69] 《统计局编行政统计汇报·司法类（续第三百七十二号）》，载《政府公报》，1917年1月23日。

[70] 《湖南模范监狱巡礼》，载《大公报》，1936年7月24日。

[71] 《湖南模范监狱巡礼（续）》，载《大公报》，1936年7月25日。

[72] 《湖南文献会重要决议》，载《民国日报》，1946年12月22日。

[73] 《长沙平教促进会成立》，载《民国日报》，1924年1月23日。

[74] 《居正赴萍乡视察》，载《时事新报》，1936年4月6日。

[75] 《居正昨由湘赴萍乡视察》，载《天津益世报》，1936年4月6日。

[76] 《湘皖高法院长更调》，载《申报》，1935年12月18日。

[77] 《法部更调皖湘两高法院长》，载《中央日报》，1935年12月18日。

[78] 《湘高法院长陈长簇就职》，载《时事新报》，1936年1月18日。

[79] 《湘高法院长昨就职》，载《民报》，1936年1月17日。

[80] 《鄂法界亦力争法权》，载《时事新报》，1923年3月19日。

[81] 《同盟会支部选举》，载《时事新报》，1912年5月19日。

[82] 《同盟会湘支部特别会议》，载《时事新报》，1912年7月26日。

[83] 《政府拟定大政方针宣言书》，载《大公报》，1913年11月28日。

[84] 《湘省官场现形记》，载《时事新报》，1912年6月30日。

[85] 《法官任用暂行章程》，载《湖南政报》，1913年1月13日。

[86] 《司法司牌示》，载《湖南政报》，1913年1月13日。

[87] 《司法司死后之恤赏》，载《神州日报》，1912年7月17日。

[88] 《大律师好自为之》，载《申报》，1912年12月30日。

[89] 《发起义务律师团》，载《申报》，1914年4月17日。

[90] 《长沙杀子疑案四志》，载《大公报》，1931年8月27日。

[91] 《律师暂行章程》，载《政府公报》，1912年9月19日。

［92］《中国留东女学生》，载《顺天时报》，光绪三十一年六月初二日（1905年7月4日）。

［93］《选派速成女子师范生赴东》，载《时报》，乙巳三月十一日（1905年4月15日）。

［94］《中国女留学生之调查》，载《时报》，乙巳六月二十九日（1905年7月31日）。

［95］《師範科研究の清國女學生》，载［东京］《朝日新聞》，1905年7月24日。

［96］《湖南女国民会宣言书》，载《天铎报》，1912年3月1日。

［97］《敬告女同胞》，载《天铎报》，1912年2月8日-12日。

［98］《女界参政同盟会纪事》，载《天铎报》，1912年3月2日-6日。

［99］《女子参政同盟会启事》，载《民立报》，1912年4月2日。

［100］《女子参政同盟会纪事》，载《民立报》，1912年4月12日。

［101］《中华民国女界代表上参议院书》，载《时报》，1912年2月27日。

［102］《要求女子参政动之武力》，载《时报》，1912年3月23日。

［103］《女子参政会上孙中山书》，载《时报》，1912年3月23日。

［104］《女子参政同盟会致各省都督等电》，载《民声日报》，1912年4月12日。

［105］《同盟会女会员之愤激》，载《大公报》，1912年8月16日。

［106］《二十五日之湖广馆》，载《申报》，1912年8月31日。

［107］《国民党成立大会纪事》，载《神州日报》，1912年8月28日。

［108］《女子团亦有北上消息》，载《大公报》，1912年4月10日。

［109］《大总统慎重女子参政问题》，载《大公报》，1912年4月6日。

［110］《袁世凯电阻女子团北上》，载《大公报》，1912年4月14日。

［111］《女子要求参政权》，载《天平洋报》，1912年8月7日。

［112］《女士大骂参议员》，载《爱国报》，1912年12月11日。

［113］《治安警察条例》，载《政府公报》，1914年3月3日。

［114］《湖南女界联合会宣言书》，载《时事新报》，1921年1月26日。

［115］《自治根本法意见书》，载《大公报》，1921年4月11日。

［116］《全体女界请愿审查会纪事》，载《大公报》，1921年5月17日。

［117］《醴人推举女议员之两电》，载《大公报》，1922年3月10日。

［118］《女员参预选政之电令》，载《大公报》，1922年3月14日。

［119］《醴陵选举之大风潮》，载《大公报》，1922年3月21日。

[120] 《醴陵女界被殴后之选举运动》,载《大公报》,1922年3月25日。

[121] 《女权运动同盟会之三电》,载《申报》,1924年11月21日。

[122] 《女子参政会纪事》,载《民立报》,1912年9月27日。

[123] 《湖南女省议员在济南发表的教育意见》,载《民国日报》,1922年7月19日。

[124] 《湘女界之政治运动》,载《申报》,1922年10月1日。

[125] 《湘省女子之新希望》,载《申报》,1922年10月3日。

[126] 《女界组织政党》,载《大公报》,1922年9月28日。

[127] 《女界联合会恢复矣》,载《大公报》,1924年6月10日。

[128] 《湖南女界联合会复活》,载《妇女周报》,1924年6月25日。

[129] 《核准筹建省城新监各节批》,载《司法公报》,1915年第44期。

[130] 《奉令建设新监扩充作业饬》,载《司法公报》,1915年第38期。

[131] 《湖南各县承审员任用暂行章程》,载《司法公报》,1928年第15期。

[132] 《湖南各县承审员考试暂行章程》,载《司法公报》,1929年第30号。

[133] 《法官惩戒暂行条例》,载《国民政府公报》,1928年第57期。

[134] 《本部致湖北督军省长养电》,载《司法公报》,1920年第118期。

[135] 《本部为湖北督军王占元破坏司法囚官劫印请特派大员查办呈文》,载《司法公报》,1920年第118期。

[136] 《湖北高审厅鄂更等快邮代电》,载《司法公报》,1920年第118期。

[137] 《湖北高等审判厅为法院横被摧残继陈事实恳予主持呈文》,载《司法公报》,1920年第118期。

[138] 《长沙陈庭长敬电》,载《司法公报》,1920年第118期。

[139] 《亲巡法庭》,载《湖南司法旬报》,1912年第1卷第3期。

[140] 《编改新律》,载《湖南司法旬报》,1912年第1卷第3期。

[141] 《梁前司法总长呈大总统司法计划十端留备采择文》,载《司法公报》,1914年第8号。

[142] 《各省高等法院院长办事权限暂行条例》,载《国民政府公报》,1927年第12期。

[143] 《述湖南之女子教育》,载《新民丛报》,1904年第3期。

[144] 《说女子参政之理由》,载《妇女时报》,1912年第8号。

[145] 《男女教育平等之确证》,载《女子白话旬报》,1912年第7期。

[146]《女学界之障碍》,载《女子白话旬报》,1912年第3期。

[147]《参议院之黑暗》,载《女子白话旬报》,1912年第3-4期。

[148]《女子参政同盟始末记》,载《女子白话旬报》,1912年第1期。

[149]《女子参政同盟会宣言书》,载《女子白话旬报》,1912年第3期。

[150]《女子参政同盟会成立志盛》,载《女子白话旬报》,1912年第2期。

[151]《王昌国之教育热》,载《女子白话旬报》,1913年第10期。

[152]《赠王女议员昌国》,载《交通丛报》,1922年第87期。

[153]《新司法制度》,载《国闻周报》,1927年第4卷第9期。

[154]《湖南司法界近事》,载《法政杂志》,1911年第8期。

[155]《各省司法概况报告(续)》,载《中华法学杂志》,1935年第6卷第11-12号。

[156]《湖南全省律师公会调查表》,载《统计月刊》,1933年第4-5期。

[157]《陈长簇调任湘高法院长》,载《法令周刊》,1935年第284期。

[158]《第四届法官训练班学员受训办法》,载《法律评论》,1935年第12卷第18期。

[159]《湘都督商用现行刑法》,载《法政杂志》,1912年第10期。

[160]《咨议局事务调查会简章》,载《宪政新志》,1909年第1卷第1号。

[161]《司法独立之缺点》,载《法政杂志》,1911年第6期。

[162]《沈侍郎法学名著序》,载《法政杂志》,1911年第6期。

[163]《政闻社宣言书》,载《政论》,1907年第1号。

[164]《政闻社职员名籍》,载《政论》,1907年第2号。

[165]《政闻社职员简章》,载《政论》,1907年第2号。

[166]《贝元征事略》,载《长沙市新闻记者联合会年刊》,1933年第1-2期。

[167]《实践女学校附属清国女子师范工艺速成科规则》,载《女子世界》,1905年第1号。

[168]《日本实践女学校附属中国女子留学生师范工艺速成科规则》,载《东方杂志》,1905年第6期。

[169]《留学日本秋女士瑾致湖南第一女学堂书》,载《女子世界》,1905年第1号。

[170]《论提倡女学之宗旨》,载《女子世界》,1907年第4-5期。

[171]《女国民捐之兴起》,载《女子世界》,1907年第4-5期。

[172]《中华教育改进社成立纪要》,载《新教育》,1922年第4卷第2期。

[173] 《开放全国各校男女同学并遇留学东西洋考试男女一律选派案》，载《妇女杂志》，1922年第9期。

[174] 向警予：《中国妇女运动杂评》，载《前锋》，1923年12月1日。

[175] 向警予：《国民会议与妇女》，载《妇女周报》，1924年12月14日。

[176] 梁启超：《敬告我同业诸君》，载《新民丛报》，光绪二十八年九月一日（1902年10月2日）。

[177] 李抱一：《痛言（五）》，载《大公报》，1916年7月30日。

[178] 刘人熙：《本报发刊辞》，载《大公报》，1915年9月1日。

[179] 汤化龙：《大公报出版祝词》，载《大公报》，1915年9月1日。

[180] 蔡锷：《大公报开幕祝词》，载《大公报》，1915年9月1日。

[181] 贝允昕：《本报五周纪念》，载《大公报》，1920年9月2日。

[182] 贝允昕：《本报六周纪念》，载《大公报》，1921年9月1日。

[183] 何叔衡：《〈大公报〉六周纪念》，载《大公报》，1921年9月1日。

[184] 熊梦飞：《我所希望于今后之〈大公报〉者》，载《大公报》，1921年9月1日。

[185] 黄醒：《最近所见青年们的刊物》，载《大公报》，1926年3月23日。

[186] 陈斌生：《祝〈大公报〉十周纪念》，载《大公报》，1925年9月1日。

[187] 贝允昕：《湖南大公报十期纪念册叙》，载《湖南大公报十期纪念册》，1925年。

[188] 陈润霖：《报纸改进之我见》，载《大公报十周纪念特刊》，1925年。

[189] 葛修键：《民国成立以来湖南司法之概况》，载《大公报十周纪念特刊》，1925年。

[190] 宫延璋：《湖南近年来之新文化运动》，载《大公报十周纪念特刊》，1925年。

[191] 吴剑：《湖南女权运动小史》，载《大公报十周纪念特刊》，1925年。

[192] 张一鹏：《法政杂志之趣旨》，载《法政杂志》，1906年第1卷第6号。

[193] 张一鹏：《中国司法制度改进之沿革》，载《法学季刊》，1922年第1卷第1期。

[194] 王宠惠：《今后司法改良之方针》，载《最高法院公报》，1929年第3期。

[195] 杨兆龙：《党化司法之意义与价值》，载《经世》，1937年第1卷第5期。

[196] 谭其骧：《近代湖南人中之蛮族血统》，载《史学年报》，1938年第2卷第5期。

[197] 王宠惠:《今后司法改良之方针》,载《法律评论》,1929年第6卷第21号。

[198] 居正:《司法党化问题》,载《东方杂志》,1935年第32卷第10号。

[199] 何维道:《法律与人民之关系》,周惠连、郭荣龙记,载《明德旬刊》,1932年第1期。

[200] 李抱一:《长沙报纸史略》,载《长沙市新闻记者联合会年刊》,1933年第1-2期。

[201] 南雁:《湖南的省宪与报馆》,载《东方杂志》,1923年第20卷第6号。

[202] 陈应荣:《国际律师协会第二次总会报告书》,载《法律评论》,1924年第33-34期。

[203] 江庸:《敬劝京外律师赴菲律宾国际律师协会》,载《法律评论》,1923年第2期。

[204] 刘陔:《新闻记者与道德》,载《甲寅杂志》,1914年第1卷第2号。

[205] 陈长簇:《湖南高等法院公函》,载《湖南民政刊要》,1929年第8期。

[206] 汪竞英:《中国妇女与新闻事业》,载《长沙市新闻记者联合会年刊》,1933年第1-2期。

[207] 安如:《论女界之前途》,载《女子世界》,1905年第1号。

[208] 方君笄:《兴女学以复女权说》,载《江苏》,1903年第3期。

[209] 竹庄:《女权说》,载《女子世界》,1904年第5期。

[210] 丹忱:《论复女权必以教育为预备》,载《女子世界》,1905年第3期。

[211] 君宇:《女权运动者应当知道的》,载《向导》,1922年第8期。

[212] 燕斌:《中国留日女学生会成立通告书》,载《中国新女界杂志》,1907年第2期。

后　记

　　按照学界惯例，作者在书稿完成后，需以"后记"的形式向读者交代写作的缘由、过程及其他相关情况。

　　就本书而言，笔者的写作灵感可以追溯至硕士研究生阶段，当时有幸在新民路师达书店购得清华大学法学院陈新宇教授的大作《寻找法律史上的失踪者》（广西师范大学出版社，2015年版），该书兼具学术性与可读性，以优美的文笔和娓娓道来的写作方式，披露了诸多"失踪"法政人物的背后事迹，一个个鲜活的法政人物跃然纸上，令人耳目一新，并极大地颠覆了笔者此前对法律史学的枯燥观感。尤其是陈教授在该书自序中呼吁"更多的学术同好，加入这一有意义的课题的研究中来"。此种呼吁，"于我心有戚戚焉"。由此，笔者开始有意识地关注那些被遗忘的近代法政人物。

　　后续，笔者又陆续拜读了李贵连、何勤华、程燎原、许章润、华友根、侯欣一、张生、张仁善、郝铁川、孙笑侠、李秀清、刘昕杰、龚汝富、陈夏红、董彦斌、李在全、王伟等学者有关法政人物的著作和文章。尤其是当笔者读到二十年前由万静波、吴晨光和谢春雷等记者报道的《被遗忘30年的法律精英》（《南方周末》，2003年1月9日），看到诸多近现代法政知识分子的曲折经历与坎坷命运，真可谓历经沧桑和遭遇悲凉，读罢内心极受触动，心情久难平复。凡此种种，无疑使笔者对近代法政人物有了更为全面和深刻的认识，亦更加坚定了关注近代法政人物之初衷。

　　不久后，笔者又跟随导师夏新华教授开展"湖湘法治文化历史寻踪"的课题调研，我们师生数人穿梭于广袤的三湘大地上，发掘湖湘法治文化人物，遍访湖湘法治文化遗存，并梳理湖湘法治文化脉络。得益于此，笔者逐渐发现，在近代湖南法政史上，亦存在诸多被遗忘的"失踪者"。但是，出于个人精力和自身学识之考虑，笔者不得不将研究范围限定在贝允昕、何维道、洪荣圻、陈长簇、王昌国等少数几位典型的近代湖南法政人物上。

众所周知，近代湖南是一个人才辈出的省份。著名历史地理学家谭其骧先生曾在《近代湖南人中之蛮族血统》中指出："清季以来，湖南人才辈出，功业之盛，举世无出其右。"此言的确是恰当之论。事实上，自湘军崛起以后，曾国藩、左宗棠、郭嵩焘等湘籍地主阶级经世派人才群体，谭嗣同、唐才常、熊希龄等湘籍资产阶级维新派人才群体，黄兴、宋教仁、蔡锷等湘籍资产阶级革命派人才群体，毛泽东、刘少奇、彭德怀等湘籍无产阶级革命派人才群体，便陆续登上历史舞台，并左右着国家大势和政治走向。这些杰出的代表人物，至今仍家喻户晓，无须笔者过多赘言。然而，历史并不只是少数英雄和个别伟人之历史，那些不知名或被人遗忘的人物，甚至是那些名不见经传的小人物，亦是历史的重要见证者或亲历者，作为整个人类历史不可或缺的一部分，他们同样值得后人重视。

近代湖南法政人物辈出，灿若繁星，不胜枚举。在湖南这片热土上，不仅产生过大批杰出的政治家和军事家，还诞生过数量众多的法学家和法律家，以致有人将后者统称为"湘籍法学/法律家群体"。近年来，笔者十分注重搜集近代湖南法政人物的资料，并试图发掘更多被遗忘的法政人物。据初步统计，笔者搜集的人物主要有曾国藩、左宗棠、郭嵩焘、曾纪泽、谭嗣同、唐才常、熊希龄、毕永年、黄兴、宋教仁、蔡锷、杨度、谭延闿、覃振、罗杰、黎尚雯、易宗夔、黄可权、章士钊、刘揆一、周震鳞、杨德邻、萧仲祁、洪荣圻、盛时、黄尊三、刘人熙、贝允昕、陈嘉会、石润金、钟才宏、陈尔锡、李汉丞、胡曜、刘钟英、陈长簇、余觉、陶思曾、朱得森、张孚甲、唐群英、王昌国、李剑农、王文豹、孙雄、宾玉瓒、杨树毅、陶梦蛟、何维道、张声树、吴家驹、何汉文、汤铁樵、李达、毛泽东、刘少奇、郭亮、柳直荀、谢觉哉、何叔衡、林伯渠、赖汝樵、李六如、吴溉之、帅孟奇、吴景鸿、陈瑾昆、李木庵、李祖荫、黄右昌、戴修瓒、戴修骏、宁协万、周鲠生、郭卫、胡元义、杨幼炯、罗鼎、郁嶷、何义均、俞峻、王觐、向哲濬、季手文、周定枚、王克家、向郁阶、江华、吴仲廉、谭政文、杨奇清、张以藩、邱昌渭、杜元载、瞿同祖、管欧、姚梅镇、王名扬、皮纯协、肖蔚云、何华辉、蒋碧昆、梁西、欧阳涛、曹子丹、周道鸾等，当然有部分人物是出生于近代而成名于新中国成立后。这些近代湖南法政人物中，有些早已名满天下，而有些则已经或逐渐被人遗忘。毋庸置疑，他们在法政方面的先进事迹，均值得后人进一步去发掘。

本书的主要任务便是发掘那些被遗忘的近代湖南法政人物，以最大限度地重现他们昔日的人生轨迹和法政事功。当然，对笔者而言，这是一项非常艰巨且颇具挑战的工作。

我们知道，法政人物之研究，需要大量的文献资料作为支撑。然而，资料的搜集、爬梳、辨别、消化、采撷和整理等工作，颇为繁复。就资料搜集而言，要做到史学家傅斯年先生所倡言的"上穷碧落下黄泉，动手动脚找东西"，诚非易事。资料辨别亦复如此，日本学者西英昭便提及："史料的拥有和可否使用是两码事。也就是说，必须首先确认该史料'姓甚名谁'，即该史料目前'可以使用'的形态是经过谁以及为何、如何才形成的。"因为所有的文字资料，包括官方正史资料、民间野史资料及其他各类资料，都难免有出于某些原因而发生删改、遗漏或误记，甚至存在篡改、伪造等情况，使真相被掩盖，是非被混淆，诚如周密在《齐东野语》序言中所言："国史凡几修，是非凡几易。"孟子亦指出："尽信书，则不如无书。"故而，去伪存真就显得极为必要。诸如此类工作，研究者必须全身心地沉浸于故纸堆，与青灯黄卷为伴，在浩瀚史海中探赜索隐，寻觅先贤遗留下来的雪泥鸿爪，并"用绣花针的细密功夫"（胡适语）来求证史实。但是，这往往需要耗费研究者大量的时间和精力。更有甚者，时常会搞得身心俱疲、头昏眼花，不仅费时、费力，还颇费眼。在此情形下，慢工非但不能出细活，还常因时间投入与成果产出严重不成正比，无法应付科研评价要求。这可能是其他多数学者不愿意投入此领域的重要原因之一吧！

笔者最初拟选取十余位法政人物作为研究对象，可谓雄心勃勃，原本以为这是一项难度不太大的工作，然而实际上是"理想很丰满，现实很骨感"。后来，写作的难度大大超出了预期，在进退维谷的窘境面前，证明自己此前多少有些自不量力了。在写作过程中，囿于资料之难觅，尤其是关于某些法政人物的稀缺资料，虽然竭力搜取，但毫无所得。因此，笔者时常是焦头烂额，导致整个研究计划迟滞不前，甚至有些章节历时较长却仍毫无进展，最终不得不忍痛从中剔除，故本书只算是完成了原定研究计划的一小部分，其余任务只能留待来日。

在写作过程中，笔者力求做到客观、真实和全面，可谓"虽有丝麻，无弃营蒯"。但又时常感到力不从心，深恐有误法政先贤之事功，有损法政先贤之声名，内心之惶恐与忐忑，实难尽言。然而，非常幸运的是，笔者在写作过程中亦常有某些意外收获，给人以继续前行的精神动力。譬如，笔者曾发表短文《谁营救了被捕入狱的任弼时》（《文史博览》，2019年第10期），发掘了何维道营救中共早期领导人任弼时的光辉事迹。何维道是一位被遗忘了的近代湖南法政人物，他毕业于日本法政大学，先后担任湖南公立法政专门学校、湖南大学的法科教授，并担任长沙律师公会的副会长、会长，还译述有中国最早的警察学著作《警察学》。该文一经发表，便立即引起较大反响，得到了诸多媒体、网站的转载。正因如此，亦受到何维道先生多位后裔之关注。何维道先生的家族极为庞大，他的后裔分布于全国各地，如北京、上海、广东、黑龙江、台湾，甚至还有不少在外国，如美国、加拿大。后来，笔者有幸受邀参加了他们家族在长沙的聚会，同他们进行了深入交流，并获得了许多有关何维道先生的珍贵资料，尤其是何中达教授专门从我国台湾地区带来其父亲之传记《铁腕金融情：何显重的一生》相赠（何显重是何维道之哲嗣），何小威先生亦将《何公维道家谱》相赠，他们还欣然地将许多有关何维道先生的老照片扫描发送给我。此中之甘甜，亦常令人欣喜和振奋。

应说明的是，本书从最初写作到最终定稿，前后断续历时四载之久，春花秋月，几度寒暑，个中辛酸，冷暖自知。其中，因资料难觅，个别章节之写作并非一气呵成，而是在四年内陆续增补完善之结果。其间，虽经反复修改与不断打磨，但仍不敢言集腋成裘、聚沙成塔，因为依旧可能存在这样或那样的不足。然而，毕竟是得以初步汇聚成篇，重负之心已释然大半。对于本书之内容，笔者始终坚信，诸位法政先贤倘若泉下有知，必定会欣然笑曰：此子知我也！

本书书名的确定，是笔者反复斟酌和参考诸位前辈学者之结果。笔者曾阅读过夏坚勇先生的力作——《湮没的辉煌》，该书所展现之思想、视野和文笔，令人折服，窃以为其丝毫不逊色于余秋雨先生的名作《文化苦旅》。徐忠明教授的《明镜高悬：中国法律文化的多维观照》、张仁善教授的《近代中国法律的多维观察》，均是法律史学领域不可多得之佳作。各位前辈学者珠玉在前，笔者不揣谫陋，遂有本书之定名，此亦寓有笔者致敬之私意。

本书能够最终完成，主要得益于诸多师友的鼓励与帮助。笔者首先要感谢的是导师夏新华教授。夏教授是湖南师范大学二级教授、博士生导师和博士后合作导师，并兼任全国外国法制史研究会副会长、中国法律史学会常务理事、湖南省法学会法治文化研究会会长等重要学术职务。他既是非洲法研究领域的权威学者，亦在近代中国宪法文化研究上造诣精深，近年来更是高度关注湖湘法治文化研究。正因如此，笔者有幸在夏教授的指导下，独立主持"近代湖南审判制度发展历程与实践运行研究"的省级项目，并深入参与"湘籍法学家研究""湖湘法治文化的传承与创新研究""近代湖湘法治文化转型与发展研究"等省部级和国家级项目，从而得以较为全面地认识到诸多被遗忘的近代湖南法政人物。可以说，若非夏教授的引领和指导，则断无本书之出现。此外，夏教授和丁峰师母还极为关心笔者的学习与生活，并时常给予鼓励和帮助，故特此表达谢意。

应提及的是，本书的部分内容曾以论文或随笔的形式在刊物上发表。笔者要特别感谢湖南省社科院《湘学研究》编辑部主任毛健研究员、湖南省政协《文史博览》编辑部主任陈建新先生、湖南省地方志编纂院《韩公亭》编辑部编辑杨锡贵老师，他们在笔者写作中给予的关怀、指点与教益，令人感动。

笔者在撰写本书的过程中得到了多位法政人物后裔的帮助，尤其是何维道先生的后裔更是主动提供了部分研究经费与参考资料，民革中央调研部原副部长何小威先生为此居中统筹，费力甚多。贝允昕先生的后裔亦提供了部分家谱资料，贝承祥先生、贝先明先生对此帮助颇多。在此，笔者向他们表达敬意与感谢。

此前，笔者曾与湖南女子学院社会发展学院陈艳蓉副教授联合主持湖南天地人律师事务所的科研横向项目"近代湖南政法人物研究"，本书出版得到了该项目的专项资助，律所主任翟玉华先生对此给予了亲切指导，高级合伙人周付生律师亦助力颇多。本书作为该项目的部分研究成果，无论是最初的选题策划，还是中间的资料搜集，抑或是最终的文稿校对，陈艳蓉老师均帮助很多。故而，笔者要向翟玉华主任、周付生律师和陈艳蓉老师表达谢意。

求学期间，笔者的家人以及屈振辉老师、张海洪老师、陈静师姐、叶子龙师兄、谢时研师兄、鲁蓉蓉师姐、谢广利师兄、彭科师弟、刘宏平博士、刘正全博士、魏正才律师、朱承玮律师等师友亦给予过诸多关怀和鼓励，尤其是挚友李晓鹏医生更是在生活上给予了许多帮助，特在此一并致谢。

　　此外，本书能够顺利出版，还得益于曹明卷先生的大力沟通与热心帮助，吉林大学出版社的编辑张宏亮先生、田茂生先生也为本书的编排和校对花费了大量心血，使书稿质量得到明显提升，故笔者在此表达感谢。

　　当然，本书仅代表笔者读博期间的一些粗浅想法，虽然经反复修改和不断打磨，但仍难免存在疏漏之处。敬请专家、学者和读者批评指正，笔者对此不胜感激。本书仅是笔者研究近代湖南法政人物的初步成果。后续，笔者将行而不辍，继续发掘更多的法政人物，推出更多的学术成果，希冀为湖湘法治文化乃至湖湘文化研究添砖加瓦，贡献绵力。

陈兵　谨识

2022年10月8日初稿

2023年12月8日定稿

于岳麓山下、湘江河畔